『巴山传媒论坛』文库（三）

# 县级融媒体中心建设

颜春龙　赖黎捷　等◎著

科学出版社
北　京

## 内 容 简 介

本书是全国最早十所部校共建新闻学院之一的重庆新闻学院师生深入32个区（县）调研的成果。本书一方面梳理重庆市各区（县）融媒体中心建设的现状、存在的问题、痛点与难点，发掘好的经验与做法，形成示范带动效应；另一方面，结合中央相关规划、政策及其他省（自治区、直辖市）的建设经验，从媒体融合、版权保护、社会治理特别是县域社会治理、基层社会治理等相关领域展开调查研究，以期为全国媒体融合与治理现代化实践带来启迪和作出学术贡献。

本书面向媒体融合研究的学者，面向从事县级融媒体中心建设实践的党政主管部门、一线工作人员及相关从业人员，面向关注媒体融合理论研究及实践发展的普通读者。

**图书在版编目（CIP）数据**

县级融媒体中心建设/颜春龙等著. —北京：科学出版社，2022.4

ISBN 978-7-03-071695-8

Ⅰ. ①县… Ⅱ. ①颜… Ⅲ. ①县-传播媒介-建设-研究-中国
Ⅳ. ①G206.2

中国版本图书馆 CIP 数据核字（2022）第034235号

责任编辑：王　丹　张翠霞 / 责任校对：贾伟娟
责任印制：李　彤 / 封面设计：蓝正设计

科学出版社 出版
北京东黄城根北街16号
邮政编码：100717
http://www.sciencep.com
北京虎彩文化传播有限公司 印刷
科学出版社发行　各地新华书店经销
*
2022年4月第 一 版　开本：720×1000　1/16
2023年4月第三次印刷　印张：16
字数：250 000

**定价：98.00元**

（如有印装质量问题，我社负责调换）

中共重庆市委宣传部部校共建重庆新闻学院重点资助项目
中国广播电视社会组织联合会媒介融合研究基地
重庆师范大学西部县级融媒体发展研究院
联合出品

# 编撰说明

全书框架设计、统稿、修改由颜春龙、赖黎捷完成。

总论：赖黎捷、颜春龙、欧勤扬撰写、修改。

第一章“区（县）融媒体中心的体制机制建设”：白涛、吴羽静、薄艺、张玲玲执笔，颜春龙、欧勤扬、柯弄璋修改。

第二章“区（县）融媒体中心的人才队伍建设”：赵林娟、张玲玲、黎妍玓、鲜诗瑶执笔，田宏明、李勇修改。

第三章“区（县）融媒体中心的业务状况”：张红霞、李永欢、黄雪君、雷芳芳执笔，赖黎捷、柯弄璋修改。

第四章“区（县）融媒体中心的经营管理”：刘超、杨柳、罗玮霖、陈雨彤执笔，颜春龙、李勇修改。

第五章“区（县）融媒体中心发展的评估指标体系”：刘超、吴羽静、鲜诗瑶、李永欢、黄雪君、陈雨彤执笔，颜春龙、柯弄璋修改。

第六章“区（县）融媒体中心的版权保护”：鲜诗瑶、梅瑕月、张升阳执笔，王欢妮、柯弄璋修改。

第七章“区（县）融媒体中心建设中的智慧广电发展”：吕颖莉、张红霞、杨柳、黎妍玓执笔，郭庆、柯弄璋修改。

第八章“区（县）融媒体中心从业人员及受众状况调查”：刘超、鲜诗瑶、韩东林、陈雨彤、黎妍玓、薄艺、梅瑕月执笔，颜春龙修改。

# 序　　言

县级融媒体中心建设是新时代我国治国理政的重大举措，不仅关乎国家治理体系现代化打通“最后一公里”，关乎国家意识形态安全和壮大主流舆论阵地，关乎社会稳定和文化发展，更关乎人民群众对美好生活的向往。我国县级融媒体中心建设发轫于21世纪初，四川、浙江等地陆续开始实践探索，至2018年迅速铺开。2018年8月21日至22日，习近平总书记在全国宣传思想工作会议上强调，要扎实抓好县级融媒体中心建设，更好引导群众、服务群众。9月20日，中共中央宣传部在浙江省长兴县召开县级融媒体中心建设现场推进会，要求2020年底基本实现全国县级融媒体中心建设全覆盖。此后县级融媒体中心建设在全国范围内全面展开。至2019年底，各省及直辖市基本完成县级融媒体中心全覆盖。

在国家政策的强力推进下，全国各地县级融媒体中心建设自发端至今，总体呈现良好发展态势。但是，由于媒体融合牵涉面广，理念、逻辑、路径、利益等较难统一，面临的现实问题较多且较为复杂，加以各地经济发展不平衡，因此各地县级融媒体中心建设不均衡问题也较为突出。一方面，河南项城市、福建尤溪县、甘肃玉门市、浙江长兴县等地大胆创新，摸索出一些富有地域特色的建设模式；另一方面，不少县级融媒体中心建设面临诸多困难，对照中共中央办公厅、国务院办公厅印发的《关于加快推进媒体深度融合发展的意见》要求，县级融媒体中心建设距离建成主流舆论阵地、综合服务平台和社区信息枢纽还有较大差距，其内生动力、市场竞争力、人才瓶颈亟待突破。这就要求媒体研究工作者深入实际调查研究，为县级融媒体中心建设下一步的改革发展提供智力支持。

重庆地处大西南，其经济发展、地域特色以及媒体现状都具有较强的代表性。重庆新闻学院是全国首批十家部校共建的新闻学院院校之一，也是中国广播电视社会组织联合会媒介融合研究基地的重要成员单位。在中共重庆市委宣传部的指导下，学院紧跟国家战略部署，着力发挥资政研究及联通业界作用。2020 年，该院将对当地县级融媒体中心建设状况的调查研究作为重点资助项目。中国广播电视社会组织联合会密切关注该项目的推进，鼓励其对地方经验进行深度挖掘与提炼，为优化融媒体中心建设提供参考和建议。此项研究也受到当地主流媒体和市级技术平台的关注，中国广播电视社会组织联合会媒介融合研究基地、重庆日报、重庆广大融媒科技有限公司、重庆新闻学院四方签署合作协议，成立重庆师范大学西部县级融媒体发展研究院，联合推进项目研究。项目组历时 70 余天，实地走访了重庆市 32 个区（县）融媒体中心和市级融媒体中心平台，最终形成了这本扎实厚重的调研成果，体现了项目组的责任与担当。综观项目研究成果，有以下突出特点。

一是在调查中发现问题，体现媒体研究者应有的担当。当今世界，5G、人工智能、物联网、大数据、云计算等技术迅猛发展，传媒行业生态格局发生剧变，传统主流媒体向智慧融媒体的转型升级挑战与机遇并存。县级融媒体中心处在三大背景趋势的交汇区：一是作为基层宣传思想文化阵地，关系到意识形态安全；二是处于中央媒体、省市级媒体融合纵深发展的末端，有明显的触发效应和综合影响；三是作为国家治理体系和治理能力现代化的节点，全面提升其服务大局能力必然要求其深化改革。县级融媒体中心建设要创造性地贯彻落实国家关于推进媒体融合发展的大政方针和决策部署，同时又要紧跟时代潮流抢抓机遇，必须理清思路，解决关键问题。

我国有 2800 余个县级行政区划单位，区域差异大，县级媒体没有自主改革权限，导致机制改革落地难、突破难，不少县级媒体陷入困境。面对诸多现实难题，媒体研究者首先要深入基层去倾听、去理解，在情感上积极回应，在理智上深入追问，让受访者的真实心声能够被听到，聚焦和梳理关键问题，并运用相关理论予以客观描述和积极建构。该项目研究者深入基层，直面县级融媒体中心建设进程中的资源整合、机制改革、人才引进、业务创新、技术统筹、运营短板等难点、痛点，展开调查研究，切中媒体研究之要义，值得鼓励与支持。

二是在现实需求中寻求链接，体现媒体研究者应有的思考。作为国家发展层面的战略设计与制度性安排，县级融媒体中心建设起着纽带作用，既要壮大主流舆论阵地，倡导社会主义核心价值观，又要传递来自群众的呼声，以人民群众对美好生活的向往和需要为中心，具有极强的政务性和针对性。

县级融媒体中心建设在国家层面提出后，受到中央各部门和地方党委、政府的高度重视。中共中央宣传部、国家广播电视总局等部门先后制定和发布了县级融媒体中心建设的规范和要求。2019年1月，中共中央宣传部、国家广播电视总局联合发布《县级融媒体中心省级技术平台规范要求》，将县级融媒体中心定位为开展媒体服务、党建服务、政务服务、公共服务、增值服务等业务的融合媒体平台。明确要求县级融媒体中心整合县级媒体资源，不断提高传播力、引导力、影响力、公信力。2020年10月29日，中共十九届五中全会审议通过《中共中央关于制定国民经济和社会发展第十四个五年规划和二〇三五年远景目标的建议》，其中明确提出："推进媒体深度融合，实施全媒体传播工程，做强新型主流媒体，建强用好县级融媒体中心。"县级融媒体中心建设进入"十四五"时期的国家顶层设计。

在政策和资金的双重支持下，县级融媒体深度融合在全国系统展开，各县级融媒体中心积极整合广播电台、电视台、报社、网站等媒体资源，基本完成传播平台一体化，发展远超预期，但也遭遇了不少困难。虽然各县级融媒体中心在组织机构创新、技术平台搭建、人员配备激励等方面取得了进展，但在进一步深度融合进程中，县域综合资源优化配置、自我造血功能不足等状况凸显。各县级融媒体中心建设主要仍靠国家政策和资金扶持，优质媒体内容生产能力、自我创新能力、内生动力仍显不足。面对县级融媒体中心建设中存在的现实问题，媒体研究者如何对发现的问题做出适切有效的理解和阐释，这是摆在课题组成员面前的挑战。

该项目研究团队遴选了富有媒体实践经验的业务工作者和管理者，以及具有跨学科背景的研究者，保持客观观察立场，并从各自不同的经验、不同的学科对实地收集到的第一手资料展开互动研究，不断反思，特别是各个部分的调查研究都对照同期国家相关政策、规范，结合实地调查、访谈情况，力求做到与现实需求对接，实属难能可贵。

三是在关系重构中寻求方向，提出媒体研究者应有的建议。县级融媒体中心建设全面推进后，众多地方媒体抢抓机遇，大胆创新，摸索出不少值得学习和借鉴的经验。由于县级融媒体中心建设同时也是国家治理体系和治理能力现代化中的重要组成部分，其在意识形态表达、核心价值观引领乃至党群服务工作中都有重要意义。同时，技术升级改造与统筹协调也是县级融媒体中心建设中的关键环节，这就要求媒体研究者不仅要深刻理解国家相关政策，而且要深入钻研核心业务创新。当地政府、媒体、百姓之间的角色定位与转换关乎发展方向和是否能够实现预期目标，在县级融媒体中心建设中显得至关重要。

《中共中央关于制定国民经济和社会发展第十四个五年规划和二〇三五年远景目标的建议》提出："加强和创新社会治理……完善基层民主协商制度，实现政府治理同社会调节、居民自治良性互动。"县级融媒体中心要想真正融入县域治理体系，就需要多元主体齐抓共管、共同参与、协同发展。在制度设计上，需要统筹规划，合理引导和有效评估；在业务创新上，需要建构议程设置，对接政府部门和百姓需求，形成传播合力。

项目组针对各版块的现实问题，在充分调研的基础上提出了针对性建议，对县级政府相关部门和融媒体中心管理者或有所启迪。与此同时，面向5G技术和智慧广电建设的未来发展目标，面向数字经济时代的版权保护，项目组还开展了专项调查研究，富有前瞻意识。县级融媒体中心建设是一项综合性强、复杂而艰巨的系统工程，既要对新闻舆论宣传工作负责，又要发挥基层社会生态治理功能，其发展需要适时引导，及时纠偏。因此，项目组根据《县级融媒体中心省级技术平台规范要求》等文件精神，积极探索和建构县级融媒体中心建设评估指标体系模型，力图为决策者提供参考。

相较于全面建成，当下县级融媒体中心建设已进入提质升级阶段。我国媒体在经历了数字化、网络化之后正全面融入移动互联网，向智能化演进。县级融媒体中心建设既需要顶层设计，也需要鼓励基层创新。媒体研究者应紧跟国家战略需求和媒体融合实践，持续深入展开调查研究，努力推动县级融媒体实现全方位赋能基层社会治理。希望此次调研成果能够为"建强用好县级融媒体中心"的精准落地和扎实推进提供鲜活的、富有启迪的实践经验总结和借鉴。

王　求

2022年2月

（作者系中国广播电视社会组织联合会副会长，原中央人民广播电台台长）

# 目　录

# 总　论

## 一、研究背景及意义

2018 年 8 月 21 日至 22 日，中共中央总书记习近平在全国宣传思想工作会议上指出："要扎实抓好县级融媒体中心建设，更好引导群众、服务群众。"[①]这一重要指示为数量众多、覆盖面广的县级媒体发展指明了方向，让县级媒体迎来重大发展机遇。2019 年 1 月 25 日，习近平总书记在中共中央政治局第十二次集体学习时发表重要讲话，强调指出，推动媒体融合发展、建设全媒体成为我们面临的一项紧迫课题[②]。在此之前的 2014 年 8 月 18 日，中央全面深化改革领导小组第四次会议审议通过了《关于推动传统媒体和新兴媒体融合发展的指导意见》，"媒体融合"正式上升为国家战略。[③]作为深入推进"媒体融合"国家战略的重要环节，县级融媒体中心的建设，不仅将媒体融合从中央级、省市级媒体向基层媒体纵深延伸，打通媒体融合的"最后一公里"，还能壮大主流舆论阵地、推动国家传播体系的完善。这是县级融媒体中心建设题中应有之义。

同时，党的十八届三中全会提出了"推进国家治理体系和治理能力现代化"的重大命题[④]。党的十九届四中全会通过了《中共中央关于坚持和完善中国特色社会主义制度 推进国家治理体系和治理能力现代化若干重大问题的决定》，成为国家治理体系和治理能力现代化建设的纲领性文件。该决定提出建构基层社会治理的新格局，其中强调了基层社会治理的实现

---

① 习近平在全国宣传思想工作会议上强调：举旗帜聚民心育新人兴文化展形象 更好完成新形势下宣传思想工作使命任务[N]. 人民日报，2018-08-23（1）.

② 习近平在中共中央政治局第十二次集体学习时强调：推动媒体融合向纵深发展　巩固全党全国人民共同思想基础[N]. 人民日报，2019-01-26（1）.

③ 管洪. 我国媒体融合发展新局面的深层逻辑[N]. 中国新闻出版广电报，2018-07-05（1）.

④ 中国共产党第十八届中央委员会第三次全体会议公报[EB/OL]. (2013-11-13). https://news.12371.cn/2013/11/13/ARTI1384290823679595.shtml.

方式，即通过制度化与现代化实现社会治理和服务重心向基层下移，将更多资源下沉，实现精准化与精细化的服务，还特别提出“构建网上网下一体、内宣外宣联动的主流舆论格局，建立以内容建设为根本、先进技术为支撑、创新管理为保障的全媒体传播体系”①。可以看出，在这个基层社会治理新格局中，基层社会治理与县级融媒体中心建设成为绕不开的一对重要范畴，县级融媒体中心不仅是媒体的基层单位、县域治理的重要载体，也成为国家开展社会治理的重要基础。因此，县级融媒体中心的建设就不仅是媒体专业视域中的问题，还要从国家治理以及党的执政能力现代化的高度进行考察，进而把县级融媒体中心建设向纵深推进。

2020 年 9 月，中共中央办公厅、国务院办公厅印发了《关于加快推进媒体深度融合发展的意见》，该意见指出，要按照资源集约、结构合理、差异发展、协同高效的原则，完善中央媒体、省级媒体、市级媒体和县级融媒体中心四级融合发展布局。②2018 年 9 月，中共中央宣传部在浙江省湖州市长兴县召开县级融媒体中心建设现场推进会，会上要求，县级融媒体中心要在 2020 年底基本实现全国全覆盖③。2018 年 11 月 14 日，习近平总书记主持召开中央全面深化改革委员会第五次会议，审议通过了《关于加强县级融媒体中心建设的意见》，提出“要深化机构、人事、财政、薪酬等方面改革，调整优化媒体布局，推进融合发展，不断提高县级媒体传播力、引导力、影响力”④。之后，县级融媒体中心建设成为行业关注的焦点，各省（自治区、直辖市）的县级媒体积极展开建设工作。2019 年 3 月，中共重庆市委宣传部、中共重庆市委网络安全和信息化委员会办公室、中共重庆市委机构编制委员会办公室、重庆市财政局、重庆市人力资源和社会保障局、重庆市文化和旅游发展委员会、重庆市大数据应用发展管理局、重庆市新闻工作者协会八个单位联合印发了《重庆市加强区县融媒体

---

① 中共中央关于坚持和完善中国特色社会主义制度 推进国家治理体系和治理能力现代化若干重大问题的决定[EB/OL]. (2019-11-05).http://cpc.people.com.cn/n1/2019/1105/c419242-31439391.html.

② 中共中央办公厅 国务院办公厅印发《关于加快推进媒体深度融合发展的意见》[EB/OL]. (2020-09-26). http://www.gov.cn/xinwen/2020-09/26/content_5547310.htm.

③ 岳德亮. 县级融媒体中心建设全面启动[EB/OL]. (2018-09-21). http://news.cctv.com/2018/09/21/ARTI5YlY5a1RmsNDJSFR16lH180921.shtml.

④ 习近平主持召开中央全面深化改革委员会第五次会议[EB/OL]. (2018-11-14). http://www.gov.cn/xinwen/2018-11/14/content_5340391.htm.

中心建设实施方案》[①]，明确了重庆市区（县）融媒体中心建设的“时间表”和“路线图”。按照该实施方案，重庆市2020年底前将全面建成区（县）融媒体中心；2021—2022年将着力提升区（县）融媒体的“四力”，促进基层新闻宣传工作更好地服务党委和政府中心工作、更好地服务人民群众生产生活。据媒体相关报道，北京、天津、上海三个直辖市已在2019年底完成区（县）融媒体中心建设，作为四大直辖市之一的重庆，面临着区（县）融媒体中心建设时间紧、任务重、难度大、头绪多的困难。

在上述背景下，作为全国首批部校共建的重庆新闻学院（重庆师范大学新闻与传媒学院），主动发挥服务地方发展的智库作用，组织开展了“5G时代下重庆区（县）融媒体中心建设与创新发展”专题调研。调研还结合国家相关部委在《关于促进智慧广电发展的指导意见》、《国家发展改革委关于加快开展县城城镇化补短板强弱项工作的通知》（发改规划〔2020〕831号）中所提出的建设智慧广电平台、推进5G网络向县城延伸覆盖等要求[②]，对重庆市已建和在建区（县）融媒体中心的体制机制、运营管理等进行系统调查和研究。通过调研，一方面摸清重庆市当前各区（县）融媒体中心建设的现状、存在问题、痛点与难点，发掘好的经验与做法，形成示范带动效应；另一方面，结合中央、重庆市相关规划、政策，参考与借鉴其他省（自治区、直辖市）好的建设经验，因地制宜，科学规划，分类施测，围绕县级融媒体中心建设展开研究，以期在媒体融合、版权保护、社会治理特别是市域、县域、基层社会治理等相关学术领域做出理论贡献。

## 二、调研设计与调研内容、框架

### （一）调研设计

本次调研自2020年6月23日至9月3日，历时72天，实地走访了

① 匡丽娜. 重庆区县融媒体中心市级技术平台开建[EB/OL]. (2019-04-16). http://www.gov.cn/xinwen/2019-04/16/content_5383209.htm.

② 国家发展改革委关于加快开展县城城镇化补短板强弱项工作的通知（发改规划〔2020〕831号）[EB/OL]. (2020-06-03). https://www.ndrc.gov.cn/xwdt/ztzl/xxczhjs/ghzc/202012/t20201224_1260175.html?code=&state=123.

包括14个市级试点区（县）在内的重庆市32个区（县）融媒体中心和市级融媒体中心技术平台——重庆广大融媒科技有限公司，样本区（县）点参见表0-1。

调研综合运用实地研究法、访问研究法和调查研究法展开。座谈会与半结构访谈相结合，分区（县）规划、融媒体中心建设（体制机制、经营管理、内容生产、人才建设、版权维护与运营）、智慧广播三个专题展开；同时，采取街区社会调查与在线问卷相结合的方式，以了解本地用户对本地区（县）融媒体建设的认知度、满意度等。

调研对象主要包括区（县）委宣传部、机构编制委员会办公室、互联网信息办公室、融媒体中心、电视台、新闻中心等单位负责人及媒体相关从业者。线上问卷采用问卷星方式，在各区（县）媒体单位的工作群、管理群等发放，共收回问卷980份，经过审核剔除无效问卷，最后得到有效问卷970份，有效问卷率为99.0%；线下问卷主要采用街头问卷形式，调查对象是本地居民，主要目的在于考察本地居民对本地融媒体中心或媒体的认知与评价，剔除无效问卷后，共收回有效问卷2630份。问卷等数据利用Excel进行录入，并用SPSS软件进行相关分析。

**表0-1　调研样本区（县）分布**

| 区域 | 区（县） |
|---|---|
| 中心城区（5个） | 渝北区、九龙坡区、北碚区、南岸区、巴南区 |
| 主城新区（11个） | 合川区、永川区、大足区、铜梁区、江津区、璧山区、荣昌区、南川区、綦江区、长寿区、潼南区 |
| 渝东南地区（6个） | 武隆区、酉阳土家族苗族自治县、黔江区、彭水苗族土家族自治县、秀山土家族苗族自治县、石柱土家族自治县 |
| 渝东北地区（10个） | 垫江县、丰都县、梁平区、忠县、万州区、云阳县、奉节县、巫山县、巫溪县、城口县 |

注：区域划分依据2020年5月9日重庆主城都市区工作座谈会宣布而来。重庆主城区由9区扩容到21区，包括9个中心城区和12个主城新区。

与此同时，搜集与整理了调研区（县）的融媒体中心建设规划方案、年度总结、员工基础数据、中心建设过程中的投入与营收数据，员工管理办法、员工考核方案与奖惩机制，融媒体技术平台、人工智能技术运用情况、数字化转型及智能设备运用情况，融媒体中心用户数据、广播电台用户数据、营收情况等第一手资料。

## （二）调研内容与框架

调研内容主要有四个方面。

（1）区（县）融媒体中心整体概况与建设进程。深入了解重庆区（县）融媒体中心建设中的体制机制、核心业务创新、产业运营等现状与存在的障碍；总结重庆现有区（县）融媒体中心的运行经验，探索符合重庆现实的融媒体中心生产机制和建设模式。

（2）区（县）媒体融合进程中智能升级进程现状。总结各区（县）媒体运用智能技术进行升级转型和节目创新的实践经验；梳理各区（县）媒体数字化转型及其与新媒体深度融合进程中面临的技术运用、内容创新、机制变革等方面的问题及对策。

（3）区（县）融媒体中心助力当地舆论宣传和智慧城镇建设的举措与规划。深入了解各区（县）媒体、融媒体中心在资讯整合、智慧社区打造、城市应急管理、公共服务、网络信息监管、数字文旅、数字经济创意产业等领域的具体措施与发展规划情况，探讨地方媒体及融媒体中心如何发挥综合平台功能，驱动地方产业创新发展，推进智慧城镇建设。

（4）区（县）融媒体中心在基层社会治理中的功能发挥情况、版权建设情况以及融媒体中心建设第三方评价指标建立的征求意见等。内容包括：应急广播与乡镇信息传播、生态环境监测等；乡镇通讯员队伍建设与基层网格化管理；版权保护与版权交易等情况；县级融媒体中心建设第三方评价指标建立应纳入的相关考核变量等。

具体调研框架见表 0-2。

**表 0-2　调研框架**

| 调研版块 | 具体内容 |
|---|---|
| 基础信息 | 1. 融媒体中心建设现状<br>2. 投入资金和发展规划<br>3. 相关政策制定与支持 |
| 人才队伍 | 1. 各区（县）媒体人员数量、身份、专业背景、学历构成、从业年限等情况<br>2. 融媒体中心建成前后人员转型情况、岗位情况、隶属关系等<br>3. 人才需求情况、人才待遇、人才政策等<br>4. 引进人才情况、人才流失情况、已建成中心各类人才工作适应性与满意性程度等情况 |

续表

<table>
<tr><th>调研版块</th><th colspan="2">具体内容</th></tr>
<tr><td rowspan="6">体制机制</td><td colspan="2">1. 融媒体中心机构属性、组织结构、部门设置、部门协作等</td></tr>
<tr><td colspan="2">2. 区（县）融媒体建设战略等情况</td></tr>
<tr><td colspan="2">3. 财政支持、投资营收（自筹、全额拨款、差额、混合等）等财政情况</td></tr>
<tr><td colspan="2">4. 岗位编制、人员隶属、领导任命等人事制度</td></tr>
<tr><td colspan="2">5. 财政支持、市场经营等运行机制</td></tr>
<tr><td colspan="2">6. 基本工资、绩效考核、超额稿费等考核机制</td></tr>
<tr><td rowspan="11">业务开展</td><td rowspan="5">新闻业务</td><td>1. 融媒体中心现有媒体平台及其功能发挥情况（粉丝量、覆盖度等）</td></tr>
<tr><td>2. 自主建设技术平台、入驻省市媒体云平台或入驻中央媒体云平台等技术平台搭建情况</td></tr>
<tr><td>3. 融媒体中心内容生产情况（自办节目、栏目等）、新媒体产品生产能力及其评价标准等</td></tr>
<tr><td>4. 融媒体中心各渠道融通、协调度、运行评价等</td></tr>
<tr><td>5. 智能语音技术使用情况、应急广播情况等</td></tr>
<tr><td rowspan="6">其他业务</td><td>1. 融媒体中心公共媒体资源汇聚情况，如有无可开发的新业务，有无智能语音设备的使用</td></tr>
<tr><td>2. 融媒体中心的目标客户，如有没有具体的用户运营规划，用户运营与内容运营之间有没有联系</td></tr>
<tr><td>3. 5G 技术在各类内容产品制作方面的研发和应用情况</td></tr>
<tr><td>4. 广电媒体智能升级转型、智慧广电建设等情况</td></tr>
<tr><td>5. 承担公共服务职能状况，比如村村通、广电下乡等</td></tr>
<tr><td>6. 媒体+电商、媒体+公益等情况</td></tr>
<tr><td rowspan="3">经营管理</td><td colspan="2">1. 原有经营项目种类、运营情况；建成后的经营项目种类、运营情况等</td></tr>
<tr><td colspan="2">2. 可供经营的资源、市场状况分析（优势、劣势等）</td></tr>
<tr><td colspan="2">3. 盈利模式的探索情况</td></tr>
<tr><td rowspan="4">版权建设</td><td colspan="2">1. 版权保护的认知情况、是否存在侵权行为、有无维权需求等情况</td></tr>
<tr><td colspan="2">2. 融合新闻作品版权素材的原创性程度、非原创素材使用情况（如转载、自采稿件比例等）</td></tr>
<tr><td colspan="2">3. 融合新闻作品版权保护、版权合作经营现状等</td></tr>
<tr><td colspan="2">4. 版权资产管理情况、稿源库建设情况等</td></tr>
<tr><td rowspan="4">延伸版块</td><td colspan="2">1. 融媒体中心建设的成渝一体化计划和行动</td></tr>
<tr><td colspan="2">2. 5G 的布局与思考</td></tr>
<tr><td colspan="2">3. 智能语音技术融入传统广播的困境</td></tr>
<tr><td colspan="2">4. 中国传统广播构建智能语音生态的具体路径</td></tr>
</table>

经过调查发现，重庆区（县）融媒体建设整体状况良好，在建设中逐步探索出独特的发展经验，如“潼南模式”“綦江模式”“璧山模式”等，但同时也面临体制机制、人才瓶颈、资源整合与运营等困惑。

## 三、重庆区（县）融媒体中心建设现状

截至 2020 年 9 月初，重庆市各区（县）融媒体中心建设全面推进，媒体融合进入纵深发展阶段。32 个调研区（县）中，26 个已建成区（县）融媒体中心，占 81.3%。15 个区（县）已组建公司，占 46.9%。15 个区（县）已建成“中央厨房”［其中 10 个为试点区（县）］，占 46.9%；7 个区（县）在建，占 21.9%；10 个区（县）尚未建设，占 31.2%。未挂牌区（县）均已全面启动融媒体中心建设。各区（县）党委、政府对融媒体中心建设予以大力支持，不少区（县）专门成立领导小组，召开专题会议，推进区（县）融媒体建设。据不完全统计，8 个区（县）给融媒体中心划拨了新场地，10 个区（县）在原场地升级改造，2 个区（县）既有原场地升级且又划拨新场地。已建成“中央厨房”的区（县）划拨专项经费从数十万元到 1000 多万元不等，未建区（县）划拨经费最多为 1.9 亿元。

### （一）着力打造新媒体矩阵，传媒引导力、影响力显著提升

根据 2019 年中共中央宣传部和国家广播电视总局联合发布的《县级融媒体中心建设规范》，县级融媒体中心将成为整合县级广播电视、报刊、新媒体等资源，开展媒体、党建、政务、公共、增值五类服务业务的融合媒体平台。①重庆市各区（县）融媒体中心对内整合县级广播电视台、报社或新闻中心的媒体资源，打造新媒体矩阵，对外整合县级政府机构新媒体资源，对接抖音、快手、企鹅号等各类商业平台，从单一的传播渠道向平台化方向发展。

此次调研区（县）全部建成自有新媒体矩阵，涵盖手机报、手机台、微信、微博、客户端、新闻网站等新媒体形态，各区（县）新媒体矩阵平

① 中共中央宣传部，国家广播电视总局．县级融媒体中心建设规范[Z]．2019-01-15.

台总数最多的超过18个，平均拥有量为6.5个。各区（县）正在逐步形成以党建平台为引领，以算法、短视频、社交见长的平台为中坚，以音视频网站、客户端为补充的第三方新媒体矩阵。所有调研区（县）均入驻学习强国。32个区（县）入驻抖音、快手、企鹅号、今日头条、央视频、哔哩哔哩、蜻蜓、喜马拉雅等第三方平台。其中，入驻抖音、今日头条、企鹅号的区（县）分别为26个、29个、26个，入驻蜻蜓、央视频的区（县）均为6个，入驻快手、喜马拉雅的区（县）均为4个，入驻哔哩哔哩的区（县）为3个。

传统媒体与新媒体优势互补，多种平台形成合力，形成立体化传播体系：①32个区（县）中共有82个传统媒体平台，147个自有新媒体平台。其中，有完整数据的自有新媒体平台有91个，共有用户1751.3万人：微信账号订阅用户总数达505.2万人，客户端用户总数为1006.1万人，微博用户总数为240万人。平均单个平台约有用户19.2万人。②共有149个第三方平台账号。其中，具有完整数据的账号有49个，共有用户405.1万人：抖音账号订阅用户总数达240.9万人，快手账号订阅用户总数为8.1万人，企鹅账号订阅用户总数为21.4万人，今日头条账号订阅用户数为27万人，央视频订阅用户为10万人，哔哩哔哩订阅用户为85.5万人，学习强国订阅用户为12.2万人。平均单个平台约有用户8.3万人。受众覆盖率明显超过整合前。

各区（县）利用新媒体平台广泛开展党务宣传、学习培训等活动，努力提升平台引导力，利用新媒体技术手段创新产品形态，打造系列融合创新产品，H5、短视频、网络直播已成常态，特别是将重庆全市组织开展的“晒文化·晒风景”（简称“双晒”）大型文旅推介活动、区（县）长直播推介、会展节庆等活动与疫情防控、脱贫攻坚、地方宣传等工作相结合，取得良好社会效益，传媒影响力显著提升。不少区（县）涌现了爆款产品和本土特色产品，如綦江区精心策划了“走向我们的小康生活——晒产业·晒产品·晒幸福账单”系列直播节目，组建10个直播报道团队，奔赴21个街镇蹲点采访，推出16期96个直播、深度报道、第一书记代言、群众晒幸福季等“六个一”融媒体产品，累计销售农产品3000余万元。

各区（县）融媒体中心注重内容品质，着力打造精品，不少作品入选市级、国家级奖项，被上级媒体平台刊播的稿件数量显著提升，部分区（县）在市级媒体平台的年上稿量达上千条，在中央媒体平台的年上稿量超过100条。

作为基层主流媒体，各区（县）融媒体中心以本土视角传达党和政府的政策主张，立足本土特色，初步打造了系列本土栏目与产品，如巫山县融媒体中心推出的第十一届中国·重庆长江三峡（巫山）国际红叶节暨第三届巫山神女杯艺术电影周系列报道，潼南区融媒体中心参与和承接的国际柠檬节、西部灯博会、西部小龙虾节等活动，助推当地形象塑造与本土文化传播。

### （二）初步整合县域资源，积极拓展“媒体+”多元业务类型

根据《县级融媒体中心建设规范》，融媒体中心应在整合资源的基础上开展媒体服务、党建服务、政务服务、公共服务、增值服务等五大类业务。重庆市各区（县）在当地政府的大力支持下，已初步整合当地资源，积极拓展“媒体+”多元业务类型。

媒体资源方面，大部分区（县）融媒体中心整合了原传统媒体资源，并将当地政府“两微一端”纳入中心统一运作。截至2020年9月初，已挂牌的26个区（县）中，21个区（县）初步实现当地政府官微新媒体资源汇聚，占80.8%。綦江、云阳、璧山等区（县）还将当地政府其他机构的新媒体资源整合到融媒体中心，特别是綦江区，采取托管运营方式将重庆市綦江区人大常委会、綦江区农业农村委员会、綦江区文化和旅游发展委员会、綦江区残疾人联合会、綦江区应急管理局、綦江区妇女联合会、綦江区民政局等新媒体资源纳入。

党建资源方面，开展党务宣传和培训成为目前各地党建服务最常见的两大功能。所有区（县）均将学习强国平台纳入，6个区（县）开设了党建专栏，2个区（县）运营当地党校或党建微信公众号。

政务资源方面，所有区（县）均在客户端开设了政务栏目，子栏目开设数最多达13个。合川、南岸等区（县）联合各政府机构微信公众号搭建了政务微信矩阵，奉节、江津、璧山等区（县）开设广播特色栏目、电视问

政节目或打造网络问政平台，巫山县等与当地商业平台合作研发问政平台。

公共资源方面，接入卫生健康、法律、教育等政府机构热线，开设热线服务和开辟服务功能是最常见的形式。16个区（县）已将重庆市级移动政务服务平台“渝快办”接入，7个区（县）开设疫情防控类版块，5个区（县）将文明实践中心接入，3个区（县）将应急广播接入。

增值资源方面，大部分调研区（县）采取与政府部门联办栏目，接受委托拍摄宣传片、纪录片等传统方式获取收益。承接政府及其各部门大型活动和直播带货助推电商是最常见的两种新收益方式，如开展“双晒”活动、承办菜花节、小龙虾节等。南岸、江津等少数区（县）整合了户外广告资源。部分区（县）借助市级融媒体技术平台开展直播电商，如垫江县借助华龙网客户端、梁平区借助重庆广电云。少数区（县）开设电子商城，如北碚区、巫溪县开设“积分商城”版块，綦江区建立红蚂蚁商城，潼南区推出“潼掌柜”电商服务平台。

从整体情况看，大都积极拓展多元业务，22个区（县）已开展“媒体+”业务，占比68.8%。业务类型最多的达6种，政务、电商、教育、文创、服务为最常见的几种类型。这些业务以创造市场价值为主要取向，发挥媒体的公信力、影响力等优势，呈现更加细分化的态势。

### （三）全面理顺体制机制，平稳推进中寻求创新与突破

各区（县）融媒体中心建设有条不紊，各项管理体制、考核机制全面建立，平稳推进中有探索与创新，为中心发展提供有力保障。作为重庆媒体融合“先锋团”的14个试点区（县）融媒体中心，出现了一些有特色的做法和模式，为其他区（县）提供了有益的借鉴。

各区（县）在融媒体中心的属性类别选择上大都趋于谨慎。22个区（县）将融媒体中心核定为公益一类事业单位，占比68.8%，10个区（县）将融媒体中心核定为公益二类事业单位，占比31.2%。各地政府对融媒体中心建设高度重视，通常由各区（县）党委书记等“一把手”、区（县）党委常务委员会、区（县）委全面深化改革委员会、区（县）机构编制委员会办公室、区（县）财政局、区（县）国有资产监督管理委员会、区（县）

委宣传部等共同对融媒体中心形成地方管理体系，对融媒体中心的体制机制、人员经费、绩效考核、场地设施、经营管理等进行全方位统筹设计和政策制定。各区（县）地理位置、经济发展、地域文化等情况各异，区域发展不均衡，导致各区（县）融媒体中心呈现不同的地域化发展特征，政策差异化明显。

南岸、渝北、九龙坡等中心城区政府对各区融媒体中心建设投入资金力度较大，在体制机制上大胆创新，各具特色。例如，南岸区委宣传部列出专项经费对融媒体中心进行硬件建设及人员培训投入；渝北区融媒体中心与重庆日报合作成立了重庆国际传播中心渝北分中心，成为重庆市首个上线海外传播平台矩阵的融媒体中心；九龙坡区、渝北区的融媒体中心人员（包括编外人员）经费都由区财政全额兜底。

其他区（县）融媒体中心由于各自的地理位置、历史积淀、财政投入等情况不同而呈现不均衡发展。渝西地区融媒体中心建设进程整体较快，体制机制创新探索成果较为丰富，而渝东南和渝东北地区融媒体中心建设中受体制机制困扰的问题较为突出，急需破解。此次调研的10个渝西行政区整体上对融媒体中心建设财政投入情况较好，出现了“潼南模式”“綦江模式”“璧山模式”等富有地方特色的做法。这些地区还是国家区域性协同重大战略“成渝地区双城经济圈”（简称“成渝双圈”）建设的主廊道，各地区融媒体中心紧抓机遇，都将融入“成渝双圈”纳入发展规划。渝东南地区融媒体中心建设多以生态保护发展为引领，增强党的声音。渝东北地区地处渝、鄂、川、陕四省（直辖市）交界地带，是重庆的东北“门户”，其融媒体中心在媒体定位和任务上更多与本地特色产业相结合，打造本土品牌栏目和传承本土文化。

各区（县）融媒体中心在内部机构和组织架构设置上较不均衡，呈现多样化、差异化特征。截至2020年9月初，已建成的26个区（县）融媒体中心内设部门数量从4到24个不等，平均部门数量为12个。各区（县）融媒体中心的部门设置整体上表现为舆论阵地意识强，党建与业务统筹设计完整，对外宣传和新媒体传播意识强，媒体经营管理定位凸显，但媒体资源管理和技术治理理念相对薄弱。所调研的区（县）融媒体中心中，设有办公室、综合部或党群部等部门的有25个，占比96.2%；设有总编室的区（县）有 18 个，占比 69.2%；设有外宣部或通联部的区（县）有 15 个，占比 57.7%；设有新媒体部的区（县）有 14 个，占比 53.8%；设有媒体运营部、经营管理部、广告部或产业部的区（县）有 17 个，占比 65.4%；设有大数据部、媒体资源管理部或社会服务部的区（县）有 11 个，占比 42.3%。

此外，各区（县）都对建成的融媒体中心重新进行了领导班子配备，组建了懂政治、会宣传且熟悉网络媒体核心业务的管理团队。领导班子总职数大多设置为 4—6 个，最少的为 2 个，最多的达 12 个。其中，有 7 个区（县）融媒体中心设置了 2 个正职，大多数区（县）只设 1 个正职，副职最多为 7 个。各区（县）在原有报社（新闻中心）、电视台等工作人员基础上招入了更多年轻成员充实队伍，如作为中共中央宣传部首批启动的县级融媒体中心建设试点县之一的秀山县融媒体中心，努力实现融媒体中心领导班子年轻化，中心全体职工平均年龄在 30—40 岁。

截至 2020 年 9 月初，已建成的 26 个区（县）融媒体中心中，除巫山、巴南、渝北暂无核编数据外，其他 23 个区（县）在人员编制核定上给予了较为充分的保障和支持，大都按照原有报社、新闻中心、广播电视台的在编人员数量核定。核定编制最少为 41 个，最多为 380 个，平均为 80.6 个。其中，因垫江、丰都未获得占编数，其他 21 个区（县）占编数小于核编数的区（县）有 20 个，占比 95.2%。这说明，大部分区（县）对人员编制使用良好，大多数区（县）在人员编制使用上留有余地。

### （四）一体化管理实现优势互补，跨界合作打造开放的产业链

区（县）融媒体中心管理改革的核心问题就是要真正实现媒体可经营资产转企改制或将经营类业务进行现代企业改制，推进媒体资源整合运营，强化新型主流媒体的造血机制。重庆市各区（县）融媒体中心大都力求建立新闻与经营一体化管理体系，即中心与公司围绕主流舆论阵地核心，强化媒体增值服务与综合服务功能，各司其职、协同合作，探索“事业性质，企业化管理，市场化运营”的“一体两翼”管理体系。其中，15 个区（县）融媒体中心已组建经营公司，部分区（县）融媒体中心与公司核心管理层交叉任职，形成一体化核心管理层。

融媒体中心成立后，业务经营范围进一步得到扩展，不再依赖传统的媒体硬广告收入，自主性和灵活性有了很大程度的提高。融媒体中心利用自有的专业摄像设备和采编人员，为区（县）内相关部门、乡镇做整体形象塑造、品牌资源推广、项目招商等创意策划，通过提供宣传服务获得收益。此外，还承接各种政府活动、社会项目，为其提供全套专业服务，如通过重大庆典、会议等，为客户提供线上线下策划、创意、推广、执行等专业服务而获利。有的通过成立文化传媒公司等，逐渐扩大经营范围，涉足商品零售、电商服务、教育培训等领域。大多数区（县）充分依托党委政府资源，加快融媒体中心向多终端、多平台延伸，不断强化中心的市场运营能力，拓宽营收渠道，以保障融媒体中心的正常运转和所聘编外人员的基本待遇。

不少区（县）的融媒体中心尝试跨界合作，盘活媒体资源，打造开放的产业链，从而化解营收难题。通过拓宽经营渠道，强化主业，盘活副业，形成良性互动、开放的产业链，已成为区（县）融媒体中心发展的必然趋势。例如，潼南区融媒体中心通过与多个主体协同合作，深度引导、服务群众：对接区属各党、政部门技术平台，提供申报审批、注册办证、社保办理、投诉受理等一站式便民服务；集纳域内主要景点旅游和疫情防控攻略，打造"指尖上的便民服务中心"；对接新时代文明实践中心，打造由"学习平台""宣传平台""展示平台"组成的线上线下融合平台；对接相关政府部门，打造移动问政服务平台，将粉丝爆料信息汇集、分发到相关部门、街镇，回复和解决实际问题。綦江等区（县）融媒体中心开始探索"媒体+""新闻+"双线并行的复合盈利模式："媒体+政务""媒体+服务""媒体+扶贫（电商）""媒体+培训"与"新闻+扶贫""新闻+民生""新闻+电商""新闻+公益""新闻+教育"等。

## 四、重庆区（县）融媒体中心建设中存在的问题与困难

尽管各区（县）政府对融媒体中心建设给予了大力支持，但对照国家对县级融媒体中心建设的规范和发展目标，特别在适应国家治理体系现代化和媒体融合向纵深发展要求上，还有较大提升空间，在对具体政策理解与把握、体制机制建立、技术平台建设、区域资源配置、人才引进与培养

等方面依然存在诸多急需破解的难题。

## （一）政策赋能与政策规制的平衡

媒体的双重属性使融媒体中心既不同于一般的事业单位，也不同于一般的国有企业。在建立融媒体中心之初存在较为明显的将其等同于一般事业单位而纳入行政化管理的现象，这导致区（县）部门在核批融媒体中心相关政策时相互矛盾，对中心严格按照行政事业单位进行管理，对中心组建的公司则按照一般国有企业管理，均未充分考虑媒体的双重属性而将中心与公司进行一体化统筹并给予相关的配套政策。

按照公益一类事业单位的体制属性和政策规制，大多数融媒体中心不能组建公司，而不组建公司，则难以实现信息产业的增值服务功能。按照公益二类事业单位的体制属性和政策规制，大多数融媒体中心则面临巨大创收压力，其事业单位性质与开展公司化运营之间急需确立政策支持。按照一般国有企业的身份属性，大多数新组建的公司与中心一体化发展存在政策障碍。在调研区（县）中，呼声最大的就是真正实现“事业单位企业化管理”，尤其在采编人员的稿酬发放上。

区（县）融媒体中心建设中出现了相当程度的将“政策赋能”简单地理解为“政策规制”或“政策扶持”的现象，并将“政策规制”中的“底线”视为完成“任务”的标准，即在推进建设工作时，只注重“外在”形态的整合及建设，而忽视内部动能的重构与再造需求。大多数区（县）在中心的人员编制核定与经费划拨上较为保守，通常在原有媒体人数的基础上保持平衡，较少考虑中心组建后除了主流舆论阵地功能外，还担负着本区域的综合服务平台和社区信息枢纽功能，更多地体现为在“政策规制”下的有限“政策扶持”，尚未做到“政策赋能”。区（县）融媒体中心的综合服务和信息枢纽功能，已经远远超出一个区（县）媒体基于媒体本位所能实现的范围，也远非仅仅由其主管的宣传部就能够实现各种政策的统筹。现行管理体制在治理本位上障碍更为明显，大多数区（县）仍思维固化地仅将融媒体中心建设视作新闻宣传舆论工作的一部分，而忽视其作为信息枢纽服务群众、提升市场竞争力等综合功能。

因区域发展的不均衡，各地融媒体中心的建设背景异常复杂，尤其在区（县），原有媒体生态千差万别，当地经济社会发展状况又各不相同，加上区（县）政府治理效能的差异性，很难靠一套模式简单复制。但就当前区（县）融媒体中心建设境遇来看，急需强化两个方面：一是创新区（县）域统筹下的政策赋能，破解体制障碍；二是强化体系化治理下的技术赋能，破解运营机制瓶颈。特别是应破除传统媒体误区，要将区（县）融媒体中心纳入域内社会治理的重要主体，将其融入区（县）域治理统筹规划，支持其集聚大数据、人工智能等新技术助力县域治理效率的提升。

## （二）体制机制瓶颈与一体化发展

与身份属性相对应的是区（县）融媒体中心管理的体制和机制难题。在属性界定上，区（县）融媒体中心有公益一类与公益二类事业单位两种选择。前者意味着自身不能或不宜由市场配置资源，后者意味着可部分由市场配置资源。但二者都面临事业管理体制与企业管理体制及其考核机制的对接问题。事业单位定员定岗，按照核定编制划拨经费，其考核机制如果恪守现行的行政管理原则，则会导致“干多干少一个样”，发放超额绩效将违背政策规定等问题，从而造成“吃大锅饭”局面。县级融媒体中心归口党委序列的宣传部主管，国有企业归口政府序列的国有资产监督管理委员会管理，而依托融媒体中心新组建的公司又须承担中心的大部分主营业务，需聘请大量编外人员，其考核机制还应根据多劳多得、优劳优酬原则制定，将人员绩效与岗位挂钩。但两种体制管理的差异造成了区（县）融媒体中心的工作与公司业务难以统筹协同，更难以实现一体化发展目标。

在现有机制体制下，截至2020年9月初，已建成的26个区（县）融媒体中心中成立公司的有15个，占57.7%，其中8个区（县）未安排中心领导兼任公司负责人，占成立公司区（县）的53.3%。这表明，大部分区（县）在建设实践中缺乏政策空间，难以突破现有体制障碍，而公司无中心领导兼任，则在核心业务导向等问题上存在潜在风险。在建成主流舆论阵地、综合服务平台和社区信息枢纽等区（县）融媒体中心三大发展目标中，除主流舆论阵地外，其他两大目标均需充分发挥中心的造血功能。现有的管理体制与运行机制制约了中心与公司的互融互通、一体化发展。缺人才、缺资金、缺技术，是当下区（县）融媒体中心普遍存在的突出问题。一味依靠政府行政拨款来保障人员稳定难以支撑区（县）融媒体中心走出现实困境，更何况要获得持续发展就必须根据各自情况找到切实可行的经营之路，这样才能真正确保面对技术迭代、人员培养、设备更新问题时，有充足的自有资金可供调配使用，进而真正承担起打通基层意识形态建设“最后一公里”、提升基层现代治理能力的责任。

### （三）资源匮乏与技术统筹

当前区（县）融媒体中心建设中，还遭遇了市场资源与信息技术的双重困境。大数据平台及融媒体技术平台建设贫弱、政务资源整合与配置匮乏、应急广播一体化管理与联动机制缺失、宣传纪律与市场营销存在冲突等问题凸显。

大部分区（县）的资源配置还较为封闭：媒体服务类资源主要限于区（县）党委部门所主管的新媒体资源，其他部门尚未纳入；党建服务类资源还有更多服务功能尚待开发；政务服务类资源还停留在开设栏目、合办栏目的嫁接上，未能整合更多资源；公共服务资源主要限于开办栏目，文明实践中心、应急广播等基层治理的急需领域大多尚未纳入，不少市级政务服务的“渝快办”项目也未能有效接入；增值服务资源仅有少数区（县）将本地的相关广告资源配置给了中心。总体来看，因条块分割而封闭的资源配置束缚了区（县）融媒体中心的发展步伐，使其难以在公共服务领域施展拳脚，如“渝快办”的接入就遭遇成本收益如何核算的问题，县级应急广播体系因涉及多部门而停滞不前，而新媒体平台涉及网信办、大数据局等各部门，各自为政制约了统筹协调也导致资源浪费，难以发挥技术治理优势。基层资源配置的贫弱加上治理效能的低下，与区（县）融媒体中心三大发展目标之间严重不匹配，区（县）全域统筹、治理本位急需强化。

此外，新组建的融媒体中心虽合并了旧有的多个媒体平台，但“多而不精”，服务和信息功能未有效整合，人员和技术问题更为突出。目前各区（县）融媒体中心的媒体矩阵多样、宣传平台众多，但从业人员对工作的协作程度和渠道融通的满意度并不高。从调查数据看，尽管54.7%的区（县）群众都关注了融媒体中心的微博、微信、抖音等账号，但仅有25.1%的人下载了融媒体中心的新闻客户端APP，仅有38%的人对融媒体中心平台提供的信息咨询和服务表示满意。

技术投入被从业人员认为是影响融媒体中心创新发展的首要因素，过半数的从业人员认为学习新技术的难度太高而导致新组建的融媒体中心转型难。不少区（县）融媒体中心当前虽已安装、调试完"中央厨房"，但由于相关设备的匹配性低、专业技术与维护人员缺乏，"中央厨房"的实际使用率并不高。此外，现有从业人员普遍认为相关部门组织的培训偏重理论，技术实操及其适用性都相对较低。

### （四）人才紧缺与总量不足

对区（县）融媒体中心来说，人才队伍建设是其最大的痛点，集中表现在人才引进上遭遇诸多障碍，而现有人才的全媒化提升和是否能有效留用都是困难重重。具体表现在以下几方面。

（1）从业人员技术能力不足，全媒体人才紧缺。目前各区（县）普遍缺既懂新闻规律又懂新媒体运营的全媒体人才。由于工作模式和习惯等影响，老员工向全媒体人才转型之路比较困难。同时，区（县）融媒体中心难以引进优秀的全媒体人才，而自己培育的人才又难以留住，严重制约了中心的发展。

（2）一线采编岗位工作任务重，人员数量不足。融媒体中心成立后，不少区（县）对在编人员和编外人员的聘用数量都有严格控制，但合并后的一线采编工作量和工作难度都明显增大。人员编制数量松动的区（县），又因运行资金不足等问题，也难以招到能用的人员。

（3）招考机制与所需人才不匹配。除部分区（县）对研究生学历的人员可进行灵活的"考核招聘"外，其他人员都须通过公招考试进入，但这种进入"统考"制度由于用人单位融媒体中心的参与度低，导致一方面通过公招录取的人员专业技能不足，另一方面本单位专业强的编外人才因公招应试竞争力弱难以被录取，始终解决不了自身编制问题。

（4）培养机制不畅通。现有培训大多是宣传部组织的针对媒体中层干部的短期培训班，缺乏针对一线业务骨干的分层次培训和系统化培养。部分区（县）因培训经费捉襟见肘，只能停留在内部交流等低成本、浅层次的模式上，对中心整体业务能力水平提升作用有限。

（5）编制“身份”影响工作积极性，人才流失严重。中心的编内人员在职务职称晋升、福利等方面有保障，但存在“吃大锅饭”现象。编外人员基本工资较低，经费多由单位自筹，且难以晋升。编外人员大都在一线采编岗位，工资与付出不成正比，人才流失现象普遍。专业能力较强的编内人员常被其他政府部门选调、借调，而能力较好的编外人员大多数通过考公务员或调入有编制的事业单位等方式陆续离开。网络技术人员则由于事业单位体制内的薪酬与其他互联网商业机构的薪酬差距过大而选择跳槽。以梁平区融媒体中心为例，仅2018—2020年就流失人才25人。

## 五、重庆区（县）融媒体中心建设的对策与建议

综合全国及重庆区（县）融媒体中心建设普遍存在的问题来看，破解体制障碍是当务之急，应从顶层设计入手，强化资源配置、政策赋能，以国家治理体系和治理能力的现代化统筹规划为背景，加大机制创新力度，加大全过程政策引导力度，特别是建立区（县）融媒体中心综合评估体系，引导区（县）融媒体中心建设融入县域治理体系。

### （一）打破双重本位壁垒，优化政策保障

重宣传、轻综合服务、缺治理导向是当下区（县）融媒体建设的主要特征。大部分区（县）融媒体建设由宣传部主管，其可调配的资源局限在新闻行业工作体系内，区（县）其他政务服务资源仍归口原主管部门，缺乏资源整合和协同合作机制。融媒体中心在运行过程中也大都基于媒体本位，以搞好新闻宣传工作和媒体业务为主，媒体+各类服务业务拓展受到很大限制。区（县）在政策赋能、统筹调配各领域公共服务资源、制定特殊配套政策等方面还有较大空间。

### （二）立足本土，跨界整合，形成传播与治理良性循环

2019年以来，媒体融合发展特别强调要推进信息生产供给侧结构性改革。地方媒体的强大影响力、竞争力主要来自当地群众对其的信赖和认同。发挥主流媒体“四力”优势，对区（县）融媒体中心建设而言，就是要立足本地化服务，利用地方媒体在权威资讯发布、本土文化传承、特色产品对外传播等方面的资源优势，围绕媒体核心业务搭建向其他领域开放、对接的平台，从而打造产业链。尽管各区（县）在研发本土新媒体爆款产品、拓展媒体+多元业务上持续发力，但大都处于起步阶段，不同版块的服务业务尚未形成产业链，资讯类信息传播与服务类基层社会治理功能尚未相互融通形成合力。进一步强化全域统筹和政策引导，推动媒体跨界整合，形成传播与治理的良性循环，将是区（县）融媒体中心建设的应有方向。

### （三）整合资源，技术赋能基层治理，融入智慧城市建设

5G、人工智能、区块链等新兴技术为区（县）融媒体中心建设创造了良好的技术条件，融媒体中心应抓住机遇，将新兴技术引入其技术平台建设：一方面，可以利用大数据、人工智能技术实现用户精准画像和内容定制；另一方面，可以对现有平台进行智能化升级，进而实现媒体资源统一管理和一体化运作。各区（县）应积极探索以“媒体+互联网”为引领的智慧信息产业发展模式，以智慧信息、移动互联为特征的扎根城乡、服务群众的综合服务模式。浙江省湖州市安吉县在这方面已有较为成功的探索和尝试，值得其他区（县）借鉴。

### （四）细化标准，引导融媒体建设向三大目标均衡发展

尽管已经出台了《县级融媒体中心建设规范》《县级融媒体中心省级技术平台规范要求》《县级融媒体中心网络安全规范》《县级融媒体中心运行维护规范》《县级融媒体中心监测监管规范》等系列文件，但区（县）在实际推进时仍感困难重重。调研组在搜集各区（县）反馈意见和走访市级技术平台重庆广大融媒科技有限公司时发现：一方面，重庆通过系列政

策文件，明确融媒体建设的重点任务、规范标准和效能评估指标体系，组建重庆广大融媒科技有限公司，建设“两江-上游云”平台，以支撑全市融媒体内容生产与传播、用户服务和渠道运营；另一方面，各区（县）对融媒体中心的发展目标仍停留在建成主流舆论阵地、综合服务平台和社区信息枢纽等抽象定位上。在下一步实践中，急需统一软硬件建设标准，如直播车、频道数、频率、新媒体平台等细化建设指标，特别是急需制定融媒体中心的综合评估体系，这样不仅可以为省级平台在区（县）开展技术指导和服务提供依据，而且能为各区（县）对标国家需求厘清方向，找出问题，及时作出调整。

### （五）加大扶持，通过内培外引、校地合作等多管齐下建强队伍

融媒体建设的关键是人才。各区（县）应加大政策赋权，适度打破体制内外的人才壁垒，根据媒体发展需求和区（县）具体情况制定配套政策，特别是要为核心管理层和业务骨干打通晋升通道。同时，还要根据区（县）融媒体长远发展目标，在人才编制及经费划拨上做好“增量”计划，留足发展空间。对急需的复合型、高层次专业技术人才，应改革现有的“逢进必考”的公招考试模式，加大引进力度，制定操作性强的配套政策。对重要但非“常设岗位”的专业计算机科学技术人才，可与省市级平台或第三方技术公司合作，采用借用、购买服务、服务外包等相结合的方式，弥补技术短缺。通过与相关高校院系的校地合作定向培养等模式吸纳急需的全媒体人才。

### （六）科学评价，建立区（县）融媒体中心综合评估体系

为了衡量区（县）融媒体中心发展的现状、建设程度及其在新媒体平台上的传播效果，应由宣传部牵头与各级主管部门综合会商，根据已有研究的指标体系成果，结合各类调研中半结构化访谈的结果与数据的可获得性，围绕体制机制建设情况、基本运行情况、经营状况、满意度等建立一套可量化的三级指标综合评估体系，以引领区（县）融媒体中心健康、持续发展，有效融入地方综合治理体系。

# 第一章

# 区（县）融媒体中心的体制机制建设

县级融媒体中心建设是以“一体化”思维完善组织架构、创新管理体制、调整运行机制、统筹考核激励机制，推动各媒体终端实现思维融合、结构融合、内容融合、平台融合和传播效果融合，建设一体化的融合媒体传播矩阵，最终增强县级媒体传播力、引导力和影响力的深刻变革。其中，体制机制是促进融媒体中心产生活力的基本条件，涉及媒体管理、人才选用、绩效分配等制度，也涉及考核激励、部门协调等机制。此次对32个区（县）进行调研，来自基层最大的呼声就是，体制机制难以突破。在关于重庆市各区（县）融媒体中心从业人员的970份调查问卷中，662人认为融媒体中心的创新发展取决于体制机制的改革。可见，在当前重庆区（县）融媒体中心的建设中，体制机制的改革成为其创新发展的关键。本章在梳理重庆各区（县）融媒体中心体制机制现状与存在相关问题的基础上，提出相应的对策和建议。

## 第一节　区（县）融媒体中心体制机制概况

### 一、融媒体中心整体建设稳步推进

截至2020年9月初，重庆各区（县）融媒体中心建设有条不紊地进行着。其中，作为“先锋团”的14个试点区（县）融媒体中心，不断探索创新，为其他区（县）提供了有益的借鉴，非试点的绝大多数区（县）融媒体中心已成立（表1-1）。

**表 1-1　各区（县）融媒体中心成立情况（数据截至 2020 年 9 月初）**

| 序号 | 区（县） | 成立时间 |
|---|---|---|
| 1 | 潼南（市委宣传部确立的 14 个试点之一） | 2018 年 11 月 |
| 2 | 巴南（市委宣传部确立的 14 个试点之一） | 2018 年 11 月 |
| 3 | 铜梁 | 2019 年 1 月 |
| 4 | 合川 | 2019 年 1 月 |
| 5 | 丰都（市委宣传部确立的 14 个试点之一） | 2019 年 3 月 |
| 6 | 綦江（市委宣传部确立的 14 个试点之一） | 2019 年 4 月 |
| 7 | 北碚（市委宣传部确立的 14 个试点之一） | 2019 年 5 月 |
| 8 | 秀山（市委宣传部确立的 14 个试点之一） | 2019 年 6 月 |
| 9 | 巫山（市委宣传部确立的 14 个试点之一） | 2019 年 7 月 |
| 10 | 武隆（市委宣传部确立的 14 个试点之一） | 2019 年 8 月 |
| 11 | 云阳（市委宣传部确立的 14 个试点之一） | 2019 年 9 月 |
| 12 | 巫溪（市委宣传部确立的 14 个试点之一） | 2019 年 9 月 |
| 13 | 南岸（市委宣传部确立的 14 个试点之一） | 2019 年 9 月 |
| 14 | 璧山 | 2019 年 9 月 |
| 15 | 渝北 | 2019 年 10 月 |
| 16 | 城口（市委宣传部确立的 14 个试点之一） | 2019 年 11 月 |
| 17 | 梁平 | 2019 年 12 月 |
| 18 | 荣昌 | 2019 年 12 月 |
| 19 | 长寿 | 2020 年 5 月 |
| 20 | 永川 | 2020 年 5 月 |
| 21 | 垫江 | 2020 年 5 月 |
| 22 | 江津 | 2020 年 6 月 |
| 23 | 奉节（市委宣传部确立的 14 个试点之一） | 2020 年 7 月 |
| 24 | 彭水 | 2020 年 9 月 |
| 25 | 万州 | 2020 年 9 月 |
| 26 | 南川 | 2020 年 9 月 |
| 27 | 大足 | 未挂牌（2020 年 10 月挂牌） |
| 28 | 忠县 | 未挂牌（2020 年 10 月挂牌） |
| 29 | 黔江 | 已组建启动中（2020 年 11 月挂牌） |
| 30 | 石柱 | 已组建启动中（2020 年 12 月挂牌） |
| 31 | 九龙坡 | 已组建启动中（2020 年 12 月挂牌） |
| 32 | 酉阳（市委宣传部确立的 14 个试点之一） | 未挂牌（2021 年 3 月挂牌） |

从调研情况看，渝西地区融媒体中心的建设进程较快、体制机制探索创新成果较为丰富。渝西地区包括永川、江津、合川、大足、綦江、南川、荣昌、铜梁、璧山、潼南等10个行政区，和双桥、万盛2个市管经济技术开发区。整体上，渝西地区经济发展较好，对融媒体中心建设的财政投入情况也较好。与此同时，渝西地区是“成渝双圈”建设的主廊道，各区（县）融媒体中心抓住机遇，都在功能定位上向“成渝双圈”靠拢。

渝东南地区有黔江区、武隆区、石柱土家族自治县、秀山土家族苗族自治县、酉阳土家族苗族自治县、彭水苗族土家族自治县6区（县），地处武陵山脉，系乌江水系，是国家重点生态功能区与重要生物多样性保护区。渝东南地区不仅是绿色经济发展高地和重要生态屏障，也是生态民俗文化旅游带、扶贫开发示范区和全市少数民族集聚区。渝东南地区在融媒体中心建设中，以生态保护发展为主要引领，发展融媒体建设，增强党的声音。

渝东北地区包括梁平、城口、丰都、万州、垫江、忠县、开州、云阳、奉节、巫山、巫溪等11个区（县），地处渝、鄂、川、陕四省市交界地带，是重庆的东北“门户”。此外，渝东北地区处于三峡库区，定位为国家重点生态功能区和农产品主产区、长江流域重要生态屏障和长江上游特色经济走廊、长江三峡国际黄金旅游带和特色资源加工基地，因此，渝东北地区的融媒体中心在媒体定位和任务上，更多与本地的特色产业相结合，为渝东北生态涵养发展做出贡献。

在建成挂牌的区（县）融媒体中心中，建设水平存在一定差异，具体体现在融媒体中心建设预算和“中央厨房”建设等方面。比如，合川区拟投入1.9亿元（其中土地费6000万元、装修7000万元、设备3000万元），而秀山县则投入200多万元建设“中央厨房”。截至调研时，已建成“中央厨房”的区（县）15个，占46.9%，且“中央厨房”功能发挥也存在较大差异（表1-2）。

**表1-2　部分区（县）“中央厨房”资金投入及场地**

| 区（县） | “中央厨房” | 资金投入 | 场地 |
|---|---|---|---|
| 奉节 | 已建成 | 地方财政投入3800余万元，其中“中央厨房”投入500万—600万元 | 新建5360平方米的办公场地 |
| 北碚 | 已建成 | 地方财政投入400多万元 | 区融媒体中心 |

续表

| 区（县） | “中央厨房” | 资金投入 | 场地 |
|---|---|---|---|
| 綦江 | 已建成 | “中央厨房”在融媒体中心挂牌前已建成并投入使用 | 融合办公 |
| 云阳 | 已建成 | 地方财政投入 500 多万元（其中包括国家项目资金 120 万元） | 县融媒体中心 |
| 潼南 | 已建成 | 占地 500 平方米，第一期投资 200 余万元，实现对全网信息进行实时抓取，对外出采访记者进行实时跟踪，指挥中心在线指挥调度，对新闻素材进行集中管理 | 区融媒体中心 |
| 城口 | 已建成 | 地方财政投入 800 余万元（其中“中央厨房”投入 200 万元左右） | 融媒体中心场地 |
| 南岸 | 已建成 | 区委宣传部专项经费 150 余万元，2020 年 7 月已建成“一次采集、多种生成、多元传播”的“中央厨房” | 完成融媒体中心集中办公环境建设 |
| 巴南 | 已建成 | 地方财政投入 400 万—500 万元，包括升级改造 | 融媒体中心 |
| 巫溪 | 已建成 | 地方财政分批投入 670 万元 | 县融媒体中心 |
| 秀山 | 已建成 | 地方财政提供 200 多万元建设“中央厨房” | 政府提供两层楼作为融媒体中心办公场所 |
| 江津 | 已建成 | 地方财政投入 1100 万元建设融媒体中心 | 融媒体中心 |
| 渝北 | 已建成 | 地方财政投入 700 万元 | 中心办公大楼选址空港大道 468 号（原渝北区广播电视台） |
| 永川 | 已建成 | 地方财政投入 1000 多万元用于融媒体中心建设（其中“中央厨房”投入约 600 万元） | 区融媒体中心 |
| 黔江 | 已建成 | 未获得详细数据 | |
| 璧山 | 已建成 | 地方财政投入 680 万元 | 融媒体中心新办公大楼已投入使用，中心人员已于 6 月 22 日到新办公大楼集中办公 |
| 荣昌 | 在建 | 地方财政投入 558 万元 | |
| 万州 | 在建 | 地方财政投入 463 万元 | 暂未挂牌，报社、电视台分开经营 |
| 铜梁 | 在建 | 地方财政投入 700 多万元 | 已确定场地，2020 年 9 月动工，预计 2023 年投用 |
| 武隆 | 在建 | 地方财政投入 4000 多万元 | 新址总建筑面积 5849 平方米 |
| 巫山 | 在建 | 地方财政投入 800 万元 | 县融媒体中心 |
| 梁平 | 在建 | | |

续表

| 区（县） | "中央厨房" | 资金投入 | 场地 |
| --- | --- | --- | --- |
| 南川 | 在建 | 地方财政投入1000万元左右 | 确定了办公场地，尚未建成 |
| 酉阳 | 无 | 融媒体中心机构、班子尚未搭建 | |
| 丰都 | 无 | 预计经费600万元，市委宣传部补助资金100万元，县财政资金紧张 | 合署办公，但尚未有机融合 |
| 合川 | 无 | 总投资1.9亿元（包含土地费6000万元）进行融媒体中心新办公场地建设 | 融媒体中心新办公场地建设 |
| 长寿 | 无 | | |
| 垫江 | 无 | 计划投入400万元建设"中央厨房" | |
| 九龙坡 | 无 | | 融合办公场地暂未落实 |
| 大足 | 无 | 由区委进行专项资金拨款 | 尚未统一办公场地，无场地安置 |
| 忠县 | 无 | | 未挂牌，选址也暂未选定 |

## 二、宣传部主管的一体化融媒体平台

区（县）融媒体中心或是由过去的几家传统媒体合并而成，或是在原有传统媒体的基础上，建设新兴媒体，由宣传部主管。各地融媒体中心建设的基本思路大都是打造一体化融媒体平台，采取的措施大致相同，即将所辖报社、电视台、广播电台、网站、"两微一端"以及第三方平台账号等进行整合，参照人民日报"中央厨房"模式，力图实现"一体策划、一次采集、多种生成、多元传播"的效果（表1-3）。各个合并单位此前都独立运作，有各自的领导班子和团队，工作流程互不相通，合并后必然需要对机构设置、岗位分工、绩效考核、人员隶属等问题进行重新梳理，统筹协调。

**表1-3　32个区（县）融媒体中心融合单位一览表**

| 区（县） | 融合单位 | |
| --- | --- | --- |
| 城口 | 城口新闻网、城口报社 | 城口县广播电视台 |
| 黔江 | 武陵都市报社 | 黔江区广播电视台 |
| 武隆 | 武隆报社 | 武隆区广播电视台 |

续表

| 区（县） | 融合单位 | |
|---|---|---|
| 云阳 | 云阳报社 | 云阳县广播电视台 |
| 秀山 | 秀山报社、秀山网 | 秀山土家族苗族自治县广播电视台 |
| 九龙坡 | 九龙报社 | 九龙坡区新闻信息中心 |
| 南岸 | 南岸报社 | 南岸区广播电视台 |
| 北碚 | 北碚报社 | 北碚区广播电视台 |
| 荣昌 | 荣昌报社 | 荣昌区广播电视台 |
| 酉阳 | 酉阳报社 | 酉阳土家族苗族自治县广播电视台 |
| 万州 | 三峡都市报社 | 万州区广播电视台 |
| 长寿 | 长寿日报社 | 长寿区广播电视台 |
| 永川 | 永川区新闻社（永川日报社） | 永川区广播电视台 |
| 綦江 | 綦江日报社 | 綦江区广播电视台 |
| 大足 | 大足日报社 | 大足区广播电视台 |
| 璧山 | 璧山报社 | 璧山区广播电视台 |
| 梁平 | 梁平区新闻中心 | 梁平区广播电视台 |
| 丰都 | 丰都新闻社 | 丰都县广播电视台 |
| 垫江 | 垫江日报社 | 垫江县广播电视台 |
| 忠县 | 忠州日报社 | 忠县广播电视台 |
| 奉节 | 夔门报社 | 奉节县广播电视台 |
| 巫山 | 巫山报社 | 巫山县广播电视台 |
| 巫溪 | 巫溪县新闻中心 | 巫溪县广播电视台（全媒体中心） |
| 石柱 | 石柱县新闻中心 | 石柱土家族自治县广播电视台 |
| 南川 | 南川日报社 | 南川区广播电视台 |
| 铜梁 | 铜梁区新闻中心 | 铜梁区广播电视台 |
| 合川 | 合川区新闻信息中心 | 合川区广播电视台 |
| 巴南 | 巴南日报社 | 巴南区广播电视台 |
| 江津 | 江津区新闻社、网络传媒中心 | 江津区广播电视台 |
| 渝北 | 渝北新闻社 | 渝北区广播电视台 |
| 彭水 | 彭水日报社 | 彭水苗族土家族自治县广播电视台 |
| 潼南 | 潼南报社 | 潼南区广播电视台 |

2012 年国务院颁布的《中共中央 国务院关于分类推进事业单位改革的指导意见》对事业单位改革的意义、方法、原则进行了说明。该意见根

据职责任务、服务对象和资源配置方式等情况，将从事公益服务的事业单位细分为两类："承担义务教育、基础性科研、公共文化、公共卫生及基层的基本医疗服务等基本公益服务，不能或不宜由市场配置资源的，划入公益一类；承担高等教育、非营利医疗等公益服务，可部分由市场配置资源的，划入公益二类。具体由各地结合实际研究确定。"①与公益二类事业单位相比，公益一类事业单位的区别在于不开展经营活动和收取服务费用，其设立宗旨、业务范围和服务规范由政府确定。公益二类事业单位是在确保公益目标的前提下，可依据相关法律法规和政策规定提供与主业相关的收益服务，收益的使用按国家相关规定执行。从此次调研的 32 个区（县）来看，核定为公益一类的有 22 个，占调研样本区（县）数的 68.8%（表 1-4）。大部分区（县）融媒体中心选择了由政府财政托底的模式。

**表 1-4　32 区（县）融媒体中心级别核定一览表**

| 区（县） | 机构规格 | 是否区（县）委直属 | 归口 | 核定类别 |
|---|---|---|---|---|
| 城口 | 正科级 | 是 | 宣传部 | 公益一类 |
| 黔江 | 正处级 | 是 | 宣传部 | 公益一类 |
| 武隆 | 正处级 | 是 | 宣传部 | 公益一类 |
| 云阳 | 正科级 | 是 | 宣传部 | 公益一类 |
| 秀山 | 正科级 | 是 | 宣传部 | 公益一类 |
| 九龙坡 | 正处级 | 是 | 宣传部 | 公益二类 |
| 南岸 | 正处级 | 是 | 宣传部 | 公益一类 |
| 北碚 | 正处级 | 是 | 宣传部 | 公益一类 |
| 荣昌 | 正处级 | 是 | 宣传部 | 公益二类 |
| 酉阳 | 正科级 | 是 | 宣传部 | 公益二类 |
| 万州 | 正处级 | 是 | 宣传部 | 公益一类 |
| 长寿 | 正处级 | 是 | 宣传部 | 公益一类 |
| 永川 | 正处级 | 是 | 宣传部 | 公益二类 |
| 綦江 | 正处级 | 是 | 宣传部 | 公益二类 |
| 大足 | 正处级 | 是 | 宣传部 | 公益二类 |
| 璧山 | 正处级 | 是 | 宣传部 | 公益二类 |
| 梁平 | 正处级 | 是 | 宣传部 | 公益一类 |

① 中共中央 国务院关于分类推进事业单位改革的指导意见[EB/OL]. (2012-04-16). http://www.gov.cn/jrzg/2012-04/16/content_2114526.htm.

续表

| 区（县） | 机构规格 | 是否区（县）委直属 | 归口 | 核定类别 |
|---|---|---|---|---|
| 丰都 | 正科级 | 是 | 宣传部 | 公益一类 |
| 垫江 | 正科级 | 是 | 宣传部 | 公益一类 |
| 忠县 | 正科级 | 是 | 宣传部 | 公益一类 |
| 奉节 | 正科级 | 是 | 宣传部 | 公益一类 |
| 巫山 | 正科级 | 是 | 宣传部 | 公益一类 |
| 巫溪 | 正科级 | 是 | 宣传部 | 公益一类 |
| 石柱 | 正科级 | 是 | 宣传部 | 公益一类 |
| 南川 | 正处级 | 是 | 宣传部 | 公益一类 |
| 铜梁 | 正处级 | 是 | 宣传部 | 公益一类 |
| 合川 | 正处级 | 是 | 宣传部 | 公益一类 |
| 巴南 | 正处级 | 是 | 宣传部 | 公益二类 |
| 江津 | 正处级 | 是 | 宣传部 | 公益一类 |
| 渝北 | 正处级 | 是 | 宣传部 | 公益二类 |
| 彭水 | 正科级 | 是 | 宣传部 | 公益一类 |
| 潼南 | 正处级 | 是 | 宣传部 | 公益二类 |

## 三、以策采编发为核心搭建内部组织架构

融媒体中心的部门设置主要以新闻策采编发为核心，都设置了采访部、编辑部（总编室）等主要业务部门，渝北区融媒体中心的外宣部还拟成立国际传播部。随着媒体技术日新月异地发展，从文字、图片、H5、VR新闻到短视频，信息传播逐渐融入更多的元素，越发移动化、社交化、场景化，区（县）融媒体中心也纷纷设立新媒体部/全媒体部、移动传播部、大数据部/融媒技术部等部门，注重发展新兴的传媒技术和传播形态。此外，武隆、秀山、长寿、永川、綦江、梁平、巫山、铜梁、合川、巴南、江津、潼南12家融媒体中心还成立了传媒公司来辅助中心的运营和管理(表1-5)。

**表1-5　部分区（县）融媒体中心部门设置一览表**

| 区（县） | 部门设置 | 总计 | 成立传媒公司情况 |
|---|---|---|---|
| 城口 | 办公室、总编室、采访部、刊审部、技术部、外宣部、事业部 | 7 | — |

续表

| 区（县） | 部门设置 | 总计 | 成立传媒公司情况 |
|---|---|---|---|
| 黔江 | 编辑委员会办公室、综合部、总编室、全媒体调度室<br>融创部（外宣部）、新闻采集部、编辑一部（报纸）<br>编辑二部（广电）、编辑三部（融媒体）、制作部、新媒体部<br>专题部、播音主持部、大数据部、技术保障部<br>政工人事部、财务部、经管部 | 18 | — |
| 武隆 | 综合部、总编室（采编中心、应急广播中心）、组织人事部<br>采访部、外宣部、编辑部、新媒体部、技术运维部<br>传媒运营部、计划财务部、安全保卫部、专题栏目部、龙洞坪发射台 | 13 | 重庆市武隆区泽晋影视传媒有限公司 |
| 云阳 | 办公室、策划部、采访部、编辑部<br>技术部、通联部、制作部、播音部<br>财务人事部、文化产业服务部、安保部 | 11 | — |
| 秀山 | 办公室、采集部、策划部、编辑部<br>播发部、产业部、技术部、专题部<br>广播部、大数据部、融媒体、图文部 | 12 | 秀山县全媒体传媒集团有限公司 |
| 九龙坡 | 综合部、总编室、全媒体采访部<br>《九龙报》编辑部、电视编辑部、新媒体编辑部<br>通联部、技术部 | 8 | — |
| 南岸 | 指挥控制中心、报网部、视听部、新媒体部 | 4 | — |
| 北碚 | 综合部、人力资源部、财务部、外联部<br>采编部、新媒体部、技术保障部<br>专题社教部、节目部、运营部、广播部 | 11 | — |
| 荣昌 | 新闻部、专题部、总编室、综合办公室<br>规划建设部、技术维护部<br>计划财务部、广告部（新媒体部） | 8 | — |
| 酉阳 | — | — | — |
| 万州 | — | — | — |
| 长寿 | 办公室、总编室、新闻采访部、栏目专题部、创新研发部、编辑刊播部<br>播音主持部、媒资管理部、外宣通联部、计划财务部、质量考评部、移动传播部<br>综合服务部、市场运营部、技术保障部、无线转播部 | 16 | 将原《长寿日报》的国有独资企业重庆今日广告有限责任公司变更为长寿区融媒体中心的国有独资企业 |

续表

| 区（县） | 部门设置 | 总计 | 成立传媒公司情况 |
|---|---|---|---|
| 永川 | 办公室、总编室、采访部、新媒体部、编辑部、播音主持部<br>专题部、舆情分析和传播评估部、社会服务部<br>媒体资源部、技术和安全部、人力资源部、财务部 | 13 | 重庆市永川区三河汇碧传媒有限责任公司 |
| 綦江 | 综合部（党群工作部）、总编室、新闻采访部、外宣部<br>通联部、栏目专题部、移动传媒部、视频编辑部、播音主持部、文图编辑部<br>技术保障部、人力资源部（安全质量监管部）、财务部、运维部、大数据部 | 15 | 千里传媒有限公司 |
| 大足 | 党政办公室、总编室、对外联络部、专题策划部<br>时政新闻部、经济新闻部、社会新闻部、报刊编辑部<br>电视节目部、网媒编辑部、专题节目部<br>广播节目部、视觉创作部、广告运营部、技术保障部<br>大数据部、安全保卫部、经开区记者站 | 18 | — |
| 璧山 | 办公室、总编室、新闻部、编辑部<br>新媒体部、美编部、播音主持部、专题节目部<br>技术部、安全部、传媒创意部、财务部 | 12 | — |
| 梁平 | 办公室、财务室、总编室、党群人事部<br>新闻部、报业部、新媒体部、节目部、广播部<br>技术保障部、媒体运营部、媒资管理部、后勤保障部 | 13 | 以现有区属国有企业梁平新鑫实业有限公司为依托，成立重庆市梁平区新鑫文化传媒有限公司 |
| 丰都 | 综合科、总编科、新闻采访科<br>移动传媒科、报媒编排科、广播电视科<br>技术保障科、栏目专题科 | 8 | — |
| 垫江 | — | 12 | — |
| 忠县 | — | — | — |
| 奉节 | 办公室、总编室、采编部、节目部、广播部、运营部、技播部、人事财务部 | 8 | — |
| 巫山 | 办公室、党群部、财务部、法务部、技术部、采集中心、编辑中心 | 7 | 巫山县奔风文化传媒有限公司 |
| 巫溪 | 办公室、财务部、广告部、技播部<br>采编部、采访部、社联部、视讯部<br>新媒体部、《巫溪报》编辑部、广播部 | 11 | — |
| 石柱 | — | — | — |

续表

| 区（县） | 部门设置 | 总计 | 成立传媒公司情况 |
|---|---|---|---|
| 南川 | 综合部、人力资源部、计划财务部、指挥调度部、采编工作部、视图工作部<br>音频工作部（播音主持部）、对外联络部、报刊出版部、大数据部、新媒体部<br>社会服务部、媒体拓展运维部、技术维护保障部、广播电视播出部 | 15 | — |
| 铜梁 | 办公室、总编室、计财部、全媒体策划部、新闻采访部<br>外宣部、新媒体中心、电视编辑部、报刊编辑部、媒资管理部<br>专题节目部、播音主持部、事业发展部、技术保障部、媒体运营部 | 15 | 重庆市铜梁区龙融文化传媒有限责任公司 |
| 合川 | 办公室、总编室、采访部、新媒体部、网络部<br>电视部、广播部、报刊部、专题部、制作部、财务部<br>人力资源部、通联考核部、技术保障部、经营管理部 | 15 | 原合川区新闻信息中心下属重庆市合声广告传媒有限公司 |
| 巴南 | 办公室、采编中心、总编室、新媒体部<br>报业部、广播部、电视部、视频节目部<br>运营策划部、技术保障部、社会服务部 | 11 | 重庆市巴南区广渝文化传媒有限公司 |
| 江津 | 综合部、党群部、财务资产部、总编室、策划部、外宣部<br>时政新闻部、经济新闻部、民生新闻部、社会新闻部、报刊编辑部<br>播音主持部、社情部、运营部、通联部<br>视频编辑部、网媒编辑部、视频栏目部、专题部、广播部<br>视觉创作部、融媒技术部、网络研发部、大数据部 | 24 | 重庆市江津区文化传媒有限公司 |
| 渝北 | 办公室、总编室、全媒体策划部、全媒体采访部、人事部<br>计财部、报刊工作部、广播电视新闻部、电视专题部、外宣部<br>手机报（台）工作部、APP工作部、微信微博工作部、技术部、媒体运营部 | 15 | — |
| 彭水 | — | — | — |
| 潼南 | 办公室、总编室、采访部、编辑部、移动传播部、技术部、节目部、播音主持部、通联部、党群人事部、计划财务部、媒体服务部、后勤安保部 | 13 | 潼掌柜（重庆）电子商务有限公司、百源文化传播有限公司、潼智广告传媒有限公司（3家子公司）和重庆市潼南传媒艺术中心（培训学校） |

## 第二节 区（县）融媒体中心体制机制存在的问题

在县级融媒体中心建设过程中，政策始终作为一种方向性、引导性、推动性和规制性力量，确保县级融媒体中心建设在预定轨道内健康顺利开展。[①]2020 年是全国县级融媒体中心全覆盖的验收之年，随着县级融媒体中心建设进入“下半场”，体制机制瓶颈导致的各类问题，在一些县级融媒体中心建设过程中也逐渐显示出来。县级融媒体中心建设工作迎来发展关键期和机遇期。通过对重庆市 32 个区（县）的调研，我们发现重庆市区（县）融媒体中心主要存在顶层设计不健全、资源配置不协调、事业管理与市场化冲突明显等体制建设问题，以及部门设置行政化、考核机制难以调动积极性等运行机制问题。

### 一、体制建设存在瓶颈

#### （一）顶层设计流程待规范

重庆区（县）融媒体中心建设由各地宣传部门主导驱动，一体化布局。这种布局方式有利于对区（县）融媒体中心精心规划和统一部署，从源头上避免重复性建设，便于区（县）进行相应的资源配置和措施落地，但也存在一些问题，主要表现在三个方面。

第一，缺乏有针对性的区（县）融媒体中心建设实施方案。在中央要求 2020 年底全部完成建设的时间压力下，个别还未成立融媒体中心的区（县）出现“应付”现象。一些区（县）媒体迅速成立“融媒体中心”，结果往往只是简单地将新闻中心、电视台、报社等进行“物理融合”，即在同一个场所办公，或是简单相加。在实际的运行之中，依旧采取原有各媒体组织的运行方式或采用中心 AB 区等“各自为政”方式，各个媒体机构和平台并没有进行有机融合，各个单位间的协同机制也没有进行建立与改革。

① 黄楚新，郭海威. 县级融媒体中心建设的动力供给和优化对策[J]. 中国记者，2019（8）：25-28.

国家层面上，从习近平总书记对县级融媒体中心建设作出的重要指示到《关于加强县级融媒体中心建设的意见》《县级融媒体中心建设规范》《县级融媒体中心省级技术平台规范要求》等一系列文件的出台，不断明晰区（县）融媒体中心的建设方向，但是在区（县）融媒体中心的融合实践中，在实际建设过程中仍然有许多盲点难以突破。在酉阳调研时，相关负责人表示担忧，中央一级虽然出台县级融媒体中心改革的相关方案，但全国各个区（县）的具体情况有所差别，如酉阳的报社是全额拨款的事业单位，而电视台是公务员单位，二者合并后如何解决员工编制与待遇问题成为急需化解的难题。在改革过程中诸如人事编制和管理等情况比较复杂棘手，一些政府呼吁急需有针对性的、细化的实施方案。

第二，建设方案审核流程需规范。作为一项重大改革，区（县）融媒体中心建设方案的审核与通过应当有明确的审议流程。在调研中，各区（县）融媒体中心建设方案的审议流程尚未统一，有的是报区（县）委宣传部审核通过，有的是由区（县）党委常务委员会通过，有的则是由地方全面深化改革领导小组通过。按照中央对媒体融合国家战略以及县级融媒体中心建设等决策来看，都是由中共中央全面深化改革委员会审议通过，为的是整体统筹、整合资源、突破各种体制机制障碍，但在区（县）融媒体中心建设中，由区（县）委宣传部主导驱动成为主要方式，这对于改革来说，其顶层设计以及整体推进会面临诸多困难。我们也发现，由区（县）党委常务委员会或区（县）全面深化改革领导小组会议通过的区（县）融媒体中心建设方案，发展状况较好，后劲比较足，主要原因可能是全面深化改革领导小组会议能对重大工作进行整体推进、督促落实，区（县）党委常务委员会也能对重大事项进行决策。

第三，领导班子配置陷入窘境。融合要实现“你就是我，我就是你”，给中心选配好掌舵把向者就尤为关键，领导班子不仅需要良好的政治素养和专业认知，还要公平公正、勇于担当、敢于创新，特别要有善于组织协调的能力和平衡包容的气度，这就需要在领导班子的配备和任命时平衡好各方需求和利益。调研区（县）中大多数融媒体中心（传媒集团）的领导班子配备是一位正职岗位主任以及三位左右的副主任，仅有 5 个区（县）的领导班子中设有总编辑，更多的是设置业务型岗位的总经理。中心“一把手”既有从政府其他部门（如政府办公室、文化和旅游发展委员会等）直接调任，也有以融媒体建设依托的媒体单位的原有领导直接担任。对领导班子的不同安排搭配各有利弊，以融媒体建设依托的媒体单位如广电、报纸、新闻中心的负责人担任主要负责人，虽然他们精通媒体流程和业务，但是在经营方面缺乏创新性和经营思维；直接从其他部门调任人员到融媒体中心担任主要负责人，这样的安排对于中心而言，在以后的工作中可以较客观，特别是在客观上消除可能出现的传统经验上的认知误区，但面临负责人不熟悉融媒体中心业务，也不擅长经营业务的窘境。

### （二）资源配置待强化

资源配置的多寡与融媒体中心在今后的发展中发挥作用的大小息息相关。资源配置作为融媒体中心建设中的基石，可以分为两个层面：第一个层面是资金、场地、人员的资源配置，另一个层面是政府是否将社会媒体资源整合进融媒体中心。截止到本调研之时，融媒体中心建设在人财物资源配置手段与方式、外部供应链与价值链系统、内部组织架构与流程等各个方面，都暴露出了资源配置不足的情况。

第一，各区（县）对融媒体中心建设的资源配套供给不足。截至 2020 年 9 月初，只有少数融媒体中心具有较好的资源配置，如奉节县建设融媒体中心时，其办公场地由县政府无偿划分，中心建设共投入资金 3800 多万元。又如綦江区融媒体中心，统筹运营全区户外阵地，划转了全区 4000 多根灯杆、户外广告牌、公交站台广告屏等社会媒体资源，进行了资源整合。融媒体中心，融合的不仅是媒体，更应该是资源。两家机构融合起来，资源未得到整合，投入未得到扩大，技术未得到升级，场地未得到扩充，就做不到全新的“化学融合”，而仅仅是“物理融合”。资源得不到优化配置，融媒体中心就无从谈及做精内容、做好服务和做优渠道。

第二，与市级平台的资源对接不畅无法满足区（县）需求。2019 年 4 月，由重庆日报报业集团和重庆广播电视集团（总台）联合组建的重庆广大融媒科技有限公司正式成立，建设“两江-上游云”平台，支撑全市区（县）融媒体中心的内容生产与传播、用户服务和渠道运营。同时，在中共重庆市委宣传部、市委网信办的指导下，重庆华龙网集团股份有限公司搭建起覆盖重庆全市所有区（县）的“1+41”政务宣传云。市级融媒体技术平台建设不仅仅是一个云平台的建设，而是通过加强内容、渠道、服务、技术等层面的建设，构建起良好的区域媒体生态。但在调研中发现，许多区（县）在与省级平台对接时出现了问题：一是平台多，服务效率低。多平台，平台间没有实现互联互通和资源共享，无法实现统一的宣传调度、内容监管和舆情管理、统一对接市级媒体平台，媒体效能不能充分发挥。另外，由于重庆广大融媒科技有限公司作为市级技术平台在区（县）没有下设机构，区（县）融媒体中心维修服务是按申请顺序排队等待的，导致维护服务效率较低，故障排查和维护服务难以满足区（县）融媒体中心的要求。二是区（县）内的资源比起市级层面资源存在巨大落差。一个区（县）的信息量难以满足人们对信息多样化的需求，区（县）媒体新闻资源竞争不过市级媒体，用户资源被市级媒体抢夺，广告资源也被瓜分，甚至有部分融媒体中心主任认为融媒体中心做好新闻宣传、舆论引导工作即可，服务功能只需提供个端口就行。

### （三）领导观念急需更新

在此次调研过程中，大部分的融媒体中心的领导层是由政府相关部门调任，大多区（县）领导班子成员都在5人及以上，甚至由宣传部副部长等担任融媒体中心的负责人。一些区（县）的领导人思想认识不足，导致区（县）融媒体中心建设速度滞后、融合较慢、成效有限。地方党委政府“一把手”和融媒体中心领导层对于融媒体中心的认识和了解的深刻程度决定着融媒体中心建设的初始速度、规模和融合深度。如果地方“一把手”和融媒体中心管理层观念落后，则会导致融媒体后期建设窒碍难行，主要体现在三个方面。

第一，在建设区（县）融媒体中心过程中的主动性不足。调研中个别区（县）将融媒体中心建设视为应付上级所安排的行政任务，对融媒体中心理解不够深刻，被动地为完成任务走形式导致对融媒体中心建设重视程度不足，后续推进乏力。

第二，对区（县）融媒体中心建设目标认识不足。个别区（县）在融媒体中心建设过程中认为融媒体中心应该专注在新闻宣传上而不应该拓展服务和盈利渠道，认为“做电商做不过淘宝，做服务做不过华龙网”①，所以在建设过程中有畏难情绪，满足于现状。还有个别区（县）领导人认为融媒体中心的编制人员工作量的多少都不应有相应绩效奖惩制度，“（编制内人员）他们做多少任务量都是应该的，（编制内人员）谁不是做那么多”②。

第三，在对融媒体与当地自媒体关系上认识过于“二元对立”。对于地方自媒体的活跃和强势崛起，当地公众的认同度高，而地方县级公办媒体发展处于边缘化的尴尬境地，公办媒体在民间舆论场内往往处于劣势。调研中不少区（县）将融媒体中心与当地自媒体视作二元对立的博弈关系，又或避而不谈、假装视而不见。但自媒体的发展蓬勃有其可借鉴之处，秀山县融媒体相关负责人提到，“地方自媒体话语亲切、内容多是区（县）群众关心的民生问题，因而广受欢迎，而传统媒体人员结构老化，报道思维难以创新，专业能力跟不上新技术日新月异的发展，这也是导致官媒处境边缘化的重要因素之一”③。

### （四）事业单位的强行政化管理与市场化经营需求冲突明显

对于区（县）融媒体中心的建设，体制问题集中体现在将单位属性核定为“公益一类”还是“公益二类”所产生的矛盾上。

从调研情况看，大多数区（县）将融媒体中心核定为“公益一类”。公益一类之所以是绝大多数区（县）的首选，主要考虑到区（县）媒体的体量不大、开展多元化经营的路径较少且市场能力不强。以荣昌区融媒体中心为例，存在人员结构老化、媒体特有的行业特性与一般事业单位管理机制的冲突问题，当地财政的投入不足也使得融媒体中心发展缓慢。也有还未正式挂牌的融媒体中心准备以公益二类事业单位进行筹建，如大足区、酉阳县。各地更倾向于用“公益一类”对融媒体中心的人员经费进行财政拨款“兜底”。核定为“公益二类”的融媒体中心也有其突出问题，以公

① 来自本次调查访谈资料。
② 来自本次调查访谈资料。
③ 来自本次调查访谈资料。

益二类的永川区融媒体中心为例，其事业编制人员隶属融媒体中心，非编人员隶属重庆市永川区三河汇碧传媒有限责任公司。这类单位的困难在于财政差额拨款或完全自收自支造成编外人员无财政经费投入，一旦创收出现问题，则一线业务人员的薪酬待遇无法完全保障，更难以留住人才。

区（县）融媒体中心建设仍应实行企业化管理。从融媒体中心建设发展较好的潼南区和江津区不难看出，实行企业化管理机制，人员、编制、薪酬、绩效难题都能迎刃而解，但问题在于，区（县）整体经济发展水平相对落后，很多区（县）融媒体缺乏足够的经济体量去维持中心的企业化经营；同时，区（县）一级面临与重庆市级媒体的竞争压力，二者叠加致使大部分区（县）融媒体中心都很难获得持续的经济支撑。实际上，即使实行企业化管理，大部分区（县）融媒体也只能依靠政务服务、政府购买服务或者政府活动经营来实现营收，收入大都来自政府支持。南岸区融媒体中心负责人在访谈中就表示，融媒体中心和传媒公司都没有稳定的营收项目，现有的营收项目有专题片拍摄、代理运营公众号、乡镇阅报栏和 T 形牌，但是不稳定，存在随时变动的风险，自我造血能力还远远不够；同时还存在地方党委政府经费支持的可持续性和长期性担忧。

总的来看，当前事业单位的管理体制和市场化的运营之间存在较大冲突。事业单位的行政化管理对员工工资、绩效、编制、晋升等方面都有严格细致的规定，各项条例规定体系完整，市场化运营却要求融媒体中心摆脱对财政拨款的单向依赖，投身市场，接受市场化的竞争考验，二者集于一身，二者理论上看并无冲突，但在实际运行中却相互制约严重。将事业单位的管理办法应用于融媒体固然可以减少管理成本，但难以激发市场活力；市场化运营利于提升经济效益，却存在价值导向偏误、难以兼顾社会效益等问题。

### （五）现有体制对人才引进的束缚

融媒体中心兼具政治属性和市场属性，并非常规性质的国有企业或行政机构，而现有管理体制主要是针对一般公益事业单位，现行的人才招考流程、考核细则对传媒类人才引进形成了极大制约，难以招收到符合需求的人才，主要体现在以下几个方面。

第一，公招引进的人才与中心岗位需求不匹配，导致真正需要的人才“考不来”。区（县）融媒体中心在人才引进的过程中，大部分人才是通过公开招考的方式进入中心，但在招考的过程中存在人才选拔标准与中心岗位需求不匹配的情况。由于区（县）包括融媒体中心在内的事业单位进人的笔试和面试侧重于综合素质和应变能力的测试，没有对应聘人员的岗位专业能力进行全面考察，进而导致引进人才的专业素质不高，进入融媒体中心后难以胜任日常工作。绝大部分区（县）融媒体中心针对记者的公开招聘条件是不限专业，只需通过综合基础知识、新闻写作专业知识和结构化面试三场考试即可,但这三项测试难以检验应聘者的采编专业技术水平，容易出现非新闻专业背景的人进入单位实习后，新闻采访和稿件撰写等基本功较差等问题。此外，媒体单位培养人才的时间成本较高，短时间内专业能力难以快速提升，从而导致区（县）融媒体中心的新闻生产内容质量参差不齐。

第二，现有编制短缺致使人才“引不进”。建设区（县）融媒体中心实现了传统媒体与新兴媒体融合发展，急需一批具有新媒体知识和技能的年轻人才。调研过程发现，区（县）融媒体中心的人员大都是原先报社和电视台的传统媒体人才，年龄结构呈老化趋势，绝大多数一线人员不熟悉新媒体平台，急需吸纳年轻的新媒体人才，但受编制制约，允许招录的新媒体人才数量有限，难以满足中心发展的需要。以合川区融媒体中心为例，融媒体中心要通过退休等方式才能逐步消化现有超编人数，最早也要2022年才能达标。区（县）融媒体中心已经陷入年轻骨干人员只能调出、不能调入（公招）的窘境。一线骨干人员缺失，已经严重影响正常的新闻宣传工作开展，如果借助分流将超编人员调至其他缺编事业单位，还需区委统筹安排，手续较为复杂。类似的情况也发生在北碚区融媒体中心，北碚区融媒体中心接收了原川剧院和网络公司的划转人员，虽然中心编制名额并未超编，但划转人员原先大都负责川剧表演和网络维护工作，其专业背景与融媒体中心的新闻宣传职能不符，导致北碚区融媒体中心一线采编人员占比只有70%左右（理想占比应为85%）。事业单位人员入编上岗能进不易出，难以有效地开展新闻工作；同时，北碚区融媒体中心对于不能有效工作的人员无权调离或辞退，造成编制有人无实，人力浪费。

第三，薪酬制度不完善造成人才“留不住”。区（县）融媒体中心是公益类事业单位性质，在编员工工资由财政全额拨款保障。目前区（县）融媒体中心在编员工的工资与工龄、岗位、级别挂钩，员工之间绩效考核差距不大，导致干多干少一个样，形同“吃大锅饭”。事实上，区（县）融媒体中心不同于一般的行政事业单位，采编人员加班是常态，没有有效的薪酬激励制度会造成人员创造性、积极性降低，而年轻员工往往会选择跳槽到待遇更好的平台。同时专业技术好、优秀的编外人才经常会被其他区（县）融媒体中心高价挖走。

## 二、运行机制急需优化

### （一）部门设置行政化，难以实现“化学融合”

部门的设置影响着各中心在今后发展中是否能够流畅，也影响着中心发挥其基本的功能作用，因此在设置上需要具有针对性、前瞻性。当前，各区（县）在融媒体中心部门设置上存在以下问题。

第一，部门设置行政化。重庆市区（县）融媒体中心大多都是由报社和广播电视台合并组建，机构融合之后，部门也进行重组。一些区（县）在融合过程中过多地考虑原媒体单位领导分工、中层干部职数等因素，出现因人设岗、管理部门及层级过多的现象，新闻单位内部管理趋向行政化。不少区（县）融媒体中心内设的机构部门庞杂，出现“兵少将多”的局面，导致浪费部门资源，增加行政管理费用。

第二，部门设置并未实现“化学融合”。目前已挂牌的区（县）融媒体中心，内部基本都是原来“各干各的”的体制机制，部门之间没有实现真正的资源共享，未建立起“统筹策划、一次采集、多元生成、精准分发”的融媒体采编流程。仅有少量区（县）做到了重构采编流程，以北碚区融媒体中心为例，在编委会的统一领导指挥下，形成新闻生产部门、工作室、项目组“三驾马车”同步发力的扁平化管理机制。以全媒体内容生产分发系统为技术支撑，按照策采编发一体化要求，重构“报题、策划、采集、编辑、发布、评估反馈”的闭环采编流程。

## （二）考核机制受规制，难以调动积极性

绩效问题是制约融媒体发展的重要问题之一。为推进当前区（县）融媒体中心的改革，区（县）融媒体中心应具有较大的考核权，实现对内部人员的激励，提升其工作热情和积极性。在此次针对从业人员的970份有效调查问卷中，仅有2.6%的从业人员对融媒体中心的福利政策、收入与薪酬水平非常满意；持稍微不满意、不满意和非常不满意态度的共占比46.4%，占比将近一半。调研中涉及的重庆区（县）融媒体中心的绩效制度大都还有进一步完善和改进的空间。

对于采用全额拨款事业单位体制的媒体而言，如果将在编人员全部列为全额拨款编制，那么全额拨款事业编制人员的工资结构及发放金额都有详细的政策依据和财政预算，并且落实到人，否则就是违规发放①。强调绩效考核与业绩贡献的企业化分配机制和传统事业单位强调总量稳定的资历性工资结构之间就产生了对立性。

北碚区融媒体中心相关负责人提到，“政府部门对于融媒体中心建设投入了相当大的财力，但是对于融媒体中心的发展需求来说远远不够，并且期待以更加市场化、企业化的方式管理融媒体中心，这样融媒体中心拥有更大的经营自主权，更容易调动员工积极性”。融媒体中心迫切需要“既不违反原则性又适合媒体特殊性的制度”②。不少区（县）融媒体中心都希望改革绩效考核方式，但是受制于现行制度，无法大刀阔斧地进行根本性的改革和尝试。从考核机制的角度看，各区（县）融媒体中心建设主要存在两个方面的问题。

第一，编制内和编制外人员考核标准难统一。区（县）融媒体中心建设涉及整合电视台、新闻中心、报社等机构，存在人员身份复杂多样的情况，因此区（县）融媒体中心编制复杂也成为影响改革推进的大难题。融媒体中心的人员编制、身份都很复杂，会出现全额、差额，事业、企业，

① 陈国权. 中国县级融媒体中心改革发展报告[J]. 现代传播（中国传媒大学学报），2019，41（4）：15-23.

② 来自本次调研访谈资料。

聘用、劳务派遣等身份多元化问题。一个县级电视台内有两三种不同的编制，不同编制不同待遇，很难留住没有正式编制且待遇不高的人才。譬如酉阳县下一步就面临融媒体中心建设需整合报社和电视台的情况，但是酉阳土家族苗族自治县广播电视台和酉阳报社的单位性质不同，人员身份复杂，还存在单位里有人是公务员身份但是公务员系统里没有正式的公务员编号的历史遗留问题。成立融媒体中心后，人员身份的调整和改革就比较棘手、复杂。受现行相关制度影响，上级部门核发的编制是按照现有岗位的一定比例设置的，导致融媒体中心没有编制调配的自主权。人事编制改革比较保守，酉阳土家族苗族自治县广播电视台里很多员工没法进入编制。同时，在有多种编制的融媒体中心，还存在编制内外考核标准不统一的情况。

对于编制外人员，无论是临聘人员、企业员工还是劳务派遣人员，此类人员的绩效考核，融媒体中心拥有更大的自主权和分配主动权，也更容易通过绩效考核的奖惩制度，来激活员工的内部的良性竞争，充分调动其积极性，刺激其不断提升自我，提高新闻作品质量，完善的绩效考核制度的建立也可以帮助融媒体中心提高人才待遇水平，高度黏合人才。编制内员工则受到编制体制的限制，无论工作数量多少和质量高低，工资标准都是固定的。与工作数量和质量不挂钩的固定工资导致部分编制内人员出现疲软心理和应付心理，消极对待工作，甚至开启“养老模式”。上级部门将融媒体中心无差别地一概视为事业单位，导致不少区（县）融媒体中心因工作激励需要给予编制内员工超任务稿费、津贴等绩效奖励时，又存在政策障碍。

第二，一线部门内部与一线、二线部门之间考核无法平衡。区（县）融媒体中心由多家单位合并组成，而报纸、广播电视、新媒体三大媒介的内容要求和工作方式不同，因此，能否对融媒体中心各部门顺利进行绩效考核成为融媒体中心内部运行是否顺畅的关键。从调研情况看，各区（县）一线岗位采编人员的考核大多数以“打分制”的方式进行量化，而二线岗位人员的考核普遍处于无效能考核的空白状态。

对一线岗位人员的考核仍然存在一些问题，尤其是新媒体部门。对部门分工和业务流程机制不明晰，导致新媒体部门基本成为最繁忙的科室之一，但在考核上却与传统的报纸、广播电视部门岗位共享“一把尺子”，进而导致各区（县）在新媒体业务的发展上参差不齐。例如，丰都县融媒体中心设立移动传媒科，负责新媒体的所有业务，包括与上级各个部门对接和与内部部门对接。梁平区则设立新媒体部，负责音视频稿件的分发。忠州日报社下的新媒体业务则采用“全员新媒体”的方式进行，新媒体部主要仍然是负责分发。从业务流程上看，各家媒体都在探索“最优解”，有的是以编辑工作岗位为主，有的则是“一揽子”全部收归某个部门负责。

对二线岗位人员考核的主要矛盾在于对二线岗位人员的业务工作无法完全参照一线采编岗位人员进行考核。对二线岗位人员的考核绝大多数区（县）融媒体中心处于空白状态，仅有个别区（县）融媒体中心进行了量化。如綦江区融媒体中心主张采用“谁发起谁负责谁得分”的方式，将一线、二线岗位人员的考核拉通进行评定；与此同时，一线、二线岗位的绩效评定上侧重和占比稍有不同。对二线岗位人员不采用或较少采用量化考核的最大原因在于：被安排在二线岗位的基本上是编内人员，即便量化考核也不能进行奖惩，干多干少一个样，致使整体工作的积极性不高，特别是直接导致一线采编岗位人员工作的积极性降低。

## 第三节　区（县）融媒体中心体制机制建设的对策与建议

2020 年 9 月 26 日，中共中央办公厅、国务院办公厅印发《关于加快推进媒体深度融合发展的意见》。该意见中明确提出“坚持移动优先，坚持科学布局，坚持改革创新，推动传统媒体和新兴媒体在体制机制、政策措施、流程管理、人才技术等方面加快融合步伐”，特别突出“要大力培养全媒体人才”[①]。由此可以看出中央加速推进媒体深度融合的勇气、毅力和决心。要推动县级融媒体中心建设加快向前发展，就必须克服和解决媒体“相融”而非“相加”的问题，区（县）的媒体中心融合不能停留在形式融合上，区（县）融媒体中心的体制机制建设可从探索适应本地区的建设模式、形成有效激励机制、打造强有力的领导班子、发挥社会治理功

① 中共中央办公厅 国务院办公厅印发《关于加快推进媒体深度融合发展的意见》[EB/OL].（2020-09-26）.http://www.gov.cn/xinwen/2020-09/26/content_5547310.htm.

能等四个方面展开。

## 一、探索适应本地区的建设模式

由于各区（县）面临的实际情况不同，“一刀切”的方法无法解决当前融媒体中心建设的痛点和难点，因此各区（县）融媒体中心建设方案需要根据本地实际情况因地制宜，同时，也要明确各区（县）融媒体中心的定位，多方发力，不断完善各区（县）融媒体中心的建设与发展。具体有以下几点。

第一，中心建设方案要因地制宜。根据全国各地的发展情况，区（县）融媒体中心建设过程中涌现了很多种模式，也有不同的经验做法，但各地媒体的生存环境和媒体自身情况千差万别，如果生搬硬套样板模式，很可能造成“水土不服”。每个区（县）融媒体中心所处地区的经济发展情况、人口总数、城市化进度、当地媒体竞争格局，甚至包括当地行政“一把手”的重视度，都影响着区（县）媒体中心改革的方向、路径与做法。[①]建设区（县）融媒体中心应该采用适合本地本单位的实际情况的媒体改革举措。

第二，区（县）融媒体中心要有企业化管理、市场化经营思维。区（县）融媒体中心实行企业化管理切忌“一刀切”，应因地制宜。采用公益二类事业单位的性质更符合县级媒体实际，当然，对于有条件的区（县），也可以实行企业化管理，但要实行严格意义上的事业企业“两分开”。如江津区融媒体中心，成立重庆市江津区文化传媒有限公司负责江津区融媒体中心旗下的媒体平台的经营创收。融媒体中心与经营性公司实行“两分开”，用经营性公司的营收来支持融媒体中心运作。从当前县级媒体应承担的舆论引导与公共服务两种职能上看，财政应对公益性职能全额拨款，进行事业保障，而允许服务职能进行市场化运作、企业化经营。

第三，县级融媒体中心建设应基于融合发展现状，继续强化融合的深度、广度和力度，加快进行媒体机构改革，充分打通各媒体之间以及媒体组织内部各部门之间的沟通渠道，实现基于县级融媒体中心的各类资源聚

① 陈国权. 县级融媒体中心建设应因地制宜[N]. 中国新闻出版广电报，2019-01-22（5）.

合共享。此次调研中已有部分融媒体中心在深度融合方面取得实效，如江津区已完成融媒体中心建设，且融合成绩突出。江津区融媒体中心虽然因疫情影响于2020年6月才正式挂牌，但通过搭建报、台、网、“两微一端一抖”、第三方平台矩阵、应急广播等11个融媒体平台，带动平台、信源、产品、渠道、技术、人才、数据、媒资管理等的深度融合，重构与优化了采编发体系流程，生产力、传播力、引导力得到显著提升。

## 二、处理好管理与经营的矛盾，形成有效的激励机制

区（县）融媒体中心建设如果处理不好管理与经营之间的矛盾，对融媒体中心就难以形成有效的运作方式，无法完成良性循环“造血”，其激励机制就无法起到作用。

从现有情况，无论是公益一类还是公益二类，都有着非常明确和差异化的政策边界与监管要求，这也给融媒体中心提出了不同的使命、功能、职责与发展模式等要求。从媒体融合的现实看，媒体务必增加服务功能，才能够满足社会需求，因此，媒体融合乃至全媒体不可能只有纯粹的公益服务，而不获取必要的经济效益。

从公办媒体的政治属性看，不管是公益一类还是公益二类，作为地方唯一的融媒体中心都需要履行其应尽的职能，要紧密围绕党委政府的中心工作做好舆论宣传工作，向上对地方党委政府负责，向下要引导服务好群众。如果消极被动地等待上级指示和领导安排再开展工作，缺乏市场机制的浸润，不注重用户端的需求回应，就会导致中心运行不流畅。此外，调研期间发现，一些地方政府在体制管理上的过于严格导致绩效考核与激励机制缺乏活力，不自觉就陷入了“吃大锅饭”的局面。编制内员工不愿意多做事，“干多干少一个样”，干得多还可能违规出错，不干不会出错，最终形成“劣币驱逐良币”的恶性循环后果。

“事业单位，企业化管理”是我国媒体一直以来的管理运行模式，其中不乏合理的经验积累。区（县）媒体虽然为事业单位性质，但与一般政府部门的科层制管理不同，也与其他半行政化属性的事业单位不同，除意识形态属性外，媒体本身还具有强烈的专业技能性和创意产业属性，需要

付出创造性劳动并接受用户市场的检验。只有靠记者与编辑的积极性与主动性，才能激发工作的创造性，才能生产出优质的新闻资讯内容甚至新媒体爆款产品，去引导群众服务群众，以吸引用户和增强平台用户黏性，从而转化为县级媒体“四力”，增权赋能。

当前，各区（县）对媒体实行的公益一类定位，是对公办媒体在事业单位改革转型中的一种过渡性保障，但是，对区（县）融媒体中心在体制管理上还需实事求是地予以“量体裁衣”，不能“一刀切”，如可以探索“一类保障、二类管理”的模式。融媒体中心建设事关党的执政基础和执政能力建设，需要大量资金、技术、人才作为依托，作为特殊的事业单位需要财政的托底支持，因此，在过渡期间，要给区（县）融媒体中心留出时间和空间，以促使融媒体中心不断进行调整优化、自我革命和自身完善，对于地方经济条件较好，媒体发展又较好的区（县），能够进行自收自支的融媒体中心可以直接定位为公益二类，对于市场经营能力有限的则可以继续采用公益一类的办法。

从现有的情况看，也有一些公益一类单位尝试进行经营，但相关的政策边界也并未完全明晰。对于融媒体中心建设来说，应当针对不同的情况进行量体裁衣，初建时期采用特殊办法，帮助融媒体中心形成造血能力，缓解当前中心建设疲软状态，提供动能，形成良性循环。

## 三、打造强有力的领导班子，适当提升机构规格

区（县）融媒体中心想要获得长远发展，还需要区（县）委为融媒体中心配备强有力的领导班子。调研过程中发现，领导年龄偏大、事业发展空间小、思想保守的区（县）融媒体中心普遍办得不太好；而办得好的区（县）融媒体中心都有着精明强干的领导，他们有很多共同特点：正值壮年，事业发展空间大，事业心强，希望通过融媒体中心的工作经历和政绩获得上级和组织部门的认可等。以秀山县融媒体中心为例，该中心是中共中央宣传部媒体融合改革试点之一。秀山县融媒体中心领导班子一正三副，班子成员年纪最大仅 41 岁。面对原报社和电视台领导班子队伍年龄结构老化，领导思想较为保守的情况，当初在配备融媒体中心班子成员时，为了

使班子队伍年轻化、专业化，县领导和县委宣传部并没有选择将报社和电视台进行简单合并，而是对原领导班子成员进行分流。电视台原班人马只留下1名年轻专业的领导任融媒体中心副主任，报社则留下报社副总编任融媒体中心副主任，而融媒体中心主任则是由县政府主要负责人重新配备，该主任原先负责在经济部门招商，也曾担任过政府办公室主任职务，直接对接过常委工作，因而经营和管理能力突出。由于中心主任思维活跃，锐意进取，善于经营管理，融媒体中心产业发展顺利起步，采编流程再造也基本实现。

此外，在调研中发现，12个区（县）存在报社和广播电视台融合之后，融媒体中心机构规格降低的情况。随着新媒体的崛起，民间舆论场开始发力，县级融媒体中心作为地方党委政府的官方舆论主战场，不仅要引导基层群众，还要对民间舆论场进行引导。同时，县级融媒体中心作为县级政府及其下属各部门开展政务服务可以依托的重要平台，不仅承担着为群众提供政务服务的职能，还要整合县内资源，为群众提供信息和生活服务。县级融媒体中心的舆论引导和公共服务职能已经远远超过原报社和广播电视台担负的职能，因此有关部门应考虑适当提升其机构规格，保证其服务功能有效发挥。

## 四、整合资源，增强协作，发挥社会治理功能

2018年9月中共中央宣传部在县级融媒体中心建设现场推进会上强调，要“努力把县级融媒体中心建成主流舆论阵地、综合服务平台和社区信息枢纽”[①]三大目标。融媒体中心的三大目标的实现不仅仅是对融媒体中心提出的要求，也是对媒体作为社会治理的重要组成部分提出的要求。根据县级融媒体中心的实际情况，结合社会治理的相关内容，县级融媒体中心建设需要不断整合资源，增强协作，发挥社会治理的功能与作用。

第一，各区（县）政府要做好财政保障，同时划拨本地区相应的资讯服务类资源给融媒体中心，提高融媒体中心的竞争力。在县级融媒体中心

① 县级融媒体中心建设全面启动 中宣部这样部署[EB/OL].(2018-09-21). https://zj.zjol.com.cn/news/1036366.html.

建设中，使县级融媒体中心走公益事业单位的道路，政府出资并提供各项财政支持，保障其建设资金；在给予县级融媒体中心更多经营自主权的同时，从传播力、影响力、引导力、公信力四方面进行考核，以督促其建设，使其更好地发挥其“最后一公里”的作用，建成建好党的舆论宣传工作“基石”。与此同时，政府可将本地的资讯服务类资源逐步整合到融媒体中心，由融媒体中心实行统一管理，这样既能保障融媒体中心的创收，又使得本地区信息安全有了切实的保障。

第二，通过体制机制多方位的改革，实现资源整合、舆论引导的统一。媒体融合很难只做一个区域或者一个行业的媒体融合，网络时代的信息传播是没有层级、地域、部门或行业的截然割裂的。因此，媒体融合应该尝试媒体的跨区域横向融合，或者跨行业横向融合，同行业、同领域的垂直融合，从而真正搭建有影响力的新型全媒体综合平台和全媒体垂直平台。

第三，省（直辖市）一级平台全方位支持区（县）开展多元合作，资源形成优势互补。当前各区（县）融媒体中心在建设过程中，与省（直辖市）一级平台对接存在着服务效率低、资源无法做到共建共享导致资源利用率不高的情况。在下一步的运行中，可探索在对各地进行技术上的保障与支持基础上，提高平台服务效率，深化与各区（县）融媒体中心的产业融合，在政务信息、电商旅游、智慧城市、乡村振兴、数字经济、版权等方面进行多元合作，形成上下“一盘棋”，更加强有力地发挥县级融媒体中心在社会治理方面的优势。

# 第二章

# 区（县）融媒体中心的人才队伍建设

2020 年 9 月 26 日，中共中央办公厅、国务院办公厅印发了《关于加快推进媒体深度融合发展的意见》。该意见从重要意义、目标任务、工作原则三个方面明确了媒体深度融合发展的总体要求。其中，该意见特别强调："要大力培养全媒体人才，实行更加积极、开放、有效的人才引进政策，提高主流媒体人才吸引力和竞争力。要优化人才队伍结构，把更多熟悉新媒体的中青年优秀人才充实到关键岗位，充分释放人才活力。"[①]习近平总书记说过："媒体竞争关键是人才竞争，媒体优势核心是人才优势。"[②]县级融媒体中心作为主流舆论阵地、综合服务平台、社区信息枢纽，其功能和作用的发挥，需要一支坚强有力的人才队伍。重庆市作为西部唯一的直辖市，如何引进优秀人才、留住现有人才、培养现需人才，从全国层面来说必将成为促进融媒体中心发展的一个重要课题。本章对所调研走访的 32 个区（县）融媒体中心人才队伍建设相关状况进行梳理，并提出相关建议，以供参考。

## 第一节　区（县）融媒体中心人才队伍现状

本次调研主要从两个层次考察区（县）融媒体中心人才队伍建设状况，

---

① 中共中央办公厅 国务院办公厅印发《关于加快推进媒体深度融合发展的意见》[EB/OL]. (2020-09-26). http://www.xinhuanet.com/2020-09/26/c_1126542716.htm.

② 习近平:坚持正确方向创新方法手段 提高新闻舆论传播力引导力[EB/OL]. (2016-02-19). http://www. xinhuanet.com//politics/2016-02/19/c_1118102868.htm.

一是领导班子配备，二是编内编外人员数量结构。以此为基础，进一步观察其内部人力资源的现实状况，一是中心级别设定及与之相对应的领导班子职数，二是人员编制核定及编内、编外人员分布。同时，从四个维度考察融媒体中心人才队伍软实力及发展态势，一是领导职数与内设机构数量的关系，二是人员编制数与内设机构数量的关系，三是编内人员与编外人员数量关系，四是中心整合前后的人员数量比较。

## 一、差异化的级别设定及领导配备

单位级别设定制约着核心领导层的积极性和中层干部的上升空间。作为公益类事业单位，各区（县）融媒体中心级别设定有所差异。32 个区（县）融媒体中心中，20 个设定为正处级事业单位，12 个设定为正科级事业单位，详见表 2-1。

**表 2-1　各区（县）融媒体中心级别设定**

| 区（县） | 级别设定 | 区（县） | 级别设定 |
| --- | --- | --- | --- |
| 黔江 | 正处级 | 江津 | 正处级 |
| 武隆 | 正处级 | 渝北 | 正处级 |
| 九龙坡 | 正处级 | 潼南 | 正处级 |
| 南岸 | 正处级 | 万州 | 正处级 |
| 北碚 | 正处级 | 城口 | 正科级 |
| 荣昌 | 正处级 | 云阳 | 正科级 |
| 长寿 | 正处级 | 秀山 | 正科级 |
| 永川 | 正处级 | 酉阳 | 正科级 |
| 綦江 | 正处级 | 彭水 | 正科级 |
| 大足 | 正处级 | 丰都 | 正科级 |
| 璧山 | 正处级 | 垫江 | 正科级 |
| 梁平 | 正处级 | 奉节 | 正科级 |
| 南川 | 正处级 | 巫山 | 正科级 |
| 铜梁 | 正处级 | 巫溪 | 正科级 |
| 合川 | 正处级 | 忠县 | 正科级 |
| 巴南 | 正处级 | 石柱 | 正科级 |

单位级别的设定在一定程度上影响着融媒体中心领导职数的配备。领导职数的多寡除了与当地人口规模、经济发展存在相关性外，还与区（县）在人事调配上对融媒体中心的重视程度、中心的规模与建制直接相关。调研的32个区（县）中，领导班子总职数大多为4—6个，最少为2个，最多为12个。7个区（县）设2个及以上正职，大多数区（县）设1个正职，副职最多为7个。总编辑则是保障媒体内容生产与思想、引领媒体健康运行的重要岗位。传统的媒体运行机制中，总经理负责媒体的经营，总编辑负责媒体的内容生产。可以说，前者决定了媒体造血功能在多大程度上得以发挥，后者则决定了媒体政治站位和创新程度，二者犹如媒体的两个轮子，缺一不可。总编辑在融媒体时代的重要性不可替代，特别在把握内容质量和宣传舆论方向上尤为重要。32个区（县）融媒体中心领导班子及总编辑岗位设置情况详见表2-2。

**表2-2 各区（县）领导班子职数及总编辑岗位情况**

| 区（县） | 领导班子职数 | 总编辑 | 区（县） | 领导班子职数 | 总编辑 |
|---|---|---|---|---|---|
| 万州 | 五正七副 | — | 长寿 | 一正四副（实五副） | 无 |
| 武隆 | 两正四副 | 有 | 南川 | 一正四副 | 无 |
| 垫江 | 两正四副 | 有 | 黔江 | 一正四副 | 无 |
| 奉节 | 两正四副 | 无 | 酉阳 | 一正四副 | 有 |
| 铜梁 | 二正四副 | 有 | 綦江 | 一正三副（班子7人） | 无 |
| 北碚 | 二正四副 | 无 | 秀山 | 一正三副 | 无 |
| 九龙坡 | 二正二副 | 无 | 荣昌 | 一正三副 | 无 |
| 合川 | 一正七副 | 无 | 璧山 | 一正三副 | 无 |
| 大足 | 一正六副 | 无 | 梁平 | 一正三副 | 无 |
| 丰都 | 一正六副 | 无 | 巫溪 | 一正三副 | 无 |
| 江津 | 一正六副 | 无 | 彭水 | 一正三副 | 无 |
| 云阳 | 一正五副 | 有 | 城口 | 一正一副 | 无 |
| 南岸 | 一正五副 | 无 | 潼南 | 一正六副 | 无 |
| 巫山 | 一正五副 | 无 | 忠县 | — | — |
| 巴南 | 一正五副 | 无 | 渝北 | — | — |
| 永川 | 一正五副 | 无 | 石柱 | — | — |

## 二、编外占重要地位的人员构成

人力资源的划拨与实际运行情况往往存在差距，对其的调研除了已经核定的事业单位在编人员数量外，还包括实际在编数量、余编数量、编制外临时聘用数量及其相关占比。从这些数据，我们可以观察各区（县）划拨在编数量与中心实际需求数量之间是否存在差距，从在编数量与编外数量在人员总数中的占比关系，可以进一步考察在编人员承担的工作与编外人员承担的工作及其工作绩效，从而衡量人力资源调配是否还有可优化空间。通过调研了解到，各区（县）人员编制核定大都在地方党委领导下由机构编制委员会办公室具体负责，综合各区（县）融媒体中心需求等确定，各区（县）核编人员数量详见图 2-1。调研的区（县）中，各区（县）核定编制最少为 41 个，最多为 380 个，其中，占编数小于核编数的区（县）有 20 个，说明大部分区（县）核编使用良好，大多数区（县）在编制使用上留有余地。在编人员属于事业单位身份属性，其数量保障对中心新闻资讯、舆论引导等内容生产有重要作用。临聘人员通常用来补充数量不足的核编人员，或用于非核心主体业务岗位，各区（县）核编人员数量与临聘人员数量变化详见图 2-2。从获得数据的调研区（县）看，在编人员在人员总数中占比小于 50%的区（县）有 12 个，占中心总数的 37.5%，临聘占

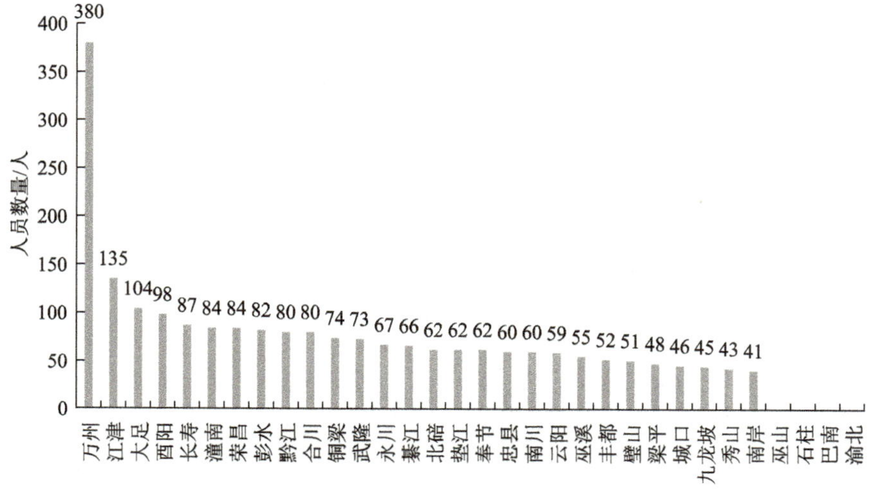


图 2-1 各区（县）核编人员数量

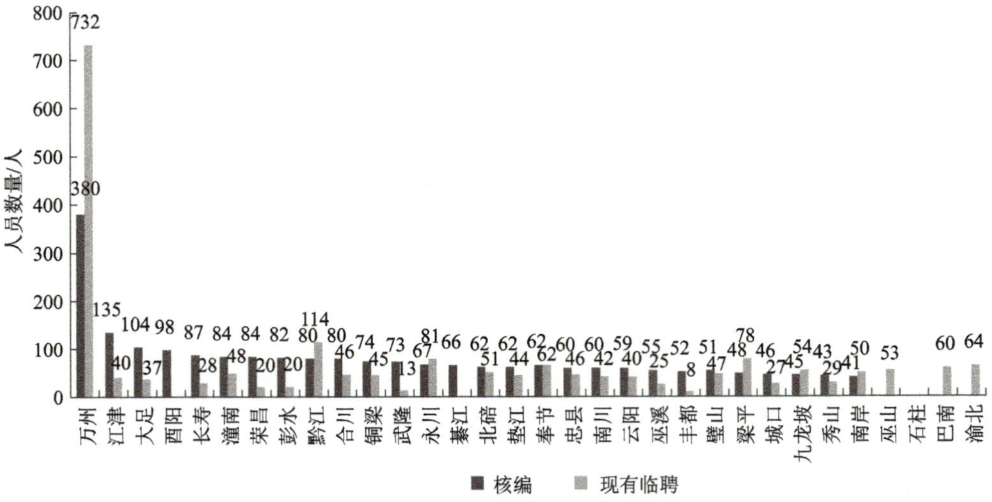


图 2-2　各区（县）核编人员数量与临聘人员数量变化

比超过 30%的区（县）有 20 个，占 62.5%。从上述数据我们发现，临聘队伍在大多数区（县）融媒体中心的整个从业人员中占重要地位，近 1/5 的区（县）临聘人员超过在编人员。由于区（县）融媒体中心都属于公益类事业单位，临聘人员占比过大给中心打造新型主流媒体带来了一定的挑战，在人员管理上也存在着身份归属感缺失、人才流动等隐患。32 区（县）融媒体中心人员情况详见表 2-3。

**表 2-3　32 区（县）融媒体中心人员情况一览表**

| 区（县） | 核编/人 | 占编/人 | 余编/人 | 临聘/人 | 其他/人 | 总计/人 | 占编占比/% | 临聘占比/% |
|---|---|---|---|---|---|---|---|---|
| 万州 | 380 | 228 | 152 | 732 | 0 | 960 | 24 | 76 |
| 江津 | 135 | 127 | 8 | 40 | 0 | 167 | 76 | 24 |
| 大足 | 104 | 87 | 17 | 37 | 0 | 124 | 70 | 30 |
| 酉阳 | 98 | — | — | — | 0 | 98 | — | — |
| 长寿 | 87 | 80 | 7 | 28 | 0 | 108 | 74 | 26 |
| 潼南 | 84 | 76 | 8 | 48 | 50 | 174 | 44 | 28 |
| 荣昌 | 84 | 70 | 14 | 20 | 0 | 90 | 78 | 22 |
| 彭水 | 82 | 69 | 13 | 20 | 0 | 89 | 78 | 22 |
| 黔江 | 80 | 80 | 0 | 114 | 0 | 194 | 41 | 59 |
| 合川 | 80 | 85 | -5 | 46 | 0 | 131 | 65 | 35 |
| 铜梁 | 74 | 67 | 7 | 45 | 0 | 112 | 60 | 40 |

续表

| 区（县） | 核编/人 | 占编/人 | 余编/人 | 临聘/人 | 其他/人 | 总计/人 | 占编占比/% | 临聘占比/% |
|---|---|---|---|---|---|---|---|---|
| 武隆 | 73 | 65 | 8 | 13 | 33 | 111 | 59 | 12 |
| 永川 | 67 | 58 | 9 | 81 | 0 | 139 | 42 | 58 |
| 綦江 | 66 | 58 | 8 | 0 | 69 | 127 | 46 | — |
| 北碚 | 62 | 51 | 11 | 51 | 0 | 102 | 50 | 50 |
| 垫江 | 62 | — | — | 44 | 0 | — | — | — |
| 奉节 | 62 | 43 | 19 | 62 | 0 | 105 | 41 | 59 |
| 忠县 | 60 | 54 | 6 | 46 | 0 | 100 | 54 | 46 |
| 南川 | 60 | 54 | 6 | 42 | 0 | 96 | 56 | 44 |
| 云阳 | 59 | 50 | 9 | 40 | 0 | 90 | 56 | 44 |
| 巫溪 | 55 | 48 | 7 | 25 | 0 | 73 | 66 | 34 |
| 丰都 | 52 | — | — | 8 | 0 | — | — | — |
| 璧山 | 51 | 46 | 5 | 47 | 0 | 93 | 49 | 51 |
| 梁平 | 48 | 37 | 11 | 78 | 0 | 115 | 32 | 68 |
| 城口 | 46 | 34 | 12 | 27 | 0 | 61 | 56 | 44 |
| 九龙坡 | 45 | 37 | 8 | 54 | 0 | 91 | 41 | 59 |
| 秀山 | 43 | 35 | 8 | 29 | 2 | 66 | 53 | 44 |
| 南岸 | 41 | 31 | 10 | 50 | 0 | 81 | 38 | 62 |
| 巫山 | — | 41 | — | 53 | 0 | 94 | 44 | 56 |
| 石柱 | — | — | — | — | — | — | — | — |
| 巴南 | — | 69 | — | 60 | 0 | 129 | 53 | 47 |
| 渝北 | — | 54 | — | 64 | 0 | 118 | 46 | 54 |

## 三、整合前后人员总量趋于均等

区（县）融媒体中心往往由原有的区（县）报社、区（县）广播电视台、区（县）新闻中心整合而成。新成立的融媒体中心除了发挥主流媒体舆论阵地功能，还将承担综合服务平台和社区信息枢纽的重任，因此，在队伍建设上应与三大目标定位相匹配。调研区（县）中，我们搜集了部分区（县）融媒体中心整合前后的人员数据，相关比较见表 2-4。

**表 2-4 部分区（县）融媒体中心整合前后人员数量比较**

| 区（县） | 整合前 | | | | 整合后 |
|---|---|---|---|---|---|
| | 报社 | 新闻中心 | 广播电视台 | 总数 | |
| 城口 | — | 14 | 46 | 60 | 61 |
| 秀山 | 7 | — | 51 | 58 | 66 |
| 九龙坡 | 50 | 43 | — | 93 | 91 |
| 南岸 | 47 | — | 34 | 81 | 81 |
| 酉阳 | 51 | — | 65 | 116 | — |
| 万州 | 590 | — | 370 | 960 | 960 |
| 长寿 | 35 | — | 72 | 107 | 108 |
| 大足 | 43 | — | 80 | 123 | 124 |
| 璧山 | 28 | — | 57 | 85 | 93 |
| 巫山 | 37 | — | 68 | 105 | 94 |
| 巫溪 | — | 7 | 66 | 73 | 73 |
| 石柱 | — | — | — | — | — |
| 南川 | 41 | — | 58 | 99 | 96 |
| 铜梁 | — | 41 | 70 | 111 | 112 |
| 合川 | — | 19 | 65 | 84+46（非在编）=130 | 131 |
| 江津 | 54 | 41 | 88 | 183 | 167 |
| 彭水 | 36 | — | 50 | 86 | 89 |

从表 2-4 统计的部分区（县）融媒体中心整合前后人员情况出发，同时综合 32 区（县）座谈会、访谈情况来看，各区（县）人力资源核定整体上大都按照原有报社、广播电视台或新闻中心的在编人员数量核定，较少区（县）能以今后发展壮大的思路在编制数量上留有余地。

结合此前对中心领导职数的统计与访谈情况，我们发现，各区（县）在队伍建设上还有较大提升空间，同时也存在核心领导层和业务骨干力量薄弱等问题，如部分区（县）融媒体中心因领导职数数量限制将其原媒体单位领导调配至其他机构或因核定领导职数小于原媒体单位领导总数而导致融合后核心管理层推进困难；大部分区（县）融媒体中心非编人员占比较大且其岗位为一流采编业务岗，形成了编外人员“创新”、编内人员“守旧”，编外人员水准与核心业务质量息息相关，编内人员专业能力难以充分释放的尴尬状态。

综合上述情况，单位职级、领导职数、人员编制核定形成循循相因、相互影响的闭环，制约了融媒体中心的软实力。领导班子的配置对区（县）融媒体中心内设机构人员配置、中层管理团队打造以及其文化建设均起到至关重要的作用。各区（县）按照事业单位职级将融媒体中心核定为正处级或正科级，制约了领导班子在体制内的上升空间，特别是同为一个层级的融媒体中心，科级与处级的核定导致班子资源调配等不均衡。领导职数的多寡及其上升空间与融媒体中心内设机构的中层管理人员的上升空间息息相关。各中心领导职数的配置，面临三重困惑：一是其数量与中心新功能定位、新内设机构、新流程的匹配问题；二是原有媒体单位整合后“以谁为主”及其原领导班子重新组合后的平衡与安置问题；三是中心与组建公司“事企分开”但相互协调、调控的矛盾与冲突。编制内人员的事业单位身份属性一定程度上加剧了其工作惰性，编制外人员的临聘身份则限制了其职级晋升空间，极大地降低了其对事业的归属感与安定感。在编人员与编外人员的功能倒置、专业能力倒挂正在成为融媒体中心发展的最大掣肘。

国家层面体制机制的设计为融媒体中心发展确定了基本框架和思路，尽管各区（县）尽其所能在现有事业单位和国有企业政策范围内给予了最大支持，但由于各区（县）“一把手”重视程度存在差异，不少区（县）领导对融媒体中心的认知大都停留在将其与一般事业单位等同对待上，整体上趋于保守而创新与突破不足。

## 第二节　区（县）融媒体中心人才队伍建设存在的问题

县级融媒体中心是适应时代要求的科学选择，是更好引导群众、服务群众，传播党的创新理论的重要载体，其建设取得成效与否的关键在人才队伍建设。习近平总书记指出，“媒体竞争关键是人才竞争，媒体优势核心是人才优势”，并要求新闻舆论工作者“努力成为全媒型、专家型人才”[①]。区（县）融媒体中心对人才结构和素质提出了新要求，既需要懂业务、会

① 习近平：坚持正确方向创新方法手段 提高新闻舆论传播力引导力[EB/OL]. (2016-02-19). http://www.xinhuanet.com//politics/2016-02/19/c_1118102868.htm.

经营、有前瞻性的“一把手”，也需要业务功能、网络安全、运行维护等方面的专业人才。因此，建立一支高素质、高水平、专业化的人才队伍十分必要，既有利于区（县）融媒体中心精减人员和提高效率，还在一定程度上推动区（县）媒体转型发展以更好地适应环境。加强人才队伍建设，区（县）融媒体要着力打破原有选人、用人、育人、留人体制机制，在大力引进技术型人才的同时，加强对原有媒体从业人员的全媒体教育和培训。但在调研过程中我们发现，区（县）融媒体中心人才队伍建设过程中，存在着诸多困境，不但难以有效进行留存人才的全媒体化，而且人才引进实现起来也有诸多障碍。

## 一、一线采编人员数量不足，工作任务重

此次调研过程中，我们通过采访各区（县）融媒体中心的工作人员了解到，融媒体中心成立后工作量明显增加，工作难度较之前明显提高，但有的区（县）不仅对在编人员的数量严格控制，而且对编外人员的编制数量也有规定。一些没有明确规定人员数量的区（县），由于资金不足等问题，也没有办法招纳到足够的人手。人员数量的不足将会直接导致分配到从业人员个人的工作量增加，工作质量难以提升，甚至还会直接影响部分工作的开展。例如云阳县融媒体中心，由于人员严重缺乏，其广播版块没有专门负责的团队，从而导致无法生产原创内容，只能将电视节目直接搬到广播中播放。巫溪县融媒体中心也存在人手不足的问题，其融媒体中心成立后，单位承担了“乡镇双晒”的拍摄任务。由于人员有限，只能将 4 人分为一组，每周拍摄一个乡镇的专题片，前期的策划、拍摄、后期等全部由小组负责，工作任务量非常大，中心工作人员压力暴增。通过座谈、访谈了解到的部分区（县）采编人员不足情况见表 2-5。

**表 2-5　部分区（县）采编人员不足情况**

| 区（县） | 采编岗位人员情况 |
|---|---|
| 铜梁 | 紧缺一线采编人员，目前采编人员专业素质有待提高 |
| 合川 | 紧缺专业的采编人员，目前在编人员缺乏基本的采编技能，同时中心满编又不能吸引专业的对口人才，专业采编人员的缺乏已经影响到基本工作开展 |

续表

| 区（县） | 采编岗位人员情况 |
|---|---|
| 万州 | 采编队伍老化，以电视台为例，新闻中心共41人，其中记者21人，35岁以下有8人，30岁以下只4人，新生代采编力量不足 |
| 巫山 | 一线采编人员数量少，导致采编任务压力大 |
| 渝北 | 紧缺专业采编人员 |
| 垫江 | 一线采编人员少，不到40人 |
| 荣昌 | 采编人员太少，综合采访部仅有20人，部门工作量过大 |
| 秀山 | 紧缺能力比较突出的采编人员，采编任务重 |
| 江津 | 紧缺专业一线采编人员。区政府限制了江津区融媒体中心的编外人员数量，但是原有在编的一线采编人员存在平均年龄较大、对新媒体相关技能不熟练等问题，导致工作任务量较融媒体中心建成前重，在编和非在编人员数量都被限制，无聘用人员来分担一线采编任务 |
| 九龙坡 | 新闻采编工作量比较大，融媒体中心比较紧缺一些能力较突出的新闻采编人员 |
| 北碚 | 紧缺一线采编人员，目前融媒体中心一线采编人员占比在70%左右，占比较低，理想占比应达到85% |
| 南岸 | 紧缺一线采编人员，尤其是缺乏资深文字记者 |

## 二、技术能力不足，全媒体人才紧缺

随着融合发展，区（县）融媒体中心对人才的需求也有所转变。打造适应新业态的全媒体记者，是区（县）融媒体中心的必然要求。各区（县）融媒体中心比较紧缺的就是既懂新闻规律又懂新媒体运营的人才。对于一些“老编辑”“老记者”来说，需要改变以往固定的工作模式和习惯，树立互联网思维，根据新媒体平台的特点来调整和改变工作内容。以往的工作只需要做好文字和内容，而现在不仅需要根据不同的平台特色对文字进行修改，还需要了解不同平台的运营技术，同时需要学习策划、剪辑、包装等方面的技术。旧习惯短时间内难以改变，新技术学习又比较困难，导致老员工向全媒体人才转型之路比较困难。在铜梁区融媒体中心的座谈会上，相关负责人就提到对于全媒体人才的迫切需要：各新媒体平台的内容制作、运营需要有专业的人员进行策划、制作，而融媒体中心花费大量的时间、金钱培养出的优秀人才，逐渐成熟之后，又选择到更好的平台工作。难以引进优秀的全媒体人才，自己培育的人才又难以留住，这严重制约了融媒体中心的发展。表2-6为部分区（县）融媒体中心人才紧缺情况。

**表 2-6　部分区（县）融媒体中心紧缺全媒体人才、专业技术人才情况**

| 区（县） | 具体情况 |
|---|---|
| 铜梁 | 全媒体人才紧缺，工作开展困难 |
| 璧山 | 专业技术人才匮乏，主要是播音主持、网络媒体专业技术人员、音响师、灯光师、包装师、专业摄影师等专业技术人才严重缺乏 |
| 合川 | 年轻的专业人才极度缺乏，单位内有 44 个其他单位转回的带编人员，占据了大半编制岗位却缺乏专业新闻技能，急需一批具有新媒体知识和技能的年轻人才；同时缺乏专业的网络安全技术人才，该融媒体中心有 7 个新媒体平台，网络安全压力较大 |
| 武隆 | 全媒体人才不足，希望以后能够加强与学校之间的合作，员工能到学校去进行专业培训，提高员工专业素质 |
| 万州 | 人才紧缺，特别是新媒体技术人才，需要年轻的复合型人才，一专多能是人才培养的目标，但还未能实现 |
| 渝北 | 紧缺新媒体专业技术人才。随着媒体融合的不断深入，对一流新媒体专业人才的需求日益强烈 |
| 巫溪 | 紧缺专业的技术人才 |
| 城口 | 融媒体中心科班出身的人不到 3 人，技术型人才完全没有 |
| 綦江 | 专业人才缺口较大，缺乏全媒体人才培养理念，建设创新型、复合型、应用型、领军型融媒体中心人才队伍迫在眉睫 |
| 南川 | 人才流失较为严重，紧缺技术型人才 |
| 荣昌 | 专业素质较弱，采编一线记者大部分为非专业人员，知识背景结构较乱，甚至有完全不相关学科背景如装修装饰等人员通过事业编考试考入，媒体业务能力较弱 |
| 永川 | 人才队伍素质结构不合理，专业人才、领军人才少 |
| 秀山 | 紧缺全媒体人才。融媒体中心由原秀山网、秀山报社以及秀山土家族苗族自治县广播电视台构成，原单位人员各有专攻，如报社专攻文字，网站对新媒体比较了解，但是融媒体中心建成后要求人员采写编评的技能都要具备，比较缺乏全媒体人才<br>紧缺技术型人才。融媒体中心目前还比较缺乏具备 H5、策划、剪辑、制作、动漫设计等技能的人才 |
| 酉阳 | 紧缺专业能力强的主持人以及网络安全技术人员 |
| 巴南 | 比较缺乏融媒体人才，原报社和广播电视台的编辑记者是专业性比较强的人才，能写稿的不能拍摄，这就导致新媒体工作所需要的采编、后期的人才比较紧缺 |
| 江津 | 紧缺全媒体人才。采编一线的人员都是原广播电视台和新闻社人员，年纪普遍偏大，比较熟悉传统的采编流程，但不能独立完成一整套采访、编辑、拍摄、剪辑等任务，缺乏新媒体需要的相关技能 |
| 九龙坡 | 紧缺新媒体人才。融媒体中心由原区新闻中心和九龙坡区九龙报社整合，人员队伍对传统媒体较为了解，还保留着传统的新闻观念，虽然融媒体中心组织参与各种学习，但观念转变还需一定时间，关于新媒体运营、采编制作的专业队伍较为紧缺<br>紧缺技术型人才。比较缺乏具备 H5、动漫设计、开发小程序等技能的人才 |
| 北碚 | 紧缺技术型人才和新媒体人才。包括网络信息技术、5G 技术等版块的技术人才 |
| 南岸 | 紧缺技术型人才。中心内只有 1—2 名技术人员，而 5G 时代的到来，更加急需相关技术人才 |
| 大足 | 缺乏全媒体人才 |

## 三、身份混杂，内外差距影响积极性

当前我国各地的县级融媒体中心已基本全面建成，并继续扎实推进。在推动县级媒体转型升级的过程中，县级融媒体中心都无法回避同样的问题，即媒体整合到一起后，存在太多的差异性，真正的“化学融合”存在重重障碍，其中之一就是人员身份存在差异。融合前，各媒体用工方式和人员构成不一致，分别有事业编制人员、公务员、临聘人员等。重庆市区（县）融媒体中心是事业单位性质，中心人员结构延续事业编制人员和聘用制人员两种类型，但由于之前机构改革，部分公务员划转到融媒体中心，导致部分区（县）融媒体中心人员身份复杂。以酉阳县融媒体中心为例，当年台网分离时，一部分公务员被划入酉阳土家族苗族自治县广播电视台，这直接导致酉阳土家族苗族自治县广播电视台人员编制复杂的现状，既有公务员、也有事业编制人员，还有聘用人员。

由于区（县）融媒体中心是新闻单位，岗位工种也复杂，融媒体中心不仅有记者、编辑、摄像，还有主播、后勤等岗位，报社和广播电视台机构融合之后，融媒体中心拥有平台也变多，不仅有报纸、广播、电视还有新媒体等平台，人员身份随之也变得更加复杂（表 2-7）。

不同身份性质的员工之间存在观念差异，要真正实现“相加”到“相融”，需要充分加强人才队伍建设。要从管理体制、组织架构、用人机制、激励手段等方面推动人员的融合。

**表 2-7　部分区（县）融媒体中心人员身份复杂情况**

| 区（县） | 人员构成具体情况 |
|---|---|
| 合川 | 融媒体中心成立后转回 44 个带编人员，占据了大半编制岗位却缺乏专业的新闻技能，融入融媒体中心日常工作比较困难 |
| 垫江 | 人员身份混杂，在编和聘用各一半，同工同酬难实现 |
| 酉阳 | 人员身份混杂，有公务员、专业技术人员还有工人等，管理较为复杂 |
| 北碚 | 在编人员科班出身较少，融媒体中心接收了原网络公司和川剧院的划转人员，大多是从事川剧表演和网络线路维护人员，对新闻业务方面并不精通 |

编制内外“身份”差距影响员工工作积极性。作为事业单位的区（县）融媒体中心，从业人员以不同的方式进入岗位的时候，就十分明确不同编

制“身份”将会享受不同的福利待遇，还有职业发展等方面的差距。

首先是编制内外人员的晋升机会的差距。相对于编制内的人员来说，临聘人员受到“非编身份”的限制，想要被提拔晋升往往存在许多无形的条件和“天花板”，而临聘人员又大部分是在一线的采编岗位，工作任务和压力较其他部门更重，这种工作付出多而待遇跟不上、发展前景堪忧的情形，难免会影响工作积极性，影响融媒体中心的发展。一般而言，许多区（县）融媒体中心的中层干部都由领导考核选定，编制内人员占有一定的优势，对于没有享受编制待遇但是能力突出的人而言，难免会出现消极情绪、消极怠工或者另谋出路等情况。在这次调研中，我们也发现有些区（县）融媒体中心充分考虑了编制外人员的情况，尽量给他们提供好的展示平台。例如奉节县融媒体中心成立后，实行中层干部竞聘制度，打破编制内外的界限，有能力有想法的人都可以报名竞选中层干部，最终由中心内所有的工作人员投票选出。通过这种方式，奉节县融媒体中心选出了一批有能力、有干劲、让基层人员满意的干部。通过对奉节县融媒体中心领导和工作人员的采访也了解到，中层干部中有40%都是非在编的一线骨干人员，有效地留住了骨干人才，并且让编制外人员获得归属感。

其次，编制内外“身份”差异也带来薪酬福利待遇的差距。编制内的正式员工一般由财政保障人头经费，享有财政统一发放的固定工资和绩效奖金等，这部分人员的工资是固定且有保障的，但是编制外的聘用人员工资一般由单位自筹，有的地区政府虽适量发放一些人头经费但普遍不多，所以这部分人员的基本工资较低。临聘人员一般都安排到最缺人手的一线采编岗位，经过一段时间的历练往往成为中心的骨干人员，但是工资与其付出的劳动成本往往不成正比，容易造成人员心理落差大。各区（县）融媒体中心针对这个问题，也在不断地寻找解决办法，比较有效的方式有以下几种：一是部分区（县）融媒体中心将临聘人员全部归到所设立的传媒公司里，公司通过营收来负担这部分人的工资，基本能够做到多劳多得，但是公司的创收压力较大，且并非每个区（县）都设立了传媒公司，也不是所有区（县）融媒体中心都能有较好的创收收益，因此这种模式很难大规模推广；二是一些区（县）融媒体中心抽出在编人员部分绩效，再由融媒体中心抽出部分资金，将编制内外人员放在一起进行考核，对这些奖金进行多劳多得的二次分配，以起到激励员工的作用。

造成上述状况的主要原因在于人才考核、激励机制不健全。虽然重庆市各区（县）融媒体中心基本已经初步整合，但是很多单位都存在融合后员工活力不足，中心发展乏力的困境。人才队伍"一潭死水"的情况，究其原因还是缺乏科学有效的考核、激励机制。

建立完善的考核机制目的是能够保障日常工作的顺利开展，根据不同的岗位制定不同的考核任务和分配标准，要让编制内人员走出"编制舒适圈"，不养"闲人"，同时更是为了提高编制外人员的工作积极性，在最大程度上做到"多劳多得""同工同酬"，以此来推动融媒体中心的发展。而建立有效的激励机制是为了充分激发员工的潜力，融媒体中心与区（县）其他事业单位有别，媒体从业人员需要不断地学习、提升和产出，只有当融媒体中心的员工个人水平不断提升，才能使融媒体中心的产出的内容更加高质量，并且融媒体中心的工作与当地政府部门的宣传工作也挂钩，如果只是不断要求员工发稿，而不出台相应的激励机制、发放奖金补贴，则会严重打消他们的工作激情。

由于当地政府政策的限制，有些区（县）融媒体中心对于员工的奖励资金只能自筹，加重了尚在起步阶段的融媒体中心的压力，更有一些区（县）融媒体中心基于政策原因"有钱也不敢发"，这都是不能充分激发员工活力的重要原因。

## 四、学历层次偏低，人员结构待优化

对于区（县）融媒体中心来说，地理位置比较偏远并且所处地区经济发展较为一般，导致人才引进十分困难。地理位置的偏远意味着发展平台有限，专业对口的高校毕业生或者经验较为丰富的传媒从业人员更多地流向经济发达的大城市，区（县）融媒体中心给出的工资待遇不足以让优秀人才忽视地理位置的差距。各区（县）的环境劣势，导致融媒体中心难以吸引到优质的人才，不少融媒体中心只能降低人员聘用的标准或者着眼于本地户籍的优秀人才，其选择面较为狭窄，难以打造高质量的人才队伍。通过走访调研我们了解到，不同区（县）受地理位置、经济实力以及思想观念等方面因素影响，人员结构差异较大，特别是在从业人员的学历水平、年龄结构等方面存在较大差距。区位优势、硬件设施、人才待遇较好的各区（县）融媒体中心人才学历结构明显较好。例如，巴南区融媒体中心所有在岗人员本科及以上学历 101 人，占比 78%左右；九龙坡区融媒体中心现在编人员 37 人，本科及以上学历 35 人，占比 95%左右；北碚区融媒体中心在编人员本科率在 72%左右。一些较为偏远、待遇吸引力不足的区（县）融媒体中心，其从业人员的整体学历水平急需提高，例如城口县融媒体中心现实际在岗 61 人，其从业人员中全日制教育学历本科及以下有 43 人，本科学历人员占比不足 30%。奉节县融媒体中心在岗员工中，本科及以上学历有 50 人，占比仅 47%左右，另有专科学历 37 人，高中学历 15 人，初中学历 3 人，通过访谈得知，其学历结构不佳的主要原因有两点：一是现有员工中有很大一部分是原电视台的技术人员，年龄较大，学历层次不高；二是融媒体中心对新招聘人员的学历要求不高。许多区（县）融媒体中心在招聘人才时已经限制最低本科学历，而奉节县融媒体中心招聘时要求学历专科以上即可。这与融媒体中心领导的理念有关，他们更加看中个人的实际能力与素质，而不以学历衡量。

调研发现，由于受到地理因素、经济因素、历史遗留问题和政策因素等方面的影响，重庆市各区（县）融媒体中心从业人员年龄结构也有较大差异，部分区（县）融媒体中心存在在编人员年龄结构普遍老化、人才队伍层级梯队结构不合理等问题。

首先是在编人员老化严重，比较突出的有合川、南川、巫山等区（县）。例如，合川区融媒体中心在编人员结构老化非常严重，45 岁以上的人员占总在编人员的 85%左右。出现这种情况的原因是，各区（县）融媒体中心的编制名额多是根据原电视台和报社的编制名额核定，在编人员多由这两家单位的人员组成，这批人工作时间长、年龄普遍偏大，占用了编制指标，而融媒体中心成立后受编制数量限制，无法吸纳年轻人员进入编制内。在编人员年龄结构老化，而人员的老化又将会直接导致融媒体中心的生产力、活力不足等问题的出现。也有一些区（县）人员结构比较合理，例如九龙坡区融媒体中心，其 80 后在编人员有 20 人，占总在编人员的 54%左右。

其次是人才队伍层级梯队年龄结构不合理，中层干部年龄普遍较大。

例如永川区融媒体中心二级班子老龄化严重，导致其后续发展乏力。融媒体中心成立后，几乎所有从业人员都在转型，需要抛弃固有的工作模式和习惯，从思想到工作都在进行“大改革”。对于年龄较大的中层干部来说，由于年纪大、工作年限长，传统的新闻理念和新闻生产模式已经根深蒂固，在转型时比年轻人更困难，因此在后续的工作指导、人员管理时比较乏力。

上述人才队伍的年龄老化、层级梯队年龄不合理会在某些程度上影响融媒体中心的转型发展。从业人员受固有的新闻生产观念、工作模式和习惯的影响，短期内很难适应新媒体的工作方式，限制影响各类新闻内容生产的发展和影响力的发挥，进而影响各传播平台之间的交互和信息互融互通。由于地方政府对人才队伍的重视程度和资源分配更多地取决于当地政府对于融媒体中心的重视程度，区（县）融媒体中心的人才队伍在建设时还存在较大不均衡性和一定的盲目性。

## 五、引进与需求不匹配，人才流失严重

除部分区（县）对研究生学历的人员可以采取“考核招聘”方式招入外，大部分融媒体中心的人员均是通过公招考试引进。公招考试属于“统考”，由本地政府组织考试，融媒体中心的参与度较低。这种“统考”方式带来两个问题，一个是考入人员的专业技能不足，另一个是本单位编外人才通过考试“入编”更困难。

首先是考进人员的专业技能不足，目前的“公招”考试科目是一些比较基础、简单的理论性问题，没有对个人专业技能的考核，因此，通过考试进入的有很大部分是笔试能力强、但实干能力不足的人员。而对区（县）融媒体中心来说，最紧缺的是具备较好素养的、专业技能较为成熟的人才，这种人员能够立即融入融媒体中心的日常工作中，进而缓解融媒体中心人才不足的压力。面对这种局面，一些区（县）融媒体中心也在与政府沟通，尽量挑选一些能够满足融媒体中心需求的人才。例如，巴南区融媒体中心就通过严格限制报考要求的方式来挑选自己所需人才。2019年公招时中心需要一名较为专业的航拍技术人员，于是在报名条件里限制报考人员必须具备航拍资格证。据其相关负责人介绍，虽然最后该岗位没有招到合适的

人才，但是这种条件限制可以在没有合适人才时保留住编制岗位，为之后的人才引进留出空间。

其次是本单位编外人才“入编”困难。很多区（县）融媒体中心由于一线采编岗位的压力大,通常会招聘一些编外人员来保证日常工作的展开。这些人员，通过在具体岗位上的实践操作，逐步积攒工作经验并且个人能力有很大提升，很多人成了区（县）融媒体中心的一线骨干。然而这部分比较成熟的人才想要进入区（县）融媒体中心的编制岗位却比较困难，很多人不仅理论知识比较欠缺，也没有时间去复习应试，并且在考试时难以胜过刚毕业的应届大学生。面对这一情况，綦江区融媒体中心积极探索寻求合适的解决办法，他们跟政府相关部门进行协商，首先是公招考试的题目由区（县）融媒体中心自行负责，就可以设置专业性较强的考试题目；同时要求报名人员需要有自己的“署名作品或者项目”。在綦江区融媒体中心内部，不论是实习人员还是正式员工，单位都会要求他们大量创作作品并且署名，这种方式在一定程度上能够帮助该单位有能力编外人员进入编制。表 2-8 是调研组走访中整理的部分区（县）招聘人才与融媒体中心人才需求不匹配的具体情况。

**表 2-8　部分区（县）招聘人才与融媒体中心需求不匹配的情况**

| 区（县） | 具体情况 |
|---|---|
| 铜梁 | 公招进入的人才与所需人才不匹配 |
| 梁平 | 期待打破传统用人观念，实行在编在岗、公司招聘、劳务派遣三种形式互补的用人机制。打通人才晋升渠道，建立“能上能下、能进能出”人员管理办法，确保内容生产、技术开发、播音主持、经营管理等专业人才引得来、留得住、发展得好。在研究生的考核上，无笔试，只面试。融媒体中心对学历和专业无太高要求和门槛，本科就能进，更注重操作能力、解决问题的能力以及有想法的人才。在采编、运营、包装、策划等方面有所长 |
| 忠县 | 人社局发布通知统一招人，招人机制不合理。人才引进自主权少，归人社部门管 |
| 渝北 | 人员的引进和招聘手续都较为复杂 |
| 巫溪 | 区（县）融媒体中心之间政策、经济情况差异大，对人才引进很不利 |
| 垫江 | 特殊人才招聘边界难突破。专业能力和考试能力相左。融媒体中心不能完全指导，只能决定想招什么人，而不能决定出什么题 |
| 大足 | 现在的考试制度较死板，需要的人才考不进来，考进来的人又不顺手。对员工招聘没有专业对口的硬性要求 |
| 南川 | 编外人员，都是一线记者和编辑，现在事业单位逢进必考，编外人员实际操作能力强，真正让他们参加考试不一定考得进来 |

续表

| 区（县） | 具体情况 |
| --- | --- |
| 荣昌 | 招聘上缺少自主权，所需人员与事业编考试进入的人员存在差异，现在的考试制度较死板，需要的人才考不进来，考进来的人又不顺手 |
| 永川 | 通过事业单位统一社招上来的人员，往往是专业符合，没经验，不能立即投入使用，还要投钱、投精力去培养。融媒体中心本想通过事业单位考试逐渐将这些编制外职工纳入编制内管理，但这些职工要么是学历不符、专业不符，要么是超龄，而且工作能力特别强的职工笔试考不过社会生 |
| 巴南 | 考试进入的人才与融媒体中心所需要的人才不匹配，考核时专业知识只有30%左右，对于新闻领域来说，考进来的人与工作匹配度不高 |

人才流失严重。重庆市各区（县）融媒体中心较为普遍地存在人才流失情况，即使发展较好的主城区融媒体中心也都面临着人才困境，更遑论地处偏僻的少数民族自治县了。各区（县）流动性较大的人员主要为采编一线人员。文字功底较好的编制内的采编人员经常会被宣传部门等单位通过选调或借用的形式将其调走，而编制外的采编人员，为了获得身份的保障，会采取考取公务员或有编制的事业单位的形式，获得自身的长远发展。调研过程中，合川区融媒体中心相关负责人曾谈到，该中心曾有1名记者和1名报纸编辑两个年轻中坚力量，宁愿去街道当一名社区干部，也不愿没有编制待在媒体。[①]各区（县）融媒体中心培养的人才很容易流失到其他政府机构，中心却因无力留住人才而陷入尴尬境地。流失比较大的另外一类人才为网络技术人员，事业单位体制内的薪酬与互联网公司的薪酬差距过大，导致网络技术人员进入融媒体中心后，往往坚持不到一个月就辞职。多名区（县）融媒体中心主任表明，区（县）融媒体中心平台影响力小，工作环境与薪酬满足不了年轻人的需求，导致年轻专业的新媒体技术人才引不进、留不住，新媒体平台运营效果差。

造成上述状况的主要原因有两个：

一是人才引进机制不科学。“唯才是用”还是停留在口头上的一句话。

① 调研组在合川区融媒体中心座谈时，中心副主任尹红梅介绍人员结构：“我们队伍结构老化，现在有82名员工，原来是87人，在编人才被调走5个，非在编也流失一部分，企业人员也辞职3个，工资少，工作辛苦，优秀人才留不住。单位中一名跟随区委书记的记者，一名报纸一版的编辑，两个年轻的中坚力量，宁愿去街道当一名社区干部，也不愿没有编制待在媒体。”座谈地点：合川区融媒体中心会议室，2020年7月16日。

调研过程中发现，区（县）融媒体中心存在优秀的人才招不来，招来的人才不能用的窘境，原因是区（县）融媒体中心属于事业单位，事业单位招聘人员需要“凡进必考”，且有一套完整程序，但这套程序对融媒体中心招聘专业人才来说相对不太适应，有关部门应改良人员选聘机制，取消传统笔试改为上机操作等命题方式，建立健全人才的引入机制。区（县）融媒体中心引进高层次人才较为困难，这就倒逼地方政府出台政策引导媒体单位进一步深化人事制度的改革，以发展吸引人才，以事业激励人才，以编制留住人才。优秀的人才如果不能进入到编制内，其晋升机会十分渺茫。对重点岗位的全能型人才，地方政府应出台相应的人才引进政策，改善专业技术人才的录用机制，解决人才瓶颈问题，把融媒体中心正高级职称对口安排在融媒体重点岗位上，实行专门管理，优先保障核心岗位的职称待遇。

二是缺乏灵活的人才晋升机制。区（县）融媒体中心是党、政府和人民的喉舌，在坚持正确舆论导向的基础上，向广大群众传递正确的声音，这就决定了融媒体中心人员的选拔和晋升是一件非常重要的工作。人才的职务晋升是个人实现自我价值的一个重要体现，能够激发人的工作热情和潜力，对于区（县）融媒体中心来说，也是激励和留住人才的重要途径。相较于公务员来说，事业单位人员可以晋升的机会较少，特别是因为媒体的独特性，工作内容无法转化为政绩，而且由于事业单位体制限制，难以提供相应的市场化薪酬待遇，激励机制不够。既无法提供有吸引力的薪资，又无法提供完善的职业上升通道，尤其对于一线采编人员来说，看不到未来发展方向，优秀人才就很容易为了高薪高就，选择跳槽到新媒体单位。区（县）融媒体中心既要积极协助办理中心人员的专业技术职务职数的审批上报，还要协助举办人才的年度职称评审活动。职称是对专业技术人才评价的重要手段，与学校等事业单位相比，部分区（县）融媒体中心缺乏健全的职称评审机制。临聘人员无论是在职务晋升还是在职称评聘方面都要受到身份限制，无法与在编人员一样评职称晋级，职务晋升时又因身份不符合领导干部提拔任用条件被拒之门外。所以，对于临聘人员来说，很难通过专业能力提升到一定的级别。这对于留住聘用人员来说是非常不利的，所以应对照学校等事业单位，健全融媒体中心的职称评审体制，通过职称渠道，为临聘人员提供一定的上升通道。也可以向国有企业学习，建立双向发展通道，既可以通过行政岗位职级提升的形式发展，同时也可以通过职称的路径提升，最终在工资水平上体现出来。或者实施业务带头人奖励制度，在记者、编辑、播音员、主持人、摄像、制作、数字工程师七大专业技术岗位，评选业务技能和业绩创造突出的业务带头人，激励采编人员创作和传播出更多的精品力作，提升节目质量。

## 六、培养机制尚待完善，人员技能急需提升

人才是核心竞争力，核心人才的培养是重中之重。虽然各个区（县）融媒体中心基本都开展了相应的培训课程，但是由于各地的重视程度不同、培训方式各异以及师资力量悬殊等，培训效果有很大差异，从业人员很难通过内部培训提升自身能力。重庆市每年会组织一些融媒体中心从业人员的培训，但就调研反馈来看，这些培训内容多是理论性知识，真正能用于实际工作的内容较为欠缺。各区（县）融媒体中心由于受到经费紧缺、渠道匮乏及工作任务重等诸种因素影响，建立的日常培训与专题培训相结合的人才培养机制还远未满足实际需求。具体体现在以下几个方面。

首先是培养渠道不畅通。主要体现在部分区（县）融媒体中心缺乏对人才发展的战略规划和有效管理。许多区（县）融媒体中心是事业单位管理方式，受传统新闻单位影响，普遍存在论资排辈现象，青年人才发展受到束缚；在人员使用、岗位管理上，仍停留在过去身份对应的管理体制上，从而造成部分编内人员因是专技身份，受限而不能应聘管理岗位等现象，而编外聘用人员，其身份得不到保障，就算其经验丰富、能力突出，也无法被聘用到管理岗位上。尽管市委宣传部定期组织了各类培训，但一线业务骨干也难以享受相应的培训待遇。

其次是培训方式单一，培训效果不明显。各区（县）融媒体中心往往是通过举办培训班的方式来开展培训，培训班通常周期较短，而培训的学员人数却较多，培训完回到各自单位，也难以检验是否真正掌握了新学的知识，是否将新学的知识用到了工作当中去，培训成效不明显。

再次是培训内容不适合实际需求，大多流于形式主义。部分区（县）融媒体中心人才培训经费捉襟见肘，培训也一直停留在内部交流等低成本、

浅层次水平。现实需求表明，应重点针对媒体融合下突发新闻现场出镜、主题报道策划、新媒体技术、运营、网络技术与应用等领域的专业化技能等方面进行培训，通过一系列专业性、实用性、指导性强的培训，强化新闻理论知识，提高相关新闻采编人员的业务能力水平，并将之运用到今后的新闻实践中。

最后是培训评估机制不完善。应将培训与考核、晋升、评优挂钩，调动职工培训学习的主动性，以便提高职工整体的素质去适应媒体融合发展在采编播发等各个环节的需求，帮助员工转型成为适应媒体融合发展需要的全能型人才。表 2-9 是走访中了解到的部分区（县）人才培养机制不通畅的具体情况。

**表 2-9 人才培养机制不通畅情况表**

| 区（县） | 具体情况 |
| --- | --- |
| 铜梁 | 本单位花大量时间、金钱和资源培养出所需人才后，体制内的待遇没有优势，导致人才大量流失 |
| 合川 | 培训需要资金但是拨款较少。之前向区委反映，培训人员需要 20 万—30 万元，但是财政无法实现 |
| 武隆 | 希望加强与学校之间的合作，员工能到学校去进行专业培训，同时为提高员工专业素质，内部也进行培训，进行经验分享，营造学习氛围 |
| 梁平 | 希望加强与区（县）之间、高校（科研力量）之间的合作 |
| 万州 | 在人才建设上，去高校定向招收，员工组织内部培训 |
| 云阳 | 关于人才的培训，单位会提供一些培训的机会，但是培训的内容比较偏向理论，对实际操作帮助不大 |
| 奉节 | 每年都会组织一线采编人员，参加重庆市组织的培训，但是这些培训的内容多半是偏向理论，对于区（县）融媒体人才来说最需要的新媒体技能的培训却几乎没有 |
| 城口 | 人才培养渠道不畅通，市委宣传部组织培训是理论课，不是实操课 |
| 垫江 | 着力强化对高精尖人才的培训和引进，建立校地合作和定向培训的模式 |
| 南川 | 区（县）媒体工作人员的培训只能在实践中学习，时间紧张、人员紧张 |
| 酉阳 | 培训的内容多属于理论方面的知识，对实际操作方面的培训内容几乎没有。对于目前比较需要的新媒体运营方面的知识培训涉及较少，导致在工作中发现有困难，想提升却没有机会 |

造成上述状况的原因较为复杂，主要原因是人才流动机制不灵活。在人才流动的方面，县级融媒体中心整合后，其人才队伍比较庞大，身份也比较复杂，既有来自一线的采编骨干人员，也有一部分并不能适应新媒体

发展的年龄较大的员工。在现有的人员管理体制下，很难将这些不适应融媒体中心发展的人员合理安排到其他单位，并且这部分人员通常都有“编制”身份，他们的基本工资和福利待遇均有保障，难以撼动，这就导致很大一部分人员占据着融媒体中心的编制岗位，消耗了财政的资金，但在工作上不能做出应有的贡献，进而导致融媒体中心不得不再聘用一些非编人员来保障日常工作的运转，除非地方政府能够出台相应的非专业人才合理“流动”的政策，否则融媒体中心的人才队伍结构很难优化。在之前的调研中，秀山县融媒体中心就在筹备时意识到了这个问题，并在政府的支持下合理“流出”了一批非专业和老龄人员，这种做法比较值得借鉴。

## 第三节　区（县）融媒体中心人才队伍建设的对策与建议

某位县级融媒体中心的领导在调研中曾提到，与市级媒体相比，区（县）融媒体中心人员身处基层，对其考核机制不灵活，成长发展的机会与平台也不能和市属媒体人员相提并论；与其他事业单位相比，如教师和医疗队伍，区（县）融媒体单位事业编制数量又远少于教师和医疗队伍。很多记者的辛苦程度不亚于医生，而医生和教师有相关法律保障，且教师有寒暑假的待遇，这些都是媒体工作人员无法享受到的。和公务员相比，待遇较低，公务员有车补，但是媒体等事业单位是没有的，事业单位的改革迟迟无法兑现。

传统媒体日渐式微，导致从业人员整体收入水平不高，区（县）融媒体中心优秀新闻人才流失相当严重。巫山县自从融媒体中心成立以来，共流失五六名专业人才，垫江县共招聘了 8 名采编人员，7 名离开，只剩 1 名还在中心。甚至还有一个区自 2018 年以来，从新闻中心、电视台流失的记者、编辑和播音主持人累计有 25 人，占比达 20%。特别是一些好的播音主持人，遇到其他行业和机构伸出的“橄榄枝”，便“人往高处走”，这是区（县）融媒体中心在人才和队伍建设方面的一大痛点。区（县）融媒体中心人才队伍困境的突破是一项系统性、综合性的大工程，需要地方政府、媒体、高校共同参与，协同配合。

## 一、地方政府：加快“顶层设计”、落实政策扶持

### （一）政事分开、管办分离

体制机制的改革需要多方力量的支持与配合，首先是地方管理部门要“放权”，真正实现政事分开、管办分离，同时要“赋权”，给予区（县）融媒体中心独立的经营自主权、人事制度管理权和媒体资产管理权。在区（县）融媒体中心的属性设置上，对于较贫困的区（县）融媒体中心可以将其设置为公益一类事业单位，由政府财政全额拨款支持。对于经济发展较好，具备一定实力的区（县）融媒体中心，可以设置为公益二类事业单位，财政进行差额拨款。从调查结果看，32 个区（县）融媒体中心，22 家设置为公益一类事业单位，10 家为公益二类。32 个区（县）的融媒体中心全部归口区（县）委宣传部管理。不管是差额拨款还是全额拨款，政府和宣传部门都应尽量给予区（县）融媒体中心更大的自主管理权，区（县）委宣传部在事业单位的意识形态导向上进行管理，而融媒体中心内部的人员、薪酬、经营制度，可由中心根据自身发展情况自行决定。城口县融媒体中心某一位负责人就提到，每个区（县）的经济等情况发展有所差异，融媒体中心不宜一概而论地按照一种方式发展。云阳县融媒体中心一位负责人提到，在某年招考记者时，连命题内容都无法自己决定，结果导致招不到所需人才。

### （二）打通晋升、评级通道

在人事制度上，必须破除编内和编外人员的身份界限，做到“同岗同责、同工同酬、优劳优酬”，各岗位实行竞聘制，能者先行，避免论资排辈，给核心业务骨干晋升空间，让长期挤占位置又人浮于事的编内中层干部退居二线，让真正有能力、有追求、有素养的年轻业务骨干走到管理岗位上。在调研中，大多数从业人员都表示现行的奖惩制度严重影响了他们的工作、学习积极性。在云阳和万州两地，编外人员也可以评职称，只是尚未正式实施。其余区（县）融媒体中心的晋升通道大都只对编制人员开放，由于编制的限制，不少人工作十几年都还是编外人员。在深度访谈中，有不少编外从业人员谈到，尽管融媒体中心融合后，编制内和编制外的待

遇差别不大，但是一旦有进编机会还是想要冲一冲，因为想寻求归属感。对编内和编外人员进行统一的业务考核，严格执行绩效考核制度，做到公平公正地分配，能让从业人员有更高的积极性，从而更快适应新时代媒体融合发展需要和全媒体人才需求。对于改革难度大、推进受阻等问题，可以采取缓慢过渡的方式，做到“老人老办法，新人新办法”，在两三年之内逐步实现统一标准的考核。

### （三）发展“增量”，强化引进与合作

区（县）融媒体中心“一次采集、多种生成、多元传播、多终端评估”的生产流程，对人才队伍提出了多元化要求，业务上需要实现新闻内容的多种生产和多元发布，经营上需要实现高效管理和拓展，技术上需要实现平台运营与维护。与省市级媒体相比，区（县）融媒体中心在区域环境、经济实力、薪资待遇、平台上升空间等方面存在一定的先天劣势，面对以上困境，区（县）融媒体中心需要进一步通过“引进”与“合作”相结合的方式，多措并举补齐人才短板。

一方面，对于区（县）融媒体中心发展急需的复合型、高层次专业技术人才，应加大引进力度，探索制定引进政策，采取针对性的举措，各区（县）要整体统筹制定政策，出台具有吸引力的人才引进政策。在调研中，四川省隆昌市融媒体中心表示，隆昌市出台“隆昌英才引进工程”政策，举办公开引进急需高端人才活动。政策引进的急需高端人才，除享受所在单位的国家政策规定待遇外，还享受系列政策，包括：①给予工作经费和专项补助；②提供住房便利，即两年内由用人单位提供周转性住房；若提供周转性住房有困难的，合同期内给予每月租金补贴，在隆昌购首套房由市财政给予购房补助等；③工资待遇；④适时提拔重用，即引进人才在工作岗位上表现优秀、德才兼备、实绩突出、群众公认的，纳入隆昌市“新时代治蜀兴川执政骨干递进培养计划”进行培养；同时，可根据工作需要，按照干部管理权限，予以提拔重用；⑤考核入编在当地公有或非公有制企业服务的引进人才，服务期满后，根据工作需要，可优先通过考核招聘进入事业单位；⑥职称评定与聘用优先权，用人单位在同等条件下优先推荐、

聘用引进人才，首次晋聘专业技术岗位，不受单位岗位限制；⑦鼓励自学等等。同时，对一些特殊人才、高端人才、领军人才可进一步制定特殊人才引进的相关政策。另一方面，面对区（县）一级融媒体中心高端技术人才短缺且难以引进问题，对于重要但非“常设岗位”的专业计算机科学技术人才，可与省市级平台或第三方技术公司合作，采用借用、购买服务、服务外包等相结合的方式，弥补技术人才方面的短缺。

## 二、媒体：员工留得住、用得好

### （一）赋权内部培养

从培训形式看，中心要做好需求分析，明确培训目标，着眼于提高职工的素质和能力，如系统性、计划性地开展职工教育，为员工制定职业生涯发展计划，安排适应性培训、外送进修、外送专题学习、自办培训班等。从培训内容看，如开展融媒体中心经营管理专题讲座或记者编辑规范化培训等。通过上述办法，提高专业技术人员学习钻研业务、掌握新技术的自觉性，不断提高中心的整体技术水平。同时，建立学分考核与登记制度，达不到规定学分者，不得晋升高一级技术职称；提倡自学，培养每一位员工终身学习的观念。将重点放在提高竞争能力及优秀人才吸收新知识、新信息上。把外力“培训”引导到内在“学习”上，注重个人内在需要的灵活的学习方式，提高员工解决工作中所面临的实际问题的能力，增强创新和应变能力；做好传帮带工作，加大对中青年职工的培养，认真制订中长期带教计划，严格管理；做好融媒体中心人员规范化培训，并组织实施，帮助中青年骨干做好职业生涯设计。最后，要加强管理，用好人才。制定切实可行的管理制度和考核制度，以制度管人，营造积极向上的良好氛围。坚持把业绩作为衡量人才、使用人才的标准，坚持以业绩论优劣。真正选用能干事业、能打开局面、能挑重担、堪当重任的人，“选将不选兵，选强不选庸”。制定考核要求与标准，按规章制度办事，既不求全责备，又不放任自流，宽严相济，严管善待。创造保护人才的良好环境，正确对待人才的成绩和缺点，提供发挥人才专长的条件，合理设计人才的职业生涯。

### （二）倒逼传统人员的适应与转型

在县级融媒体中心建设过程中，既要着力高精尖人才的引进和合作，又要倒逼传统人员的适应与转型，培育各类急需人才，补齐专业人才短板，实现由单一型人才向多元型、全媒型、专家型人才的转变，为媒体深度融合发展提供人才支撑和智力支持。在推动现有工作人员转型中，需要积极探索建立县级融媒体中心在职人才培养机制，兼顾人员以往不同的工作岗位和专业方向，做好培养设计和课程定制，同时帮助从业人员跳出传统固有的工作模式和习惯。开展常态化、系统性、针对性的县级融媒体中心从业人员业务培训班，通过专业培训，不断强化现有人员的政治素质和业务能力，促使人员树立“全媒型”新闻传播理念，掌握采访、写作、编辑、播音等多元知识与技能，针对不同媒介形态，生产出不同形式的作品。

### （三）增强归属感，减少流动

首先，要增强归属感。一旦有了归属感，人员流动就会减少，从而确保融媒体中心业务工作的顺利开展。要增强归属感，就要打通晋升、评级渠道，编制内外人员凭业绩和能力评职称和晋升，而不是靠身份。其次，是在外部条件上，要创造良好的用人环境。区（县）由于城市综合配套能力弱，在租房、交通等方面存在一些不便利，尤其是在西部的山区，记者、编辑前往所辖的村镇时都极其困难，区（县）融媒体中心可以向当地政府建议，为当地就职的教师、公务员和记者、编辑等专业人才建造人才公寓，并以低于市场价格的优惠租给这些人群。再次，在对人才引进时，重点关注本地户籍的求职者，并给予一定优先权。本地户籍的求职者较为了解当地的风土人情，对城市的认同感和归属感也更强，在一定程度上会降低人员频繁流动的风险。最后，组织本身具备的文化也是影响归属感和认同感的重要因素，应该加强组织文化建设。

## 三、高校：建立校地合作和定向培训模式

根据调查，各区（县）融媒体中心的培训模式普遍都是把员工带出去学习，或请老师进到融媒体中心教学。不少负责人反映，这样的培训形式

更像走马观花，全是理论的东西，实际上他们更需要学习的是实践。

近年来，不少高校与地区间探索出了“校地合作”新模式，即高校与地区间合作，建立学习和研究基地，整合高校、企业、行业协会等多方创新要素和资源，探索全国校地合作引领地方产业发展的新机制、新模式和新路径，双方思想建设共抓、文化共融、信息资源共享，提高自主创新和协同创新能力。地方高等教育发展和地方经济发展水平是相辅相成的，发展地方经济需要高等教育提供强有力的人才和智力支持，地方高等教育的发展也需要以地方经济实力为基础。当今，高校在区域经济发展中的作用越来越大，已从经济发展的边缘走向了中心，与地方企业、单位的相互结合、相互关联、相互促进达到了空前的程度，正在成为促进区域社会发展的“动力源”。在垫江县融媒体中心调研时，负责人专门提到，希望能和重庆师范大学等高校建立校地合作，从而使融媒体中心的骨干进入校园系统学习理论知识，高校也能为融媒体中心定向培养全媒体人才。对高校而言，可以邀请融媒体中心骨干到高校为学生举办讲座，以自身实战经验来帮助学生加强对理论知识的理解，同时，融媒体中心还能为高校学生的实习实践提供良好的平台，在实践过程中，各区（县）融媒体中心将全面客观地向学生展现新闻行业真实情况，引导学生深入基层，及时发现并解决问题，形成真正“接地气”的人才培养新模式。如此双向合作，两相受益。

人才队伍建设是关键。建设县级融媒体中心，在打通党的思想舆论建设与服务县级基层群众的“最后一公里”中肩负着重要的使命，也是政府与人民群众沟通的有效渠道。各区（县）部门应加快落实对县级融媒体中心的政策支持，从资金、技术、人员等方面给予相应的帮助，特别是对县级融媒体运营人才的支持。就各区（县）融媒体中心的人员构成而言，人才是制约区（县）融媒体发展的重要因素。因此，要从人才引进、交流与人才培训、激励两大方面加强区（县）融媒体人才队伍建设。以技术指导、特聘、特邀等多种方式引进并用好各类外部人才。同时要探索人才双向交流，区（县）新媒体平台运营管理人员到市级或省级平台锻炼学习，让上级优秀新媒体人才下沉至区（县）平台。从重庆市内的区（县）融媒体中心人才队伍建设情况看，人才仍是融媒体中心发展较大的难点和痛点，要解决这一问题归根到底还是要回到如何突破体制机制的问题上。

# 第三章

# 区（县）融媒体中心的业务状况

习近平总书记在 2018 年全国宣传思想工作会议上强调：“要扎实抓好县级融媒体中心建设，更好引导群众、服务群众。”[①]中共中央宣传部在 2018 年 9 月的县级融媒体中心建设现场推进会上提出：“努力把县级融媒体中心建成主流舆论阵地、综合服务平台和社区信息枢纽。”[②]围绕县级融媒体中心的目标指向和功能定位，重庆市区（县）融媒体中心创新传播方法，注重内容生产，将内容建设视为自身的生存之基、发展之要，不断提高融媒体中心的传播力、引导力、影响力和公信力。本章通过梳理和总结各区（县）融媒体中心的业务现状、成就，深入分析其业务发展中存在的共性问题，并进一步提出改进的对策与建议。

## 第一节　区（县）融媒体中心的业务现状

### 一、打造新媒体矩阵，拓展第三方平台

本次调研的 32 个重庆区（县）均创办了报纸，但仅《酉阳报》和万州的《三峡都市报》有刊号，且除《三峡都市报》外，其他区（县）报都

---

① 习近平在全国宣传思想工作会议上强调：举旗帜聚民心育新人兴文化展形象 更好完成新形势下宣传思想工作使命任务[EB/OL]. (2018-08-22). http://news.cnr.cn/native/gd/20180822/t20180822_524339333.shtml.

② 县级融媒体中心建设全面启动[N]. 人民日报，2018-09-22（4）.

只有4个版面；拥有广播频率的区（县）有20个，占比62.5%；拥有独立电视频道的区（县）有30个，占比93.8%。

随着新媒体的出现，各区（县）全部建立了微信公众号平台和新闻客户端，建立官方微博的媒体共29家，占比90.6%，建立抖音号的媒体共26家，占比81.3%，构建了“两微一端一抖”的传播格局（图3-1）。其中，微信公众号和客户端成为新媒体矩阵中着重打造的平台，“移动化”“小屏化”是各区（县）的共识。

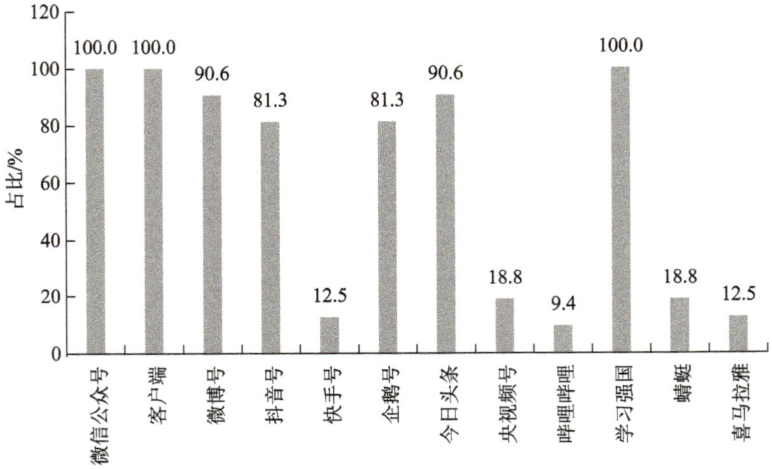


图3-1 各区（县）新媒体平台建设情况

在打造新媒体矩阵的同时，向第三方平台延伸，借力第三方平台进而将自身打造成新型主流媒体。各区（县）融媒体中心不同程度入驻抖音、快手、企鹅号、今日头条、央视频、哔哩哔哩、学习强国、喜马拉雅、蜻蜓等9个第三方平台。其中，梁平、永川、北碚、江津、万州5个区（县）融媒体中心的第三方平台数量最多，为7个；入驻4—6个平台的区（县）融媒体中心数量最多，达19个，分别为大足、彭水、巴南、璧山、奉节、潼南、黔江、渝北、酉阳、荣昌、南岸、铜梁、合川、武隆、忠县、云阳、垫江、南川、綦江（图3-2）。各区（县）新媒体矩阵详情见表3-1。

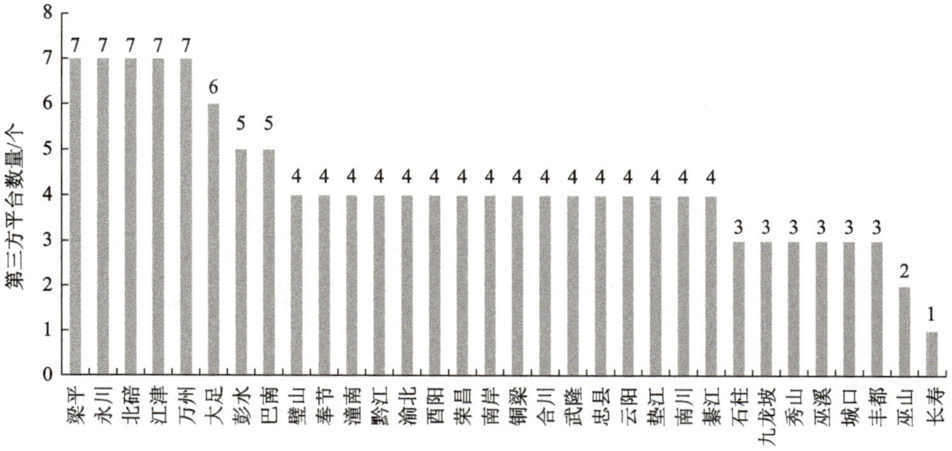


图 3-2 各区（县）入驻第三方平台个数

## 二、内容定位差异化，做强主流舆论阵地

区（县）报纸和广播电视台基本以时政新闻为主，一方面转播市级、中央级新闻内容，另一方面为自制的本地时政资讯。各区（县）融媒体中心的客户端包括新闻发布、政务服务、便民咨询、本地论坛、当地特色活动等主要内容版块，开设特色活动与受众互动是客户端的最大优点，如“看巴南”举办“崛起·巴南城市发展足迹暨万达入渝10年”摄影、视频展。巴南、北碚、江津、云阳、巫溪、垫江、綦江等区（县）对其微信公众号有着明确的定位，或以本地政务发布为中心，或以本地民生新闻为中心。微博成为各区（县）融媒体中心聚焦时事热点的实时推送平台。此外，抖音平台同时被多数区（县）融媒体中心（如万州、铜梁、忠县、江津、綦江等）作为发布突发事件新闻、重大事件的主要阵地，而且较多区（县）融媒体中心借助抖音平台进行脱贫攻坚和“带货”直播，并取得了不错的效果。

### （一）客户端：综合服务平台+对外宣传平台

各区（县）融媒体中心的客户端包括新闻发布、政务服务、便民咨询、本地论坛、当地特色活动等主要内容版块，如武隆印象APP包括新闻、政务、便民、活动、随手拍5个版块。其中，新闻版块包括推荐、旅游、全

**表 3-1　各区（县）新媒体矩阵详情**

| 区（县） | “两微一端”情况 | | | 第三方平台情况 | | | | | | | | | |
|---|---|---|---|---|---|---|---|---|---|---|---|---|---|
| | 微信公众号 | 客户端 | 微博号 | 第三方平台数量/个 | 抖音号 | 快手号 | 企鹅号 | 今日头条 | 央视频号 | 哔哩哔哩 | 学习强国 | 蜻蜓 | 喜马拉雅 |
| 长寿 | 长寿日报 | 人人长寿、长寿手机台、长寿手机报 | 长寿发布 | 1 | 无 | 无 | 无 | 无 | 无 | 无 | 长寿区融媒体中心 | 无 | 无 |
| 巫山 | 巫山发布、巫山网 | 巫山 | 无 | 2 | 无 | 无 | 巫山头条 | 无 | 无 | 无 | 巫山县融媒体中心 | 无 | 无 |
| 石柱 | 聚焦石柱 | 五彩石柱 | 石柱新闻 | 3 | 无 | 无 | 五彩石柱 | 石柱县新闻中心 | 无 | 无 | 石柱县融媒体中心 | 无 | 无 |
| 九龙坡 | 九龙坡新闻 | 美好九龙坡、九龙坡手机台、九龙快报 | 九龙坡政务 | 3 | 无 | 无 | 九龙坡新闻 | 九龙坡发布、九龙坡新闻 | 无 | 无 | 九龙坡区新闻信息中心 | 无 | 无 |
| 秀山 | 秀山网 | 翠翠秀山、秀山手机台、秀山手机报 | 微博秀山 | 3 | 无 | 无 | 秀山电视台、秀山网 | 秀山电视台、秀山县秀山网、秀山发布 | 无 | 无 | 秀山县融媒体中心 | 无 | 无 |
| 巫溪 | 重庆巫溪网、巫溪电视台 | 巫溪 | 巫溪发布 | 3 | 巫溪县融媒体中心 | 无 | 无 | 重庆巫溪 | 无 | 无 | 巫溪县融媒体中心 | 无 | 无 |
| 城口 | 城口发布 | 掌上城口、城口手机报 | 城口发布 | 3 | 无 | 无 | 城口微发布、城口发布 | 城口微发布 | 无 | 无 | 城口县融媒体中心 | 无 | 无 |
| 丰都 | 重庆丰都 | 看丰都 | 重庆丰都 | 3 | 丰都县融媒体中心 | 无 | 无 | 丰都电视台 | 无 | 无 | 丰都县融媒体中心 | 无 | 无 |
| 璧山 | 璧山发布 | 爱璧山（和美璧山） | 无 | 4 | 爱璧山 | 无 | 爱璧山 | 爱璧山 | 无 | 无 | 璧山区融媒体中心 | 无 | 无 |
| 奉节 | 奉节微发布 | 家在奉节 | 无 | 4 | 奉节融媒体中心 | 无 | 奉节微发布 | 奉节笑么哩 | 无 | 无 | 奉节县融媒体中心 | 无 | 无 |
| 潼南 | 潼南发布 | 新潼南 | 潼南发布 | 4 | 潼南融媒体中心 | 无 | 潼南微发布 | 潼南融媒体 | 无 | 无 | 潼南区融媒体中心 | 无 | 无 |

续表

| 区（县） | “两微一端”情况 | | | 第三方平台情况 | | | | | | | | | |
|---|---|---|---|---|---|---|---|---|---|---|---|---|---|
| | 微信公众号 | 客户端 | 微博号 | 第三方平台数量/个 | 抖音号 | 快手号 | 企鹅号 | 今日头条 | 央视频号 | 哔哩哔哩 | 学习强国 | 蜻蜓 | 喜马拉雅 |
| 黔江 | 视听黔江 | 黔江在线、家在黔江 | 黔江发布微博 | 4 | 黔江在线 | 无 | 微黔江 | 美丽黔江 | 无 | 无 | 黔江区融媒体中心 | 无 | 无 |
| 渝北 | 渝北发布、文明渝北 | 渝北掌媒 | 渝北发布 | 4 | 渝北融媒体 | 无 | 渝北发布 | 渝北融媒体、渝北发布 | 无 | 无 | 渝北区融媒体中心 | 无 | 无 |
| 酉阳 | 家乡酉阳、酉名堂、酉阳新闻网 | 酉州城事、酉阳在线 | 酉阳报、微播酉阳 | 4 | 酉阳融媒 | 无 | 酉阳视讯、酉阳报、酉阳新闻网 | 酉阳新闻网、酉阳视讯 | 无 | 无 | 酉阳报社 | 无 | 无 |
| 荣昌 | 荣昌微发布 | 重庆荣昌、CTV 荣昌手机台 | 荣昌发布 | 4 | 荣昌区融媒号 | 无 | 荣昌发布、荣昌广播电视台 | 荣昌微发布 | 无 | 无 | 荣昌区融媒体中心 | 无 | 无 |
| 南岸 | 南岸发布 | 智慧南岸 | 南岸微发布 | 4 | 南岸融媒 | 无 | 无 | 南岸发布 | 南岸融媒 | 无 | 南岸区融媒体中心 | 无 | 无 |
| 铜梁 | 铜梁发布 | 铜梁、CTV 铜梁手机台、铜梁手机报 | 铜梁发布 | 4 | 大美铜梁 | 无 | 重庆市铜梁区广播电视台 | 铜梁发布 | 无 | 无 | 铜梁区融媒体中心 | 无 | 无 |
| 合川 | 今日合川 | 今日合川、合川手机报、合川手机台 | 微观合川 | 4 | 新合川 | 无 | 今日合川 | 今日合川 | 无 | 无 | 合川区融媒体中心 | 无 | 无 |
| 武隆 | 武隆日报、视界武隆、武隆之声 | 武隆印象、武隆手机报、武隆手机台 | 重庆武隆官微 | 4 | 武隆融媒 | 无 | 武隆日报 | 武隆发布 | 无 | 无 | 武隆区融媒体中心 | 无 | 无 |
| 忠县 | 忠州日报、电视台公众号 | 品位忠州、手机报、忠县手机台 | 忠县人民政府新闻办 | 4 | 忠州日报、忠县广播电视台 | 无 | 忠县广播电视台 | 无 | 忠县广播电视台 | 无 | 忠州日报社 | 无 | 无 |
| 云阳 | 云阳微发布、爱云阳 | 智慧云阳 | 重庆云阳微发布 | 4 | 云阳县广播电视台 | 云阳融媒体中心 | 无 | 云阳微发布、云阳手机台 | 无 | 无 | 云阳县融媒体中心 | 无 | 无 |

续表

| 区（县） | “两微一端”情况 | | | 第三方平台情况 | | | | | | | | | | |
|---|---|---|---|---|---|---|---|---|---|---|---|---|---|---|
| | 微信公众号 | 客户端 | 微博号 | 第三方平台数量/个 | 抖音号 | 快手号 | 企鹅号 | 今日头条 | 央视频号 | 哔哩哔哩 | 学习强国 | 蜻蜓 | 喜马拉雅 |
| 垫江 | 垫江发布、垫江日报 | 花漾垫江、垫江手机台 | 垫江发布 | 4 | 垫江融媒 | 无 | 垫江微发布 | 垫江微发布 | 无 | 无 | 垫江县融媒体中心 | 无 | 无 |
| 南川 | 南川发布、南川网 | 今日南川 | 微播南川 | 4 | 南川融媒体 | 无 | 无 | 南川新闻 | 无 | 无 | 南川区融媒体中心 | 重庆南川107 | 无 |
| 綦江 | 綦江微生活、綦江发布 | 大美綦江、綦江手机报 | 綦江微发布 | 4 | 勒是綦江 | 无 | 綦江微发布 | 綦江发布 | 无 | 无 | 綦江区融媒体中心 | 无 | 无 |
| 彭水 | 苗都之声FM87.7 | 苗乡彭水 | 彭水发布 | 5 | 彭水文旅 | 彭水文娱 | 彭水广播电视台 | 彭水政法之声 | 无 | 无 | 彭水县融媒体中心 | 无 | 无 |
| 巴南 | 巴南发布、爱巴南 | 看巴南、巴南手机报、巴南手机台 | 巴南广播电视台、巴南政务 | 5 | 巴南发布 | 无 | 巴南发布 | 巴南微发布 | 无 | 无 | 巴南区融媒体中心 | 重庆巴渝之声 | 无 |
| 大足 | 大足发布 | 掌上大足、大足手机报、大足手机台 | 大足发布 | 6 | 大足融媒体中心 | 无 | 大足微发布 | 大足微发布 | 天下大足 | 无 | 大足区广播电视台 | 大足人民广播电台 | 无 |
| 梁平 | 梁平发布 | 家在梁平 | 微播梁平 | 7 | 梁平发布 | 无 | 梁平日报 | 梁平发布 | 无 | 梁平电视台搬运组 | 梁平区融媒体中心 | 梁平之声 | 梁平之声 |
| 永川 | 永川生活网、永川发布、永川头条、永川党建、永川手机台、永川之声 | 永川头条、CTV 永川手机台 | 永川之声 | 7 | 永川融媒 | 快看永川 | 永川生活网 | 永川微发布、永川广播电视台 | 永川区广播电视台 | 无 | 永川区融媒体中心 | 100.7 重庆永川之声、永川都市广播 | 无 |

续表

| 区（县） | “两微一端”情况 | | | 第三方平台情况 | | | | | | | | | |
|---|---|---|---|---|---|---|---|---|---|---|---|---|---|
| | 微信公众号 | 客户端 | 微博号 | 第三方平台数量/个 | 抖音号 | 快手号 | 企鹅号 | 今日头条 | 央视频号 | 哔哩哔哩 | 学习强国 | 蜻蜓 | 喜马拉雅 |
| 北碚 | 北碚发布、碚抢眼 | 缙享北碚、北碚手机报、北碚手机台 | 北碚发布 | 7 | 北碚发布 | 无 | 北碚发布 | 北碚发布 | 无 | 重庆北碚区融媒体中心 | 北碚区融媒体中心 | 重庆嘉陵之声FM88.7 | 重庆嘉陵之声 |
| 江津 | 江津发布 | 最江津、江津手机报 | 江津区融媒体中心 | 7 | 江津观察 | 无 | 江津网、江津日报、江津发布、江津电视台 | 江津区融媒体中心 | 重庆江津广播电视台 | 江津融媒体中心 | 江津区融媒体中心 | 无 | 重庆江津广播电台 |
| 万州 | 平湖万州、微万州、三峡讯 | 三峡都市报报社客户端、万州手机台 | 重庆日报集团三峡都市报、万州发布 | 7 | 平湖万州、万州印象 | 平湖万州 | 万州区广播电视台 | 平湖万州 | 重庆万州广播电视台 | 无 | 三峡都市报社 | 无 | 万州新闻广播 |

注：该表为2020年9月调研时所获得的数据，因大部分区（县）融媒体中心正在合并组建，名称及数量可能发生变化。

媒体、专题、天下、视听 6 个子栏目；政务包括问政、办事指南、政务热线、公示公告、政策法规 5 个子栏目；便民包括查询缴费、交通出行 2 个子栏目。花漾垫江 APP 拟结合 5G、云计算、大数据等技术对平台进行升级，由大数据局负责技术，融媒体中心负责数据生态、内容建设。各个区（县）融媒体中心对客户端的打造均抱有较高的期待，希望能够更多地借助政策力量、技术支持，将客户端打造成为当地唯一的综合服务平台和对外宣传平台。

除此之外，客户端是各个区（县）融媒体中心开设特色活动与受众互动的主要载体，并借助特色活动达到增加用户黏性、扩大对外宣传的作用，如巴南区融媒体中心以“看巴南”APP 为主要载体，借开展各镇街“醉美是家乡”活动之机，邀请用户为各镇街点赞，让用户活跃起来，与区级部门合作开展各类有奖答题活动，每周开展“老外@Chongqing・体验非遗2019”活动，利用其自媒体资源进行宣传等，让用户与平台更有黏性。在对巴南人文及特色宣传方面，举办“味道巴南”商家投票活动，既推广了巴南特色，也可以为融媒体中心带来盈利。

### （二）微信公众号：政务发布+民生新闻双号同步

调研发现，巫山、巫溪、渝北、酉阳、武隆、忠县、云阳、垫江、南川、綦江、巴南、永川、北碚、万州等区（县）融媒体中心均运营 2 个或以上微信公众号，并明确定位政务号和民生新闻号。政务号主要用于发布政务新闻、党建新闻、政策相关的报道，其文字和语言风格偏严肃；民生新闻号则关注老百姓日常生活、衣食住行，新闻选题更生活化，语言文风比较活泼。其他大多数区（县）融媒体中心存在对自身的微信公众号定位不清晰或者同时运营多个微信公众号等问题。

### （三）微博：聚焦时事热点的实时推送平台

由于微博具有的短、平、快特征，其发送条数不受后台限制，因此大多数媒体均将微博作为一个聚焦时事热点，进行实时推送新闻产品的平台。綦江区制定了微博运营的要求，每天发布涉綦政治、经济、民生等相关新闻，每工作日编发原创新闻不少于 10 条，工作日 12:00 以前发布 5 条，

12:00—18:00 发布 5 条。

### （四）第三方平台：特色新闻产品的宣发地

抖音、快手、今日头条、哔哩哔哩、央视频等第三方平台，更多被作为各区（县）媒体传播矩阵中的一种补充，同时成为特色新闻产品的宣发地。各区（县）媒体根据不同第三方平台的属性和特色，策划符合传播规律的特色活动和新闻产品，如南岸区融媒体中心借助央视频，对 7—8 月重庆朝天门、南滨路一带的长江洪水过境进行慢直播，吸引了大量民众在线观看；忠县广播电视台开通抖音的视频栏目《主播说新闻》，对热点新闻和事件进行点评。

较为特殊的是，抖音平台同时也作为各区（县）媒体发布突发事件新闻、重大事件新闻的主要阵地。较多区（县）媒体在疫情期间更新实时动态，开展脱贫攻坚和“带货”直播。

## 三、内容形态多元化，本土创新优势凸显

结合调研组对各区（县）融媒体中心工作人员的访谈记录及对各区（县）客户端的内容调查，我们发现，32 个区（县）融媒体中心均生产 H5、组图、音频、视频、移动直播等新闻产品，其中綦江区融媒体中心、铜梁区融媒体中心进行了漫画新闻作品的尝试，万州区的三峡都市报社、江津区融媒体中心已尝试生产 VR 新闻作品。整体而言，各区（县）融媒体中心的新闻作品形态以 H5、组图、音频、视频和移动直播为主（图 3-3）。从访谈中得知，H5、视频、移动直播的产品形态兴起，很大程度上是由于 2019—2020 年疫情、脱贫攻坚的传播需要、受众需要，正是大环境的影响，促使 H5、视频、移动直播成为各媒体重点打造的热门产品形态。

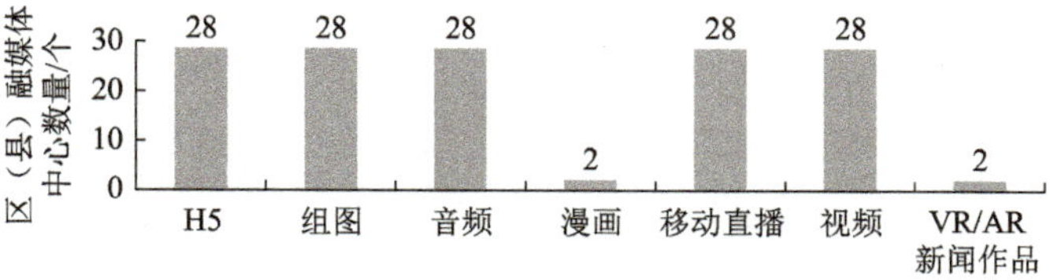


图 3-3　拥有各产品形态的融媒体中心数量统计

根据各区（县）融媒体中心访谈提供的材料，从中整理出影响力范围较大、网友互动数较多或取得一定成效的传播案例（表 3-2），万州区三峡都市报社、合川区融媒体中心、綦江区融媒体中心、南岸区融媒体中心借助新的产品形态，打造出系列爆款或具有创新性的融媒体作品。从爆款案例的产品形态来看，H5 具有分享基因，利于新闻产品的广泛传播和加强受众的互动性；视频制作讲究画面与配音的美感与和谐；直播需要目的性和精良策划；短视频具有短、平、快特征以满足信息的快速更新与传播。

**表 3-2　部分区（县）爆款融媒体产品案例**

| 区（县） | 产品形态 | 案例详情 |
|---|---|---|
| 万州（三峡都市报社） | 视频 | 为迎接 2019 年三峡柑橘国际交易会，三峡都市报社数字新闻中心摄制 MV《三峡红》，其歌词融入万州柑橘及万州美景元素，画面突出三峡柑橘、平湖碧波及更多代表万州的美景，于微万州、三峡讯、看万州 APP、腾讯视频、优酷视频、爱奇艺视频同时上线，优美的歌词旋律，唯美的视觉画面，获得良好传播效果 |
|  | H5 | 在三峡柑橘国际交易会到来之际，三峡都市报社数字新闻中心策划 H5《全球点亮小桔灯》，以万州柑橘承载的本土特色与文化，发起大型“为家乡点亮小桔灯”的接力活动，最终全球点亮 17 个国家，110 多万个小桔灯被点亮 |
| 合川 | H5 | 合川日报微信公众号“今日合川”推出的 H5《文明合川 邀您同行》传播社会主义核心价值观，超过 100 万网友互动推送，荣获重庆区（县）党报新媒体报道创新奖 |
| 綦江 | 直播 | 策划“走向我们的小康生活——晒产业•晒产品•晒幸福账单”系列节目，由值班编委带队，全融媒体中心统一调配力量，组建 10 个直播报道团队，奔赴 21 个街镇蹲点采访，推出直播、深度报道、第一书记代言、群众晒幸福季等“六个一”融媒体产品 16 期 96 个。其中以“书记、镇长直播带货”为宣传亮点：各个镇的书记、镇长与融体中心的主持人一起，组成“一剑宗情”“玉树临峰”“陈峰破浪”“顺风带货”等组合，拼厨艺、拼手势、拼语言，让直播更具吸引力。每周直播 2 场、每次直播 1 小时以上，带着网友感受各镇厚重的人文历史的自然风光、各具特色的农特产品，让全区 25 个贫困村农副产品走出“深闺”，走向市场，依靠“直播力量”让产品变商品、收成变收入。据统计，直播带货工程目前已累计销售农产品 3 000 余万元 |
| 南岸 | 短视频 | 南岸区融媒体中心与科大讯飞合作，推出智能虚拟主播短视频栏目《南岸“战疫”速递》，1 分钟播报南岸区当日最新抗疫新闻，方便市民更快、更便捷地了解抗疫动态。融媒体中心运用全新 AI 虚拟主播技术，演播稿件可及时播报，虚拟主播不用戴口罩、不用化妆，不仅减少媒体人员工作近距离接触，更能迅速完成栏目制作，缩短节目制作时间，此外，短、平、快的 1 分钟短视频栏目形态，方便受众在微信群、网页、抖音号等时下热门平台上转发分享，助力南岸抗疫宣传 |
| 九龙坡 | 视频 | 在走马古镇观花旅游文化节期间，以图文和直播形式全方位呈现走马古镇观花旅游文化节，其中视频《城事‖春风拂面暖，走马观花去！赏花全攻略奉上》，点阅量达 27.8 万次 |

续表

| 区（县） | 产品形态 | 案例详情 |
| --- | --- | --- |
| 北碚 | 短视频 | 《与国同庆 碚感荣光丨微视频第一集〈难以忘却的记忆〉上线啦！》阅读量 316 950 次 |
| 巴南 | 直播 | 区委书记担纲的“双晒”登上微博全国热搜榜，“双晒”曝光量达到 2 亿人次，荣获最佳传播奖 |
| 南川 | 直播 | 晒文旅 8 分钟和 60 秒美景视频，单个播放量上 200 万次 |
| 石柱 | 直播 | 《晒文化 晒风景！重庆区县晒风采，快来为你的家乡点赞！》播放量 250 万+次 |
| 云阳 | 视频 | 2019 年 6 月，四川宜宾地震预警抖音视频，播放过千万次，点赞 27.2 万次 |
|  |  | 12 月 10 日《高清完整版！云阳微电影〈阶梯爱情〉免费看……》，全媒体访问量 65 万+次 |
|  |  | 全年大型主题报道《不变的乡愁 变化的家乡》，搜集云阳 42 个乡镇街道的老照片、老故事，记录新变化，全媒体访问量超 300 万次 |
| 巫山 | H5 | 围绕庆祝中华人民共和国成立 70 周年推出快闪《歌唱祖国》，围绕“书记晒文旅”大型推介活动推出新媒体产品《江山红叶醉 巫山云雨飞》，围绕巫山机场通航推出《刚刚，巫山机场正式通航！重庆 50 分钟飞到巫山！票价仅……》，围绕第十三届中国·重庆长江三峡（巫山）国际红叶节暨第四届巫山神女杯艺术电影周推出《一曲醉巫山，听至夜无眠》《巫山，今夜星光灿烂》等新媒体产品，浏览量 10 万+次 |
| 巫溪 | 直播 | 巫溪 APP 策划“乡村有喜·新春走基层”系列直播，《最古老的赶集地——古路沟》直播点击量 256 898 次 |
|  | H5 | 《车辆意外坠河，救出被困者的三位好心人均已找到！》报道点击量 146 829 次，并被央视、重庆新闻等多家媒体转载 |

从具体内容来看，爆款产品除时效性等特征外，创新与本土化成为两个重要元素。爆款产品主要有三大特征：一是具有明确的主题、完善的策划和网感的文案。綦江区融媒体中心将“脱贫攻坚”与“双晒”相结合，成立直播团队，以綦江各乡镇产业、产品、生活为素材来源，策划具有“综艺感”的直播环节，制造看点，推出当下流行的“谐音梗”主播组合以吸引眼球，探索出一条别具一格的直播带货之路。二是立足本土特色。万州三峡都市报社的《全球点亮小桔灯》H5 作品、《三峡红》视频，以及合川《文明合川 邀您同行》H5 作品，都是立足本土特色，推广本土文化的作品，依托本地受众的共鸣感扩大传播范围，以本土的鲜明特色向更多受众辐射开来。三是把握重大事件，突出新闻作品的可视化与高时效。南岸区融媒体中心的《南岸“战疫”速递》就是利用智能虚拟主播技术，快速进行短

视频新闻生产与发布，即时满足受众对重大事件的关注需求。

本土特色作品在各区（县）获奖作品中表现突出。统计第六届重庆市区县广播电视好新闻奖、第九届重庆市区县报好新闻奖、第二十三届重庆新闻奖等各区（县）融媒体中心的获奖情况（表 3-3），整理如图 3-4 所示。2019 年，调研区（县）融媒体中心中万州区获奖作品数量最多，共 23 件。江津区紧随其后，有 21 件。获奖数量在 10 件以下的区（县）融媒体中心有北碚、彭水、巫山、巫溪、黔江、奉节、秀山。其中，获奖数最多的媒体产品为报纸类，共 212 件；获奖数量最少的为广播类，仅有 17 件；电视类和融媒体类不相上下，分别为 79 件和 82 件。

**表 3-3　部分区（县）融媒体中心获奖新闻作品情况**

| 地区 | 类别 | 赛事 | 奖项 | 获奖作品项目 | 获奖作品 |
|---|---|---|---|---|---|
| 潼南 | 电视 | 第六届重庆市区县广播电视好新闻奖 | 三等奖 | 电视访谈 | 第一书记的第二故乡(上)(下) |
| | 报纸 | 第九届重庆市区县报好新闻奖 | 二等奖 | 报纸文字消息 | “蔬菜公园”怎成“自家菜园”？文明习惯养成须从小事做起 |
| | | | 二等奖 | 通讯与深度报道 | 蒲公英尤良英的一天 |
| | | | 二等奖 | 通讯与深度报道 | “后进村”成了“后劲村” |
| | | | 二等奖 | 新闻版面 | 2019-06-28《潼南报》2—3 版 |
| | | | 三等奖 | 通讯与深度报道 | 傲娇水靴“下岗”记 |
| | 融媒体 | 第九届重庆市区县报好新闻奖 | 三等奖 | 短视频专题 | 龙孟平：时光捕捉者 |
| | | | 三等奖 | 融合创新 | 巴蜀福地　六养潼南 |
| 黔江 | 融媒体 | 第六届重庆市区县广播电视好新闻奖 | 二等奖 | 融合创新 | 全国优秀人民警察张建国走了，用“工作疗法”抗癌 29 年 |
| | 电视 | 第六届重庆市区县广播电视好新闻奖 | 三等奖 | 电视消息 | 和谐号动车“开进”黔江　黔张常铁路有望年底通车 |
| | | | 三等奖 | 电视专题 | 烈士·父亲·儿子 |
| | 广播 | 第六届重庆市区县广播电视好新闻奖 | 三等奖 | 广播专题 | 垃圾怎么分？去了哪儿？ |
| 彭水 | 报纸 | 第九届重庆市区县报好新闻奖 | 一等奖 | 报纸文字消息 | 岩东乡这个贫困村 24 名村民变身果树“专家” |
| | | | 二等奖 | 报纸文字消息 | 送医送药送健康 |
| | | | 二等奖 | 通讯与深度报道 | 你是我的眼，我是你的耳 |

续表

| 地区 | 类别 | 赛事 | 奖项 | 获奖作品项目 | 获奖作品 |
|---|---|---|---|---|---|
| 彭水 | 报纸 | 第九届重庆市区县报好新闻奖 | 二等奖 | 通讯与深度报道 | 党建引领村级集体经济发展系列报道 |
| | | | 三等奖 | 通讯与深度报道 | 四岁男孩不慎滑入江中 |
| | | | 三等奖 | 通讯与深度报道 | 手工木雕师安廷斌 |
| | | | 三等奖 | 新闻版面 | 2019-05-13《彭水日报》2—3 版 |
| | 融媒体 | 第九届重庆市区县报好新闻奖 | 二等奖 | 融合创新 | 彭水，向全世界发出邀请！ |
| | 电视 | 第六届重庆市区县广播电视好新闻奖 | 二等奖 | 电视专题 | 一首歌一座城 • 重庆彭水《娇阿依》 |
| 石柱 | 报纸 | 第九届重庆市区县报好新闻奖 | 一等奖 | 通讯与深度报道 | 沿着总书记视察华溪村的足迹 |
| | | | 一等奖 | 报告文学 | 破石 |
| | | | 三等奖 | 通讯与深度报道 | 12 年坚守：只为山里娃能走出大山 |
| | | | 三等奖 | 通讯与深度报道 | 外来支书的扶贫“三字经” |
| | | | 三等奖 | 通讯与深度报道 | 扶贫路上的“父女兵” |
| | | | 三等奖 | 新闻版面 | 2019-03-26《石柱报》4 版 |
| | 融媒体 | 第九届重庆市区县报好新闻奖 | 三等奖 | 新媒体直播 | 新春走基层系列直播\|山旮旯的新婚宴——老李向贫困 Say goodbye |
| | | | 三等奖 | 新媒体创意互动 | H5｜风情土家 康养石柱 |
| | 电视 | 第六届重庆市区县广播电视好新闻奖 | 一等奖 | 电视消息 | 习近平总书记亲临石柱考察脱贫攻坚工作 |
| | | | 二等奖 | 电视消息 | 回访华溪村“两不愁三保障”突出问题全部解决 |
| 渝北 | 电视 | 第二十三届重庆新闻奖 | 三等奖 | 电视访谈 | 对话新时代——西部航空 |
| | | 第六届重庆市区县广播电视好新闻奖 | 二等奖 | 电视访谈 | 对话新时代——西部航空 |
| | | | 三等奖 | 电视消息 | 新春走基层：动车司机卿太刚的最后一个春运 |
| | 报纸 | 第二十三届重庆新闻奖 | 三等奖 | 报纸文字消息 | 自动驾驶已近在“咫尺”？ |
| | | 第九届重庆市区县报好新闻奖获奖 | 一等奖 | 报纸文字消息 | 自动驾驶已近在“咫尺”？ |
| | | | 二等奖 | 新闻版面 | 2019-03-18《渝北时报》3 版 |
| | | | | 通讯与深度报道 | 壮丽 70 年　奋斗新时代 •礼赞渝北 |

续表

| 地区 | 类别 | 赛事 | 奖项 | 获奖作品项目 | 获奖作品 |
|---|---|---|---|---|---|
| 渝北 | 报纸 | 第九届重庆市区县报好新闻奖获奖 | 二等奖 | 报纸文字消息 | 龙山街道推出社区普惠助餐服务 10 元钱就解决老年人日间“吃饭难” |
| | | | | 通讯与深度报道 | 追寻跨越天堑的那道彩虹 |
| | | | | 报纸文字评论 | 见证荣光，奋斗新时代 |
| | | | 三等奖 | 报纸文字消息 | “娘家”有朵“智慧云” 温暖渝北女性心 渝北区智慧妇联小程序正式上线 |
| | | | | 新闻摄影 | 一记重拳 |
| | 融媒体 | 第六届重庆市区县广播电视好新闻奖 | 二等奖 | 新媒体创意互动 | 感谢您持续 10 天为渝北“双晒”点赞 请接听来自唐川书记的视频电话！ |
| | | 第九届重庆市区县报好新闻奖 | 二等奖 | 融合创新 | “五一”H5 特辑丨一声师父，道不尽的情怀 |
| | | | 三等奖 | 网络新闻专题 | 渝北晒文化·晒风景专题 |
| | | | | 短视频专题 | 打卡渝北网红地 |
| 江津 | 广播 | 第六届重庆市区县广播电视好新闻奖 | 二等奖 | 广播消息 | 插旗山上祖孙三代 一次特别的升旗仪式 |
| | | | 二等奖 | 广播专题 | 插旗山上老丁家的故事 |
| | 电视 | 第六届重庆市区县广播电视好新闻奖 | 一等奖 | 电视访谈 | 努力破解群众看病就医难题 |
| | | | 二等奖 | 电视消息 | 打造内陆开放新高地 构建立体开放新格局 |
| | | | 二等奖 | 电视专题 | “60 后”玩转电商 短视频助力扶贫 |
| | | 第二十三届重庆新闻奖 | 三等奖 | 电视专题 | “60 后”玩转电商 短视频助力扶贫 |
| | 报纸 | 第二十三届重庆新闻奖 | 二等奖 | 通讯与深度报道 | “两弹元勋”从江津启程 |
| | | | 三等奖 | 报纸文字消息 | 常乐村晨雾“卖”火了 |
| | | | 三等奖 | 报纸文字评论 | “作秀式”调研当休矣 |
| | | 第九届重庆市区县报好新闻奖 | 一等奖 | 报纸文字消息 | “江津造”助力中铁装备刷新世界纪录 |
| | | | 一等奖 | 报纸文字消息 | 常乐村晨雾“卖”火了 |
| | | | 一等奖 | 报纸文字评论 | “作秀式”调研当休矣 |
| | | | 一等奖 | 通讯与深度报道 | “两弹元勋”从江津启程 |
| | | | 一等奖 | 报纸新闻专栏 | 走进江津智造 |
| | | | 二等奖 | 报纸文字消息 | 长江几江段首次迎来秋沙鸭 |

续表

| 地区 | 类别 | 赛事 | 奖项 | 获奖作品项目 | 获奖作品 |
|---|---|---|---|---|---|
| 江津 | 报纸 | 第九届重庆市区县报好新闻奖 | 三等奖 | 通讯与深度报道 | 一顶滑翔伞带飞一个贫困村 |
| | | | 三等奖 | 通讯与深度报道 | “背”出来的整洁村庄 |
| | | | 三等奖 | 新闻版面 | 2019-12-30《江津日报》2—3 版 |
| | | | 三等奖 | 新闻摄影 | 全区上下组织观看阅兵仪式 普天同庆　全民振奋 |
| | 融媒体 | 第九届重庆市区县报好新闻奖 | 二等奖 | 新媒体创意互动 | 奔跑吧！江津，打开这张绝美手绘卷，一起追梦 2019！ |
| | | | 三等奖 | 融合创新 | 江津八景之石佛寺重现，千年水月观音惊艳面世 |
| 大足 | 广播 | 第六届重庆市区县广播电视好新闻奖 | 三等奖 | 广播专题 | 走向世界的脚步 |
| | | | 二等奖 | 广播消息 | 袁隆平超级水稻在我区试种成功 |
| | 电视 | 第六届重庆市区县广播电视好新闻奖 | 三等奖 | 电视消息 | 彭柳生：因为热爱　我在大足修石刻 |
| | | | 二等奖 | 电视专题 | 延续 |
| | 报纸 | 第二十三届重庆新闻奖 | 三等奖 | 新闻版面 | 2019-11-11《大足日报》2—3 版 |
| | | 第九届重庆市区县报好新闻奖 | 一等奖 | 新闻版面 | 2019-11-11《大足日报》2—3 版 |
| | | | 二等奖 | 新闻版面 | 2019-11-25《大足日报》2—3 版 |
| | | | 三等奖 | 报纸文字评论 | 让勤勉成为一种习惯 |
| | | | 三等奖 | 通讯与深度报道 | 农家院坝话“小康” |
| | | | 三等奖 | 通讯与深度报道 | 大足石刻申遗二十年 |
| | | | 三等奖 | 新闻摄影 | 年关近 扎龙忙 |
| | | | 三等奖 | 新闻漫画 | 拿起法律武器 向家暴说不！ |
| | 融媒体 | 第六届重庆市区县广播电视好新闻奖 | 三等奖 | 短视频新闻 | 袁隆平超级稻示范田　绘就美丽乡村蓝图 |
| | | | 三等奖 | 融合创新 | 大足黑山羊唱响这个冬至 |
| | | 第九届重庆市区县报好新闻奖 | 一等奖 | 短视频专题 | 人民记忆：70 年 70 城 记住重庆大足 |
| | | | 二等奖 | 新媒体文字消息 | 全球首条锻打刀具智能生产线在大足投产 |
| | | | 三等奖 | 融合创新 | H5丨嘿！小川东道 |
| 南川 | 广播 | 第六届重庆市区县广播电视好新闻奖 | 二等奖 | 广播编排 | 南川 107 早高峰 |

续表

| 地区 | 类别 | 赛事 | 奖项 | 获奖作品项目 | 获奖作品 |
| --- | --- | --- | --- | --- | --- |
| 南川 | 电视 | 第六届重庆市区县广播电视好新闻奖 | 一等奖 | 电视消息 | 银杉守望者 用生命接力换来命脉的延续 |
| | | | 二等奖 | 电视消息 | 苟朝越：村里有个“摄影师” |
| | | | 三等奖 | 电视专题 | 决胜脱贫路 贫困村纪行系列报道 |
| | 报纸 | 第九届重庆市区县报好新闻奖 | 一等奖 | 通讯与深度报道 | 干部下村被“拦截” 村民请吃“豆花饭” |
| | | | 二等奖 | 通讯与深度报道 | 正宇梅花草 以他名字命名的第五种植物 |
| | | | 二等奖 | 新闻版面 | 2019-03-12《南川日报》1版 |
| | | | 二等奖 | 新闻摄影 | 开满鲜花的小路 |
| | | | 三等奖 | 报纸文字消息 | 我区培育1062名“新农民” |
| | | | 三等奖 | 报纸文字评论 | 心中有底才敢“当面” |
| | | | 三等奖 | 新闻版面 | 2019-08-14《南川日报》1版 |
| 铜梁 | 电视 | 第六届重庆市区县广播电视好新闻奖 | 一等奖 | 电视专题 | 龙舞晋京日记 |
| | | 第六届重庆市区县广播电视好新闻奖 | 三等奖 | 电视专题 | 再圆国典梦 |
| | | 第二十三届重庆新闻奖 | 二等奖 | 电视专题 | 龙舞晋京日记 |
| | 报纸 | 第九届重庆市区县报好新闻奖 | 一等奖 | 通讯与深度报道 | 龙舞天安门 |
| | | | 一等奖 | 新闻版面 | 2019-07-31《铜梁日报》2—3版 |
| | | | 一等奖 | 新闻摄影 | 晋京日记 |
| | | | 二等奖 | 通讯与深度报道 | 黄廷炎的龙舞传奇 |
| | | 第二十三届重庆新闻奖 | 三等奖 | 通讯与深度报道 | 龙舞天安门 |
| | | | 三等奖 | 新闻版面 | 2019-07-31《铜梁日报》2—3版 |
| | | | 三等奖 | 新闻摄影 | 晋京日记 |
| | 融媒体 | 第九届重庆市区县报好新闻奖 | 三等奖 | 短视频专题 | 大美铜梁：灵动原乡 |
| | | | 二等奖 | 短视频新闻 | Rap丨快和莹莹一起赞铜梁 |
| | | | 三等奖 | 新媒体创意互动 | H5丨原乡小艾 送福送艾，“小艾”伴你过端午咯！ |
| | | 第六届重庆市区县广播电视好新闻奖 | 二等奖 | 短视频专题 | 我一定要去天安门 |
| | | | 二等奖 | 短视频专题 | 我为二伯领奖 |

续表

| 地区 | 类别 | 赛事 | 奖项 | 获奖作品项目 | 获奖作品 |
|---|---|---|---|---|---|
| 铜梁 | 融媒体 | 第二十三届重庆新闻奖 | 三等奖 | 短视频专题 | 我为二伯领奖 |
| | | | 三等奖 | 短视频专题 | 我一定要去天安门 |
| 荣昌 | 电视 | 第六届重庆市区县广播电视好新闻奖 | 一等奖 | 电视消息 | 大数据引领荣昌生猪产业转型发展 |
| | | | 一等奖 | 新闻论文 | 县级广电如何做好短视频 |
| | | | 三等奖 | 电视消息 | 唐冲村："问题村"的嬗变 |
| | 报纸 | 第九届重庆市区县报好新闻奖 | 二等奖 | 新闻版面 | 2019-05-06《荣昌日报》3 版 |
| | | | 三等奖 | 报纸文字消息 | 把遍访群众任务细化到每天 |
| | | | 三等奖 | 通讯与深度报道 | 荣昌老字号 |
| | | | 三等奖 | 新闻版面 | 2019-05-08《荣昌日报》1 版 |
| | 融媒体 | 第六届重庆市区县广播电视好新闻奖 | 一等奖 | 短视频专题 | 站起来　再出发 |
| | | | 三等奖 | 短视频新闻 | 王显碧：温箱旁的生命守护者 |
| | | | 三等奖 | 融合创新 | 身边荣昌人 |
| | | 第九届重庆市区县报好新闻奖 | 二等奖 | 短视频专题 | 兄弟情深　不离不弃 |
| | | | 三等奖 | 短视频新闻 | 罗银玉：靠自己的双手脱贫致富 |
| 璧山 | 广播 | 第六届重庆市区县广播电视好新闻奖 | 三等奖 | 广播消息 | 轨道交通连通途 |
| | | | 三等奖 | 广播消息 | 张兴文：一生守护一片林 |
| | 报纸 | 第九届重庆市区县报好新闻奖 | 一等奖 | 报纸文字消息 | 国内首台民企自主研发 6AT 变速器实现"璧山造" |
| | | | 一等奖 | 报纸文字评论 | 开管用的会　要重"会"更要重"议" |
| | | | 一等奖 | 新闻版面 | 2019-11-15《璧山报》1 版 |
| | | | 一等奖 | 新闻摄影 | 我们都是新征程上的追梦人 |
| | | | 二等奖 | 报纸文字评论 | 年终考核要轻"痕"重"绩" |
| | | | 二等奖 | 通讯与深度报道 | 国际友人伊莎白　与璧山的世纪情缘 |
| | | | 二等奖 | 新闻摄影 | 垃圾分类新时尚　生态文明璧山靓 |
| | | | 三等奖 | 通讯与深度报道 | 藏在"小事"里的幸福感 |
| | | | 三等奖 | 通讯与深度报道 | 支部党员"动"起来　主题党日"活"起来 |
| | | | 三等奖 | 通讯与深度报道 | "奋进新时代·开启新征程"特别报道 |
| | | | 三等奖 | 新闻摄影 | 一样的除夕　别样的年夜饭 |

续表

| 地区 | 类别 | 赛事 | 奖项 | 获奖作品项目 | 获奖作品 |
| --- | --- | --- | --- | --- | --- |
| 璧山 | 报纸 | 第二十三届重庆新闻奖 | 三等奖 | 报纸文字消息 | 国内首台民企自主研发6AT变速器实现“璧山造” |
| | | | 三等奖 | 报纸文字评论 | 开管用的会 要重“会”更要重“议” |
| | 融媒体 | 第九届重庆市区县报好新闻奖 | 一等奖 | 新媒体创意互动 | 表白祖国母亲 你和祖国一样美 |
| | | | 一等奖 | 融合创新 | 轨道交通1号线“尖璧段”通车啦，快上车去璧山！ |
| | | | 二等奖 | 短视频新闻 | 璧山交巡警扶老人过马路，直行车辆绿灯通过依然等候 |
| 合川 | 广播 | 第六届重庆市区县广播电视好新闻奖 | 二等奖 | 广播访谈 | 荷花香飘扶贫路 |
| | 电视 | 第六届重庆市区县广播电视好新闻奖 | 二等奖 | 电视专题 | 暖山 |
| | | | 三等奖 | 电视消息 | 离世少女捐器官　救助五人脱绝境 |
| | | | 三等奖 | 电视消息 | 老兵蒋诚：深藏功名36载　忠诚一生守初心 |
| | 报纸 | 第九届重庆市区县报好新闻奖 | 一等奖 | 报纸文字评论 | 坚决防止“刷分式”学习 |
| | | | 一等奖 | 通讯与深度报道 | 以爱之名 让生命延续 |
| | | | 二等奖 | 报纸文字评论 | 留“迹”更需留“绩” |
| | | | 三等奖 | 报纸文字消息 | 首家24小时自助借阅城市书房试运行 |
| | | | 三等奖 | 报纸文字消息 | 钓鱼城范家堰南宋衙署遗址成功入选“2018年度全国十大考古新发现” |
| | | | 三等奖 | 通讯与深度报道 | “三变”改革 激活农村“沉睡”资源 |
| | | | 三等奖 | 新闻版面 | 2019-07-11《合川日报》1版 |
| | | | 三等奖 | 新闻摄影 | 南津街街道梁坝村村民采挖莲藕 |
| | | | 三等奖 | 新闻摄影 | 植保无人机助力水稻病虫害防治 |
| | | | 三等奖 | 新闻漫画 | 如此留痕 |
| | 融媒体 | 第六届重庆市区县广播电视好新闻奖 | 一等奖 | 短视频新闻 | 不忘初心！91岁乡村老人竟是一等功臣！ |
| | | | 一等奖 | 新媒体创意互动 | H5丨重走长征路 传承红色心 |
| | | 第九届重庆市区县报好新闻奖 | 一等奖 | 网络新闻专题 | 让绿化改变生态 |

续表

| 地区 | 类别 | 赛事 | 奖项 | 获奖作品项目 | 获奖作品 |
| --- | --- | --- | --- | --- | --- |
| 合川 | 融媒体 | 第二十三届重庆新闻奖 | 二等奖 | 短视频新闻 | 不忘初心！91 岁乡村老人竟是一等功臣！ |
| | | | 三等奖 | 新媒体创意互动 | H5丨重走长征路 传承红色心 |
| 武隆 | 广播 | 第六届重庆市区县广播电视好新闻奖 | 三等奖 | 广播消息 | 一个白血病女孩的心愿 |
| | 电视 | 第六届重庆市区县广播电视好新闻奖 | 二等奖 | 电视消息 | 一个贫困村的 21 份入党申请书 |
| | | | 三等奖 | 电视专题 | 我为家乡代言 |
| | 报纸 | 第九届重庆市区县报好新闻奖 | 二等奖 | 通讯与深度报道 | 上访村“逆袭”记 |
| | | | 二等奖 | 通讯与深度报道 | 兵支书在脱贫攻坚一线 |
| | | | 二等奖 | 新闻版面 | 2019-01-01《武隆日报》6—7 版 |
| | | | 三等奖 | 报纸文字消息 | 江口镇　做好易地扶贫搬迁“后半篇文章” |
| | | | 三等奖 | 报纸文字评论 | 减少文山会海 淬炼实干本领 |
| | | | 三等奖 | 通讯与深度报道 | 火石坝“燃”起星星之火 |
| | 融媒体 | 第六届重庆市区县广播电视好新闻奖 | 三等奖 | 新媒体创意互动 | 武隆电视台火力上线 RAP 版《点赞武隆》！今晚让我们一起走进武隆…… |
| | | 第九届重庆市区县报好新闻奖 | 三等奖 | 新媒体直播 | 喜大普奔！今日，羊角古镇正式开街！世界的武隆又添一网红旅游景点…… |
| | | | 二等奖 | 网络新闻专题 | 武隆“双晒”宣传 |
| 永川 | 电视 | 第六届重庆市区县广播电视好新闻奖 | 二等奖 | 电视消息 | 记者蹲点日记：市级贫困村的新年新气象 |
| | | | 三等奖 | 电视消息 | 黑猩猩模仿饲养员洗衣服　无师自通动作娴熟 |
| | | | 三等奖 | 电视消息 | 凉山扑火英雄唐博英　永川职教好男儿 |
| | | | 三等奖 | 电视评论 | 关于“渣渣”那些事儿 |
| | | | 三等奖 | 电视专题 | 《法治视线》之警察故事系列 |
| | | | 三等奖 | 新闻论文 | “点线面”结合谈电视对农专题节目的服务性 |
| | 报纸 | 第九届重庆市区县报好新闻奖 | 一等奖 | 报纸文字评论 | 城市，更需要“文化湿地” |
| | | | 一等奖 | 通讯与深度报道 | 赋为媒 退休教师结缘袁隆平 |
| | | | 一等奖 | 通讯与深度报道 | 典・礼 |
| | | | 二等奖 | 通讯与深度报道 | 春满大地谁先知 |

续表

| 地区 | 类别 | 赛事 | 奖项 | 获奖作品项目 | 获奖作品 |
|---|---|---|---|---|---|
| 永川 | 报纸 | 第九届重庆市区县报好新闻奖 | 二等奖 | 通讯与深度报道 | “失踪女”千里迢迢回瑶乡 |
| | | | 三等奖 | 报纸文字消息 | “无人机”上岗巡查工地 这个施工现场也智能 |
| | | | 三等奖 | 报纸文字评论 | 一缕“清风”沁京华 |
| | | | 三等奖 | 新闻摄影 | 青竹为纸：从一根竹子到一摞纸 |
| | 融媒体 | 第六届重庆市区县广播电视好新闻奖 | 三等奖 | 新媒体专栏 | 永川视频 |
| | | 第九届重庆市区县报好新闻奖 | 一等奖 | 融合创新 | 永川十二时辰演绎幸福城事 |
| | | | 三等奖 | 新媒体直播 | 主播带你逛智博会永川智造 |
| 秀山 | 报纸 | 第九届重庆市区县报好新闻奖 | 二等奖 | 通讯与深度报道 | 宁可公司亏损 不让茶农折本——良心老板刘国军3年间带动群众增收760万元 |
| | | | 三等奖 | 新闻版面 | 2019-12-11《秀山报》4版 |
| 长寿 | 电视 | 第六届重庆市区县广播电视好新闻奖 | 三等奖 | 电视消息 | 长江实施10年禁捕 渔民开启新生活 |
| | 报纸 | 第九届重庆市区县报好新闻奖 | 一等奖 | 新闻摄影 | 工作不用去远方 长寿就是好地方 |
| | | | 二等奖 | 报纸文字评论 | 让“微自治”发挥大作用 |
| | | | 二等奖 | 通讯与深度报道 | 聚焦长寿首个“感动重庆十大人物” |
| | | | 二等奖 | 文艺评论 | 传承巴渝文脉 歌赞时代风采 |
| | | | 三等奖 | 通讯与深度报道 | 一部手机管了70万只鸡 |
| | | | 三等奖 | 新闻版面 | 2019-11-22《长寿日报》1版 |
| | 融媒体 | 第九届重庆市区县报好新闻奖 | 一等奖 | 融合创新 | H5丨长寿解放70周年70件大事 |
| | | | 三等奖 | 新媒体文字消息 | 红岩村的“明星”见面会 |
| | | | 三等奖 | 短视频新闻 | 渝长高速扩能项目建设取得突破性进展 长梁互通完成首节钢箱梁架设 |
| | | | 三等奖 | 新媒体创意互动 | “光影中的劳动美”随手拍 |
| | | | 三等奖 | 融合创新 | 寒流中，他们托起生命之光 |
| 丰都 | 电视 | 第六届重庆市区县广播电视好新闻奖 | 三等奖 | 电视消息 | 三峡库区生态环境持续改善 近千只红嘴鸥长江丰都畔栖息越冬 |
| | | | 三等奖 | 电视消息 | 三岁女童被卡窗外 空调师傅变身“托举哥”救援 |

续表

| 地区 | 类别 | 赛事 | 奖项 | 获奖作品项目 | 获奖作品 |
|---|---|---|---|---|---|
| 丰都 | 报纸 | 第九届重庆市区县报好新闻奖 | 一等奖 | 报纸文字消息 | 三元镇两百余群众雨夜安全转移 |
| | | | 一等奖 | 通讯与深度报道 | 无私捐献再续他人生命 |
| | | | 二等奖 | 报纸文字消息 | 野猴进城安家 |
| | | | 二等奖 | 报纸文字评论 | 关停无用政务公号　是去产能更是减负 |
| | | | 三等奖 | 报纸文字消息 | 种给村民看　带着村民干 |
| | | | 三等奖 | 报纸文字评论 | 做好“后备箱经济”这篇大文章 |
| | | | 三等奖 | 新闻版面 | 2019-04-26《丰都日报》4 版 |
| | 融媒体 | 第九届重庆市区县报好新闻奖 | 二等奖 | 融合创新 | 赞！这位不向命运低头的丰都娃获评　“新时代重庆好少年” |
| 酉阳 | 电视 | 第六届重庆市区县广播电视好新闻奖 | 二等奖 | 电视消息 | 冉景清：倒在扶贫一线的第一书记 |
| | | | 三等奖 | 电视消息 | 盲人石小菊：用双手创造幸福 |
| | | | 三等奖 | 电视专题 | 川盐济湘 |
| | 报纸 | 第二十三届重庆新闻奖 | 三等奖 | 通讯与深度报道 | 两碑一约护青山 |
| | | 第九届重庆市区县报好新闻奖 | 二等奖 | 报纸文字评论 | 接不通的电话　连不到的民心 |
| | | | 二等奖 | 通讯与深度报道 | 两碑一约护青山 |
| | | | 二等奖 | 报告文学 | 大河口之子 |
| | | | 二等奖 | 新闻摄影 | 贫困村里的“120” |
| | | | 二等奖 | 新闻摄影 | 寨里来了扶贫文化队 |
| | | | 三等奖 | 报纸文字消息 | 贫困户喜迁新居　贴对联谢党恩 |
| | | | 三等奖 | 通讯与深度报道 | 昔日贫困户　变身“包工头” |
| | | | 三等奖 | 通讯与深度报道 | 千里奔波祭英烈 |
| | | | 三等奖 | 特写 | 雨中的鼾声 |
| | | | 三等奖 | 报纸新闻专栏 | 扶贫圈 |
| | 融媒体 | 第二十三届重庆新闻奖 | 三等奖 | 新媒体直播 | 再走长征路\|记者团走进酉阳南腰界革命根据地 |
| | | 第九届重庆市区县报好新闻奖 | 一等奖 | 短视频新闻 | 酉阳县城市民合力营救溺水男童 |
| | | | 一等奖 | 新媒体直播 | 再走长征路\|记者团走进酉阳南腰界革命根据地 |
| 梁平 | 电视 | 第六届重庆市区县广播电视好新闻奖 | 二等奖 | 电视专题 | 龙腾丰年 |
| | | | 三等奖 | 电视专栏 | 乡村振兴在行动 |

续表

| 地区 | 类别 | 赛事 | 奖项 | 获奖作品项目 | 获奖作品 |
|---|---|---|---|---|---|
| 梁平 | 报纸 | 第九届重庆市区县报好新闻奖 | 一等奖 | 新闻摄影 | 田间“稻客” |
| | | | 二等奖 | 报纸文字消息 | 我区首创梁平柚价格指数保险 |
| | | | 二等奖 | 新闻版面 | 2019-10-01《梁平日报》9版 |
| | | | 三等奖 | 报纸文字消息 | 灰雁飞抵梁平越冬 距上次发现已有39年 |
| | | | 三等奖 | 通讯与深度报道 | 竹山镇猎神村焕发“新活力” |
| | | | 三等奖 | 杂文 | 作客梁山驿 |
| | | | 三等奖 | 新闻摄影 | 参差荇菜，从《诗经》里款款来，绽放在美丽的双桂湖 |
| | 融媒体 | 第六届重庆市区县广播电视好新闻奖 | 一等奖 | 短视频专题 | 把一切献给党和人民 |
| | | | 一等奖 | 新媒体直播 | 2019年中国农民丰收节重庆（梁平）庆祝活动 |
| | | 第九届重庆市区县报好新闻奖 | 一等奖 | 短视频新闻 | 英雄远去，精神永存！龙家利，我们接您回家了！ |
| | | | 三等奖 | 新媒体直播 | 第二届长江三峡（梁平）晒秋节开幕式 |
| 巴南 | 广播 | 第六届重庆市区县广播电视好新闻奖 | 二等奖 | 广播消息 | 百姓博物馆：展示群众身边的道德榜样 |
| | 电视 | 第六届重庆市区县广播电视好新闻奖 | 三等奖 | 广播专题 | 国庆说国庆 |
| | | | 三等奖 | 电视消息 | “信用村”里讲信用 信贷助脱贫真幸福 |
| | | | 三等奖 | 电视编排 | 巴南新闻 |
| | 报纸 | 第二十三届重庆新闻奖 | 三等奖 | 通讯与深度报道 | 德法相伴：道是无情却有情——来自重庆市巴南区核心价值融入法治建设生动现场的调查（上、中、下） |
| | | 第九届重庆市区县报好新闻奖 | 一等奖 | 通讯与深度报道 | 德法相伴：道是无情却有情 |
| | | | 一等奖 | 新闻版面 | 2019-04-01《巴南日报》2版 |
| | | | 二等奖 | 通讯与深度报道 | 幸福70年·我们的故事 |
| | | | 二等奖 | 页（界）面设计 | 一场公益行动，一段穿越时空的红色记忆 |
| | | | 三等奖 | 报纸文字消息 | 我区首例拖欠农民工工资法人获刑欠薪70万，被判一年余！ |
| | | | 三等奖 | 报纸文字消息 | 界石镇海棠村村干部曾令强：连续7年自掏腰包给贫困村民发红包 |
| | | | 三等奖 | 通讯与深度报道 | 不！我们是响当当的80后 |

续表

| 地区 | 类别 | 赛事 | 奖项 | 获奖作品项目 | 获奖作品 |
|---|---|---|---|---|---|
| 巴南 | 融媒体 | 第六届重庆市区县广播电视好新闻奖 | 三等奖 | 融合创新 | 巴县籍烈士——彭光“魂归故里　英雄回家”全媒体行动 |
| | | 第九届重庆市区县报好新闻奖 | 二等奖 | 新媒体文字消息 | 龙州湾隧道正式通车！4 座互通立交，将通往这些地方…… |
| | | | 三等奖 | 短视频创新 | 【“五一”特别策划】在劳动中，找到艺术之美 |
| | | | 三等奖 | 融合创新 | 巴小萱周五播报 |
| 忠县 | 电视 | 第二十三届重庆新闻奖 | 三等奖 | 电视访谈 | 退役军人谢彬蓉：彝族山区支教书写美丽人生 |
| | | 第六届重庆市区县广播电视好新闻奖 | 二等奖 | 电视访谈 | 退役军人谢彬蓉：彝族山区支教书写美丽人生 |
| | | | 三等奖 | 电视消息 | 患难夫妻不离不弃　携手奋进脱贫致富 |
| | | | 三等奖 | 电视专题 | 忠州好男儿李科系列报道 |
| | 报纸 | 第九届重庆市区县报好新闻奖 | 二等奖 | 通讯与深度报道 | 走遍“372”——新闻队伍“四力”教育实践在行动蹲点调研系列报道 |
| | | | 二等奖 | 新闻摄影 | 三峡马激情开跑 |
| | | | 三等奖 | 报纸文字消息 | 忠县万余名农村群众享受智慧医疗 |
| | | | 三等奖 | 报纸文字评论 | 忠州好男儿，壮我“忠魂谱” |
| | | | 三等奖 | 通讯与深度报道 | 智慧环卫“扫”出洁净忠州 |
| | | | 三等奖 | 通讯与深度报道 | 忠州好男儿李科 |
| | 融媒体 | 第六届重庆市区县广播电视好新闻奖 | 二等奖 | 短视频新闻 | 相信爱情 |
| | | | 三等奖 | 短视频专题 | 我爱我的家乡 |
| | | 第九届重庆市区县报好新闻奖 | 二等奖 | 融合创新 | 忠州好男儿李科，今天的头条留给你！ |
| | | | 三等奖 | 短视频新闻 | 苦吗？累吗？看看残障人士田平 |
| 万州 | 广播 | 第六届重庆市区县广播电视好新闻奖 | 一等奖 | 广播消息 | 国际陆海贸易新通道万州首发班列启程 |
| | | 第二十三届重庆新闻奖 | 三等奖 | 广播消息 | 国际陆海贸易新通道万州首发班列启程 |
| | 电视 | 第六届重庆市区县广播电视好新闻奖 | 一等奖 | 电视消息 | 一诺四十年：你为国尽忠　我代你尽孝 |
| | | | 一等奖 | 电视专题 | 夏芳的暑假 |
| | | | 一等奖 | 电视编排 | 万州新闻 |
| | | | 二等奖 | 电视消息 | 七曜山上巡线员：风雪中的坚守 |
| | | | 三等奖 | 电视专题 | 万州烤鱼 |

续表

| 地区 | 类别 | 赛事 | 奖项 | 获奖作品项目 | 获奖作品 |
| --- | --- | --- | --- | --- | --- |
| 万州 | 报纸 | 第二十三届重庆新闻奖 | 一等奖 | 新闻摄影 | 踩新桥 |
| | | | 二等奖 | 报纸文字消息 | 支付车费失败　诚信女乘客全城寻的哥　找了近一个月　迟到的 13 元完成支付 |
| | | | 二等奖 | 新闻摄影 | 他们来了，它们来了！ |
| | | | 三等奖 | 报纸文字消息 | 让矿山复绿　为生态“疗伤”　七曜山自然保护区再披“绿衣” |
| | | | 三等奖 | 通讯与深度报道 | AA 制，贫困村里的特殊团年宴 |
| | | | 三等奖 | 通讯与深度报道 | 补植复绿“增量”，修山抚育“提值” |
| | | | 三等奖 | 新闻版面 | 2019-10-29《三峡都市报》4—5 版 |
| | | | 三等奖 | 新闻版面 | 2019-08-17《三峡都市报》4—5 版 |
| | | | 三等奖 | 新闻摄影 | 平湖添新客 |
| | | | 二等奖 | 报纸文字评论 | 别把层层分解责任变成推卸责任 |
| | | | 二等奖 | 通讯与深度报道 | “你为国捐躯　我替你尽孝” |
| | | | 三等奖 | 通讯与深度报道 | 19 年，她就是婆婆的“眼” |
| | | | 三等奖 | 通讯与深度报道 | 魏学柳主动申请退低保“遇阻” |
| | | | 三等奖 | 通讯与深度报道 | 加快建设“产业生态化、生态产业化”先行示范区　万州：“两化”路上风景好 |
| | 融媒体 | 第二十三届重庆新闻奖 | 二等奖 | 短视频专题 | 94 岁党员老妈妈的最后心愿 |
| | | 第六届重庆市区县广播电视好新闻奖 | 二等奖 | 新媒体直播 | 牌楼长江大桥通车 |
| 云阳 | 广播 | 第六届重庆市区县广播电视好新闻奖 | 一等奖 | 广播消息 | 云阳恐龙化石群被认定为新的恐龙动物群　将有望填补世界恐龙演化序列空白 |
| | 电视 | 第六届重庆市区县广播电视好新闻奖 | 二等奖 | 电视消息 | 世界恐龙家族再添新成员　云阳普安发现新鸟臀类恐龙化石新属新种 |
| | | | 三等奖 | 广播编排 | 民生广角 |
| | 报纸 | 第九届重庆市区县报好新闻奖 | 一等奖 | 报纸文字消息 | 500 亩羊肚菌创收 1300 多万元 |
| | | | 一等奖 | 报告文学 | 他们和队友完成了“中国高度” |
| | | | 二等奖 | 通讯与深度报道 | 摆渡人“希妹”图啥？ |

续表

| 地区 | 类别 | 赛事 | 奖项 | 获奖作品项目 | 获奖作品 |
|---|---|---|---|---|---|
| 云阳 | 报纸 | 第九届重庆市区县报好新闻奖 | 三等奖 | 通讯与深度报道 | 八旬老党员向智柱：六十年坚守初心　履行对党的承诺 |
| | | | 三等奖 | 通讯与深度报道 | 一横一竖关于情　一字一句许下诺 |
| | | | 三等奖 | 新闻摄影 | 郑万高铁澎溪河　多线特大桥深水承台浇筑成功 |
| | | 第二十三届重庆新闻奖 | 三等奖 | 报告文学 | 他们和队友完成了“中国高度” |
| | 融媒体 | 第六届重庆市区县广播电视好新闻奖 | 一等奖 | 新媒体专栏 | 百姓问政 |
| | | | 二等奖 | 短视频专题 | 不负青春不负己 |
| | | 第九届重庆市区县报好新闻奖 | 三等奖 | 融合创新 | 帅！云阳小伙担纲礼炮手　为国庆阅兵奏响最强音 |
| 奉节 | 报纸 | 第九届重庆市区县报好新闻奖 | 三等奖 | 报纸文字消息 | 一个村民的“政治”荣誉 |
| | | | 三等奖 | 通讯与深度报道 | 廖良琼身残志坚　用“跛脚”撑起一个家 |
| | 融媒体 | 第六届重庆市区县广播电视好新闻奖 | 三等奖 | 短视频专题 | 生活逗是要有仪式感 |
| 九龙坡 | 广播 | 第二十三届重庆新闻奖 | 三等奖 | 广播专题 | “双　11”调查：快递纸箱回收遇冷　难在哪里 |
| | | 第六届重庆市区县广播电视好新闻奖 | 一等奖 | 广播专题 | “双　11”调查：快递纸箱回收遇冷　难在哪里 |
| | 电视 | 第二十三届重庆新闻奖 | 一等奖 | 电视消息 | 2 岁幼童 6 楼坠落　众人合力用棉被接住 |
| | | | 二等奖 | 电视专题 | 来自“豪车”的“碰瓷” |
| | | 第六届重庆市区县广播电视好新闻奖 | 一等奖 | 电视消息 | 2 岁幼童 6 楼坠落　众人合力用棉被接住 |
| | | | 一等奖 | 电视专题 | 来自“豪车”的“碰瓷” |
| | | | 三等奖 | 电视消息 | 打造智慧城市：巧借“慧眼”问诊城市脉络 |
| | 报纸 | 第二十三届重庆新闻奖 | 三等奖 | 新闻版面 | 2019.05.31《九龙报》1 版 |
| | | | 二等奖 | 新闻摄影 | 志愿者携手铁路小学邀城口学生娃进城过节 |
| | 融媒体 | 第九届重庆市区县报好新闻奖 | 三等奖 | 融合创新 | 九龙坡妹儿侃九龙坡事儿　吆不倒台 |
| 巫山 | 电视 | 第二十三届重庆新闻奖 | 三等奖 | 电视消息 | “愚公”毛相林：团结村民绝壁凿天路　引领群众脱贫奔小康 |

续表

| 地区 | 类别 | 赛事 | 奖项 | 获奖作品项目 | 获奖作品 |
|---|---|---|---|---|---|
| 巫山 | 电视 | 第六届重庆市区县广播电视好新闻奖 | 一等奖 | 电视消息 | “愚公”毛相林：团结村民绝壁凿天路　引领群众脱贫奔小康 |
| 巫山 | 电视 | 第六届重庆市区县广播电视好新闻奖 | 三等奖 | 电视专题 | 摩托车上的女书记 |
| 巫山 | 报纸 | 第九届重庆市区县报好新闻奖 | 二等奖 | 报纸文字消息 | 飞机首降巫山机场，启动飞行校验 |
| 巫山 | 报纸 | 第九届重庆市区县报好新闻奖 | 三等奖 | 通讯与深度报道 | “柚”见村民笑 |
| 巫山 | 报纸 | 第九届重庆市区县报好新闻奖 | 三等奖 | 新闻版面 | 2019-04-17《巫山报》2 版 |
| 巫溪 | 电视 | 第六届重庆市区县广播电视好新闻奖 | 二等奖 | 电视消息 | 走基层：91 个红手印背后的故事 |
| 巫溪 | 电视 | 第六届重庆市区县广播电视好新闻奖 | 三等奖 | 电视专题 | 绝壁凿出幸福路 |
| 巫溪 | 电视 | 第六届重庆市区县广播电视好新闻奖 | 三等奖 | 电视专题 | 车辆意外坠河　路人不畏严寒救人 |
| 巫溪 | 电视 | 第六届重庆市区县广播电视好新闻奖 | 三等奖 | 文字消息 | 车辆意外坠河　救出被困者的三位好心人均已找到！ |
| 北碚 | 电视 | 第六届重庆市区县广播电视好新闻奖 | 三等奖 | 电视消息 | 两分钟生死营救　民警徒手拉回轻生男子 |
| 北碚 | 报纸 | 第二十三届重庆新闻奖 | 三等奖 | 通讯与深度报道 | “生态搬迁，我支持！” |
| 北碚 | 报纸 | 第九届重庆市区县报好新闻奖 | 一等奖 | 通讯与深度报道 | “生态搬迁，我支持！” |
| 北碚 | 报纸 | 第九届重庆市区县报好新闻奖 | 二等奖 | 新闻摄影 | 用爱守护“来自星星的孩子” |
| 北碚 | 报纸 | 第九届重庆市区县报好新闻奖 | 三等奖 | 新闻版面 | 2019-03-19《北碚报》2—3 版 |
| 北碚 | 报纸 | 第九届重庆市区县报好新闻奖 | 三等奖 | 特写 | 乡村振兴花为媒 |
| 北碚 | 报纸 | 第九届重庆市区县报好新闻奖 | 三等奖 | 新闻摄影 | 八桥叠翠嘉陵江 |
| 北碚 | 融媒体 | 第六届重庆市区县广播电视好新闻奖 | 三等奖 | 短视频专题 | 4 分钟 Vlog！北碚正码头广场今日开街　带你提前逛 gai |
| 北碚 | 融媒体 | 第九届重庆市区县报好新闻奖 | 二等奖 | 新媒体文字消息 | 别再去朋友圈“求国旗”啦！北碚已经成了五星红旗的海洋，快来看看 |
| 城口 | 电视 | 第二十三届重庆新闻奖 | 三等奖 | 电视专题 | 城口技艺 |
| 城口 | 电视 | 第六届重庆市区县广播电视好新闻奖 | 一等奖 | 电视专题 | 城口技艺 |
| 城口 | 电视 | 第六届重庆市区县广播电视好新闻奖 | 三等奖 | 电视消息 | 蔡芝兵：自强不息　酿造甜蜜生活 |
| 城口 | 报纸 | 第九届重庆市区县报好新闻奖 | 三等奖 | 报纸文字消息 | 电商站点反哺贫困群众 56 户贫困户获赠农用物资 |
| 城口 | 报纸 | 第九届重庆市区县报好新闻奖 | 三等奖 | 报纸文字评论 | 决胜脱贫摘帽　我们一路同行 |

续表

| 地区 | 类别 | 赛事 | 奖项 | 获奖作品项目 | 获奖作品 |
|---|---|---|---|---|---|
| 城口 | 报纸 | 第九届重庆市区县报好新闻奖 | 三等奖 | 通讯与深度报道 | 脱贫攻坚 决战正酣 |
| | | | 三等奖 | 通讯与深度报道 | “愚人村”变“育人村” 一个村庄的一字之差 |
| | | | 三等奖 | 新闻版面 | 2019-08-20《城口报》4版 |
| | 融媒体 | 第二十三届重庆新闻奖 | 三等奖 | 新媒体文字消息 | 【变迁】看城口沿河如何从悬崖峭壁中“凿”出致富路！ |
| | | 第九届重庆市区县报好新闻奖 | 一等奖 | 新媒体文字消息 | 【变迁】看城口沿河如何从悬崖峭壁中“凿”出致富路！ |
| | | | 三等奖 | 融合创新 | 城口的灰儿坑，给你不一样的感觉，满满的情怀！ |
| 南岸 | 电视 | 第六届重庆市区县广播电视好新闻奖 | 二等奖 | 电视消息 | 建筑工老杨蹦跳着火遍网络 快乐心态感染全国网友 |
| | 报纸 | 第九届重庆市区县报好新闻奖 | 一等奖 | 通讯与深度报道 | 南岸区创新启动“三调合一”调解模式 |
| | | | 一等奖 | 通讯与深度报道 | 忆峥嵘岁月 感今朝繁华 |
| | | | 一等奖 | 新闻版面 | 2019-04-03《南岸报》2—3版 |
| | | | 一等奖 | 页（界）面设计 | 南岸十二时辰 |
| | | | 二等奖 | 新闻版面 | 2019-09-25《南岸报》4版 |
| | | | 三等奖 | 报纸文字消息 | 区医保局创新医保制度工作方式 800余家医保定点服务机构进入区医保局“红白黑”名单 |
| | | | 三等奖 | 通讯与深度报道 | 重庆彩车背后的南岸消防人 |
| | | | 三等奖 | 通讯与深度报道 | 网络生鲜配送“猫腻”多 消费者如何避“坑” |
| | | | 三等奖 | 新闻版面 | 2019-08-28《南岸报》2—3版 |
| | 融媒体 | 第九届重庆市区县报好新闻奖 | 二等奖 | 短视频专题 | 这是我见过最燃的表白！ |
| | | | 二等奖 | 新媒体直播 | 主播带你逛智博，众多“黑科技”南岸造 |
| | | | 三等奖 | 融合创新 | 千亩桃花汉服秀！南岸2019踏青季正式启动 |
| 垫江 | 电视 | 第六届重庆市区县广播电视好新闻奖 | 二等奖 | 电视专题 | 希望 |
| | | | 三等奖 | 电视消息 | 垫江：送教上门 上学路上一个都不能少 |
| | 报纸 | 第九届重庆市区县报好新闻奖 | 一等奖 | 通讯与深度报道 | 车田之变 |
| | | | 二等奖 | 通讯与深度报道 | 一个扶贫医生的“除穷药方” |
| | | | 二等奖 | 新闻摄影 | 扶贫工作队送来“致富经” |

续表

| 地区 | 类别 | 赛事 | 奖项 | 获奖作品项目 | 获奖作品 |
|---|---|---|---|---|---|
| 垫江 | 报纸 | 第九届重庆市区县报好新闻奖 | 二等奖 | 新闻论文 | 融媒体时代区县报“四力”提升思考 |
| | | | 三等奖 | 报纸文字消息 | 扶贫车间建村头 脱贫致富有奔头 |
| | | | 三等奖 | 通讯与深度报道 | 不忘初心念党恩 |
| | | | 三等奖 | 通讯与深度报道 | 在希望的田野上——垫江日报“乡村振兴村村行”大型系列报道 |
| | | | 三等奖 | 新闻版面 | 2019-09-03《垫江日报》4版 |
| | | | 三等奖 | 新闻摄影 | 双重喜庆 |
| | | | 三等奖 | 新闻摄影 | 因地制宜抓产业 脱贫摘帽促增收 |
| | 融媒体 | 第九届重庆市区县报好新闻奖 | 二等奖 | 短视频新闻 | 垫江残嫂照料瘫痪丈夫7年传佳话 |
| 綦江 | 广播 | 第六届重庆市区县广播电视好新闻奖 | 三等奖 | 广播消息 | “三级和议”为“枫桥经验”綦江实践注入新活力 |
| | 电视 | 第六届重庆市区县广播电视好新闻奖 | 二等奖 | 电视消息 | 一件干了八年的小事 |
| | | | 三等奖 | 电视专题 | 陶彦言：我有四十多位爷爷奶奶 |
| | | | 三等奖 | 电视访谈 | 王显强：母亲就是我的“全世界” |
| | 报纸 | 第九届重庆市区县报好新闻奖 | 一等奖 | 新闻版面 | 2019-07-04《綦江日报》1版 |
| | | | 二等奖 | 报纸新闻专栏 | 学成说文 |
| | | | 二等奖 | 新闻摄影 | 一位农村小伙儿的扶贫甜蜜经 |
| | | | 二等奖 | 新闻摄影 | 一只手一支笔一份信念——独臂教师坚守山村小学十五年 |
| | 融媒体 | 第六届重庆市区县广播电视好新闻奖 | 二等奖 | 融合创新 | 好热闹！今天，綦江好多人都涌向这里！发生了什么…… |
| | | 第九届重庆市区县报好新闻奖 | 二等奖 | 新媒体创意互动 | 互动H5 丨穿梭时光隧道 一“綦”经历70年 |

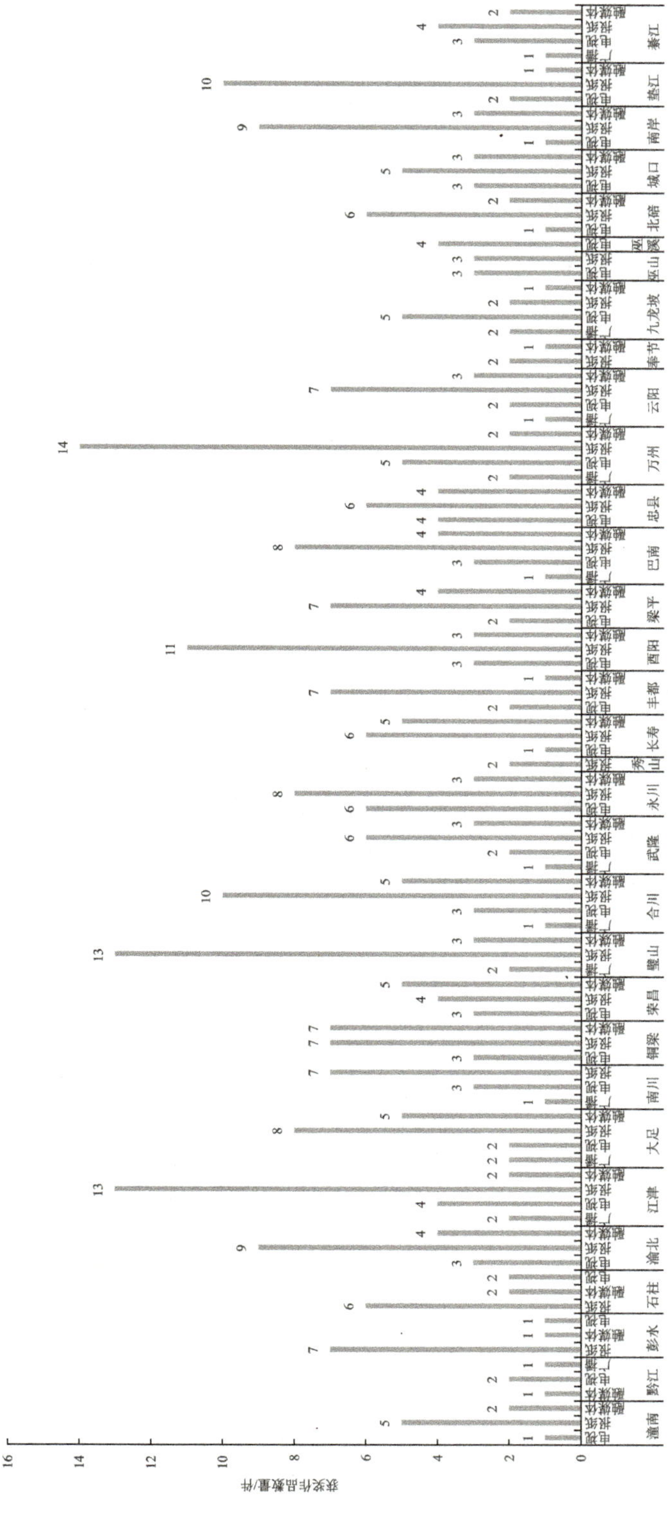


图3-4　2019年区（县）融媒体中心获奖情况

以 2019 年获奖作品为例，在获奖作品 10 部及以上的 24 个区（县）融媒体中心中，每个区（县）融媒体中心均有本土特色作品（表 3-4）。

**表 3-4　部分区（县）获奖本土特色作品**

| 区（县） | 获奖数量 | 特色作品数量 | 本土特色作品详情 |
| --- | --- | --- | --- |
| 万州 | 23 | 5 | 《国际陆海贸易新通道万州首发班列启程》《万州烤鱼》《加快建设“产业生态化、生态产业化”先行示范区　万州：“两化”路上风景好》《牌楼长江大桥通车》《让矿山复绿　为生态“疗伤”　七曜山自然保护区再披“绿衣”》 |
| 江津 | 21 | 6 | 《“两弹元勋”从江津启程》《常乐村晨雾“卖”火了》《“江津造”助力中铁装备刷新世界纪录》《奔跑吧！江津，打开这张绝美手绘卷，一起追梦 2019！》《江津八景之石佛寺重现，千年水月观音惊艳面世》《走进江津智造》 |
| 合川 | 19 | 2 | 《首家 24 小时自助借阅城市书房试运行》《钓鱼城范家堰南宋衙署遗址成功入选“2018 年度全国十大考古新发现”》 |
| 璧山 | 18 | 4 | 《轨道交通连通途》《国内首台民企自主研发 6AT 变速器实现“璧山造”》《垃圾分类新时尚 生态文明璧山靓》《轨道交通 1 号线“尖璧段”通车啦，快上车去璧山！》 |
| 大足 | 17 | 6 | 《彭柳生：因为热爱 我在大足修石刻》《人民记忆：70 年 70 城 记住重庆大足》《全球首条锻打刀具智能生产线在大足投产》《大足石刻申遗二十年》《大足黑山羊唱响这个冬至》《H5丨嘿！小川东道》 |
| 铜梁 | 17 | 10 | 《龙舞晋京日记》《再圆国典梦》《龙舞天安门》《晋京日记》《黄廷炎的龙舞传奇》《Rap丨快和莹莹一起赞铜梁》《大美铜梁：灵动原乡》《我一定要去天安门》《我为二伯领奖》《H5丨原乡小艾 送福送艾，“小艾”伴你过端午咯！》 |
| 永川 | 17 | 3 | 《记者蹲点日记：市级贫困村的新年新气象》《永川十二时辰演绎幸福城事》《主播带你逛智博会永川智造》 |
| 酉阳 | 17 | 3 | 《川盐济湘》《两碑一约护青山》《再走长征路\|记者团走进酉阳南腰界革命根据地》 |
| 渝北 | 16 | 7 | 《对话新时代——西部航空》《壮丽 70 年　奋斗新时代·礼赞渝北》《龙山街道推出社区普惠助餐服务 10 元钱就解决老年人日间“吃饭难”》《“娘家”有朵“智慧云”　温暖渝北女性心 渝北区智慧妇联小程序正式上线》《感谢您持续 10 天为渝北“双晒”点赞 请接听来自唐川书记的视频电话！》《渝北晒文化·晒风景专题》《打卡渝北网红地》 |
| 巴南 | 16 | 2 | 《巴县籍烈士——彭光“魂归故里　英雄回家”全媒体行动》《龙洲湾隧道正式通车！4 座互通立交，将通往这些地方……》 |
| 忠县 | 14 | 4 | 《三峡马激情开跑》《忠县万余名农村群众享受智慧医疗》《忠州好男儿，壮我“忠魂谱”》《智慧环卫“扫”出洁净忠州》 |
| 梁平 | 13 | 8 | 《我区首创梁平柚价格指数保险》《灰雁飞抵梁平越冬 距上次发现已有 39 年》《竹山镇猎神村焕发“新活力”》《作客梁山驿》《参差荇菜，从〈诗经〉里款款来，绽放在美丽的双桂湖》《2019 年中国农民丰收节重庆（梁平）庆祝活动》《英雄远去，精神永存！龙家利，我们接您回家了！》《第二届长江三峡（梁平）晒秋节开幕式》 |

续表

| 区（县） | 获奖数量 | 特色作品数量 | 本土特色作品详情 |
|---|---|---|---|
| 云阳 | 13 | 3 | 《云阳恐龙化石群被认定为新的恐龙动物群　将有望填补世界恐龙演化序列空白》《世界恐龙家族再添新成员 云阳普安发现新鸟臀类恐龙化石新属新种》《郑万高铁澎溪河 多线特大桥深水承台浇筑成功》 |
| 南岸 | 13 | 4 | 《南岸区创新启动“三调合一”调解模式》《南岸十二时辰》《主播带你逛智博，众多“黑科技”南岸造》《千亩桃花汉服秀！南岸 2019 踏青季正式启动》 |
| 垫江 | 13 | 1 | 《垫江：送教上门 上学路上一个都不能少》 |
| 荣昌 | 12 | 3 | 《大数据引领荣昌生猪产业转型发展》《荣昌老字号》《身边荣昌人》 |
| 武隆 | 12 | 5 | 《我为家乡代言》《武隆“双晒”宣传》《江口镇　做好易地扶贫搬迁“后半篇文章”》《喜大普奔！今日，羊角古镇正式开街！世界的武隆又添一网红旅游景点……》《武隆电视台火力上线 RAP 版〈点赞武隆〉！今晚让我们一起走进武隆……》 |
| 长寿 | 12 | 4 | 《工作不用去远方 长寿就是好地方》《聚焦长寿首个“感动重庆十大人物”》《H5丨长寿解放 70 周年 70 件大事》《渝长高速扩能项目建设取得突破性进展 长梁互通完成首节钢箱梁架设》 |
| 南川 | 11 | 2 | 《我区培育 1062 名“新农民”》《银杉守望者 用生命接力换来命脉的延续》 |
| 城口 | 11 | 3 | 《城口技艺》《【变迁】看城口沿河如何从悬崖峭壁中“凿”出致富路！》《城口的灰儿坑，给你不一样的感觉，满满的情怀！》 |
| 丰都 | 10 | 3 | 《三峡库区生态环境持续改善 近千只红嘴鸥长江丰都畔栖息越冬》《赞！这位不向命运低头的丰都娃获评 “新时代重庆好少年”》《三元镇两百余群众雨夜安全转移》 |
| 九龙坡 | 10 | 1 | 《九龙坡妹儿侃九龙坡事儿　吆不倒台》 |
| 綦江 | 10 | 3 | 《“三级和议”为“枫桥经验”綦江实践注入新活力》《好热闹！今天，綦江好多人都涌向这里！发生了什么……》《互动 H5丨穿梭时光隧道　一“綦”经历 70 年》 |
| 石柱 | 10 | 3 | 《新春走基层系列直播\|山旮旯的新婚宴——老李向贫困 Say goodbye》《H5丨风情土家 康养石柱》《12 年坚守：只为山里娃能走出大山》 |

## 四、“中央厨房”建设全面推进，业务流程初步融合

建立“中央厨房”已成各区（县）融媒体中心建设的标准配置。重庆市成立了市级技术平台重庆广大融媒科技有限公司，由重庆日报报业集团

和重庆广播电视集团（总台）联合组建，负责区（县）融媒体中心“中央厨房”建设。截至 2020 年 9 月初，调研区（县）融媒体中心中，15 个区（县）已建成“中央厨房”，7 个区（县）在建，10 个区（县）正在筹备中（表 3-5）。

**表 3-5　各区（县）融媒体中心“中央厨房”建设基本情况（截至 2020 年 9 月）**

| 序号 | 区（县） | 技术平台 |
|---|---|---|
| 1 | 奉节（试点） | 已建成 |
| 2 | 北碚（试点） | 已建成 |
| 3 | 綦江（试点） | 已建成 |
| 4 | 云阳（试点） | 已建成 |
| 5 | 潼南（试点） | 已建成 |
| 6 | 城口（试点） | 已建成 |
| 7 | 南岸（试点） | 已建成 |
| 8 | 巴南（试点） | 已建成 |
| 9 | 巫溪（试点） | 已建成 |
| 10 | 秀山（试点） | 已建成 |
| 11 | 江津 | 已建成 |
| 12 | 渝北 | 已建成 |
| 13 | 永川 | 已建成 |
| 14 | 黔江 | 已建成 |
| 15 | 璧山 | 已建成 |
| 16 | 荣昌 | 在建 |
| 17 | 万州 | 在建 |
| 18 | 铜梁 | 在建 |
| 19 | 武隆（试点） | 在建 |
| 20 | 巫山（试点） | 在建 |
| 21 | 梁平 | 在建 |
| 22 | 南川 | 在建 |
| 23 | 酉阳（试点） | 已交流，方案未定 |
| 24 | 丰都（试点） | 已选择技术方案 |
| 25 | 合川 | 已交流，方案未定 |
| 26 | 彭水 | 已选择技术方案 |
| 27 | 长寿 | 已选择技术方案 |

续表

| 序号 | 区（县） | 技术平台 |
| --- | --- | --- |
| 28 | 垫江 | 已选择技术方案 |
| 29 | 石柱 | 已交流，方案未定 |
| 30 | 九龙坡 | 已选择技术方案 |
| 31 | 大足 | 已选择技术方案 |
| 32 | 忠县 | 已交流，方案未定 |

从各区（县）融媒体中心内设机构情况看，大部分区（县）明确按照融媒体策采编发流程搭建组织框架，但由于基层媒体大多在原有报社或广播电视台基础上整合而成，仍保留了不少传统部门建制的痕迹，仅有极少量区（县）融媒体中心按产品事业部思路建立组织架构，如南岸区设置了指挥控制中心、报网部、视听部、新媒体部 4 个部门。32 个区（县）融媒体中心部门设置如表 3-6 所示。

**表 3-6　各区（县）融媒体中心部门设置一览表**

| 区（县） | 部门设置 | 数量/个 |
| --- | --- | --- |
| 城口 | 办公室、总编室、采访部、刊审部、技术部、外宣部、事业部 | 7 |
| 黔江 | 编辑委员会办公室、综合部、总编室、全媒体调度室、融创部（外宣部）、新闻采集部、编辑一部（报纸）、编辑二部（广电）、编辑三部（融媒体）、制作部、新媒体部、专题部、播音主持部、大数据部、技术保障部、政工人事部、财务部、经管部 | 18 |
| 武隆 | 综合部、总编室（采编中心、应急广播中心）、组织人事部、采访部、外宣部、编辑部、新媒体部、技术运维部、传媒运营部、计划财务部、安全保卫部、专题栏目部、龙洞坪发射台 | 13 |
| 云阳 | 办公室、策划部、采访部、编辑部、技术部、通联部、制作部、播音部、财务人事部、文化产业服务部、安保部 | 11 |
| 秀山 | 办公室、采集部、策划部、编辑部、播发部、产业部、技术部、专题部、广播部、大数据部、融媒体、图文部 | 12 |
| 九龙坡 | 综合部、总编室、全媒体采访部、《九龙报》编辑部、电视编辑部、新媒体编辑部、通联部、技术部 | 8 |
| 南岸 | 指挥控制中心、报网部、视听部、新媒体部 | 4 |
| 北碚 | 综合部、人力资源部、财务部、外联部、采编部、新媒体部、技术保障部、专题社教部、节目部、运营部、广播部 | 11 |
| 荣昌 | 新闻部、专题部、总编室、综合办公室、规划建设部、技术维护部、计划财务部、广告部（新媒体部） | 8 |
| 酉阳 | — | — |

续表

| 区（县） | 部门设置 | 数量/个 |
| --- | --- | --- |
| 万州 | — | — |
| 长寿 | 办公室、总编室、新闻采访部、栏目专题部、创新研发部、编辑刊播部、播音主持部、媒资管理部、外宣通联部、计划财务部、质量考评部、移动传播部、综合服务部、市场运营部、技术保障部、无线转播部 | 16 |
| 永川 | 办公室、总编室、采访部、新媒体部、编辑部、播音主持部、专题部、舆情分析和传播评估部、社会服务部、媒体资源部、技术和安全部、人力资源部、财务部 | 13 |
| 綦江 | 综合部（党群工作部）、总编室、新闻采访部、外宣部、通联部、栏目专题部、移动传媒部、视频编辑部、播音主持部、文图编辑部、技术保障部、人力资源部（安全质量监管部）、财务部、运维部、大数据部 | 15 |
| 大足 | 党政办公室、总编室、对外联络部、专题策划部、时政新闻部、经济新闻部、社会新闻部、报刊编辑部、电视节目部、网媒编辑部、专题节目部、广播节目部、视觉创作部、广告运营部、技术保障部、大数据部、安全保卫部、经开区记者站 | 18 |
| 璧山 | 办公室、总编室、新闻部、编辑部、新媒体部、美编部、播音主持部、专题节目部、技术部、安全部、传媒创意部、财务部 | 12 |
| 梁平 | 办公室、财务室、总编室、党群人事部、新闻部、报业部、新媒体部、节目部、广播部、技术保障部、媒体运营部、媒资管理部、后勤保障部 | 13 |
| 丰都 | 综合科、总编科、新闻采访科、移动传媒科、报媒编排科、广播电视科、技术保障科、栏目专题科 | 8 |
| 垫江 | — | 12 |
| 忠县 | — | 8 |
| 奉节 | 办公室、总编室、采编部、节目部、广播部、运营部、技播部、人事财务部 | 8 |
| 巫山 | 办公室、党群部、财务部、法务部、技术部、采集中心、编辑中心 | 7 |
| 巫溪 | 办公室、财务部、广告部、技播部、采编部、采访部、社联部、视讯部、新媒体部、《巫溪报》编辑部、广播部 | 11 |
| 石柱 | — | — |
| 南川 | 综合部、人力资源部、计划财务部、指挥调度部、采编工作部、视图工作部、音频工作部（播音主持部）、对外联络部、报刊出版部、大数据部、新媒体部、社会服务部、媒体拓展运维部、技术维护保障部、广播电视播出部 | 15 |
| 铜梁 | 办公室、总编室、计财部、全媒体策划部、新闻采访部、外宣部、新媒体中心、电视编辑部、报刊编辑部、媒资管理部、专题节目部、播音主持部、事业发展部、技术保障部、媒体运营部 | 15 |
| 合川 | 办公室、总编室、采访部、新媒体部、网络部、电视部、广播部、报刊部、专题部、制作部、财务部、人力资源部、通联考核部、技术保障部、经营管理部 | 15 |
| 巴南 | 办公室、采编中心、总编室、新媒体部、报业部、广播部、电视部、视频节目部、运营策划部、技术保障部、社会服务部 | 11 |

续表

| 区（县） | 部门设置 | 数量/个 |
|---|---|---|
| 江津 | 综合部、党群部、财务资产部、总编室、策划部、外宣部、时政新闻部、经济新闻部、民生新闻部、社会新闻部、报刊编辑部、播音主持部、社情部、运营部、通联部、视频编辑部、网媒编辑部、视频栏目部、专题部、广播部、视觉创作部、融媒技术部、网络研发部、大数据部 | 24 |
| 渝北 | 办公室、总编室、全媒体策划部、全媒体采访部、人事部、计财部、报刊工作部、广播电视新闻部、电视专题部、外宣部、手机报（台）工作部、APP 工作部、微信微博工作部、技术部、媒体运营部 | 15 |
| 彭水 | — | — |
| 潼南 | 办公室、总编室、采访部、编辑部、移动传播部、技术部、节目部、播音主持部、通联部、党群人事部、计划财务部、媒体服务部、后勤安保部 | 13 |

各区（县）融媒体中心采用的内容生产流程主要有两种模式：一种是“中央厨房”模式（图 3-5），如巴南区、秀山县、北碚区、江津区、南岸区等。在生产流程中，各子媒资源共享，依托“中央厨房”的平台支撑，避免重复性建设，提高资源利用率。同时，在“中央厨房”模式下，传统媒体和新媒体以混编方式进行统一编制，构建大编辑部，从而实现集中采访，将采访稿件上传到同一个系统平台上，经过统一审稿，作为共享资源供不同媒体使用，可以有效降低新闻采集成本和人力成本。

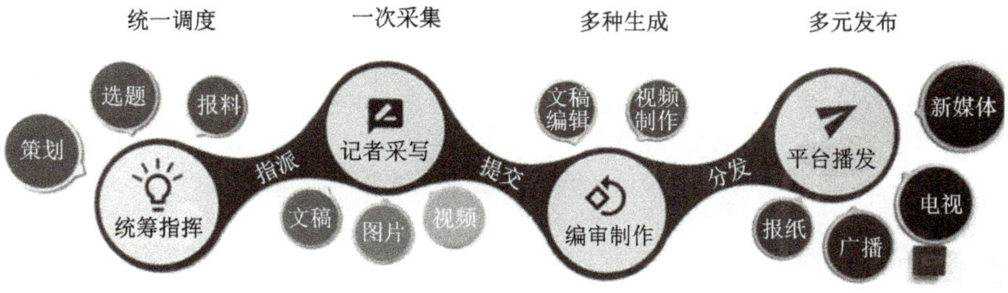


图 3-5　“中央厨房”模式

另一种是各媒体相对独立的生产流程，暂时因循传统的流程进行生产，如忠县、万州区、梁平区、酉阳县、永川区等。一方面，区（县）媒体响应“中央厨房”模式，往往依赖财政拨款，受经济发展水平影响，部分区（县）融媒体中心硬件设施不够。另一方面，部分区（县）融媒体中心尚未突破传统思维的束缚。融合之前，各子媒需要独立支持自己的运营，独家新闻成为激烈的竞争点，而“中央厨房”让独家新闻的优势不复存在，使得部分媒体想要脱离“中央厨房”的运作体系，保持赖以生存的竞争力。

## 五、“媒体+”业务积极拓展，“精细化”态势明显

中共中央宣传部和国家广播电视总局联合发布的《县级融媒体中心建设规范》规定了县级融媒体中心的业务类型包括媒体服务类、党建服务类、政务服务类、公共服务类以及增值服务类五个“媒体+”业务[①]，根据文件规定的“媒体+”细则，调研组结合访谈资料、各区（县）融媒体中心的官方客户端内容设置、微信公众号内容检索，对32个区（县）的“媒体+”业务详情进行了分类统计（表3-7）。

**表3-7　各区（县）“媒体+”业务开展情况**

| 地区 | “媒体+”业务范围 | | | | |
|---|---|---|---|---|---|
| | 媒体服务 | 党建服务 | 政务服务 | 公共服务 | 增值服务 |
| 潼南 | 电视、报刊、新媒体 | 党建新闻、党务管理、党内沟通 | 新闻发布、政务公开、政务办理、建言资政 | 民生、文化、教育培训 | 电子商城 |
| 黔江 | 电视、报刊、新媒体 | 党建新闻、党务管理、党内沟通 | 新闻发布、政务公开、建言资政 | 民生、文化 | 无 |
| 彭水 | 广播、电视、报刊、新媒体 | 党建新闻、党务管理、党内沟通 | 新闻发布、政务公开、政务办理 | 民生、文化 | 无 |
| 石柱 | 电视、报刊、新媒体 | 党建新闻、党务管理、党内沟通 | 新闻发布、政务公开 | 民生、文化 | 无 |
| 永川 | 广播、电视、报刊、新媒体 | 党建新闻、党务管理、党内沟通 | 新闻发布、政务公开、建言资政 | 民生、文化 | 无 |
| 巴南 | 广播、电视、报刊、新媒体、应急广播 | 党建新闻、党务管理、党内沟通 | 新闻发布、政务公开、政务办理、建言资政 | 民生、文化 | 电子商城 |
| 北碚 | 广播、电视、报刊、新媒体、应急广播 | 党建新闻、党务管理、党内沟通 | 新闻发布、政务公开、建言资政 | 民生、文化 | 无 |
| 大足 | 广播、电视、报刊、新媒体、应急广播 | 党建新闻、党务管理、党内沟通 | 新闻发布、政务公开、建言资政 | 民生、文化 | 无 |

① 《县级融媒体中心省级技术平台规范要求》《县级融媒体中心建设规范》发布.(2019-01-15). http://media.people.com.cn/n1/2019/0115/c14677-30541139.html.

续表

| 地区 | "媒体+"业务范围 | | | | |
|---|---|---|---|---|---|
| | 媒体服务 | 党建服务 | 政务服务 | 公共服务 | 增值服务 |
| 江津 | 广播、电视、报刊、新媒体、应急广播 | 党建新闻、党务管理、党内沟通 | 新闻发布、政务公开、政务办理、建言资政 | 民生、文化、教育 | 广告运营、电子商城 |
| 九龙坡 | 电视、报刊、新媒体 | 党建新闻、党务管理、党内沟通 | 新闻发布、政务公开、建言资政 | 民生、文化 | 无 |
| 渝北 | 广播、电视、报刊、新媒体、应急广播 | 党建新闻、党务管理、党内沟通 | 新闻发布、政务公开、政务办理、建言资政 | 民生、文化 | 无 |
| 酉阳 | 电视、报刊、新媒体、应急广播 | 党建新闻、党务管理、党内沟通 | 新闻发布、政务公开 | 民生、文化 | 无 |
| 秀山 | 电视、报刊、新媒体、应急广播 | 党建新闻、党务管理、党内沟通 | 新闻发布、政务公开、政务办理、建言资政 | 民生、文化、教育 | 电子商城 |
| 荣昌 | 电视、报刊、新媒体、应急广播 | 党建新闻、党务管理、党内沟通 | 新闻发布、政务公开、建言资政 | 民生、文化 | 无 |
| 南岸 | 电视、报刊、新媒体 | 党建新闻、党务管理、党内沟通 | 新闻发布、政务公开、政务办理、建言资政 | 民生、文化 | 无 |
| 铜梁 | 广播、电视、报刊、新媒体 | 党建新闻、党务管理、党内沟通 | 新闻发布、政务公开、政务办理、建言资政 | 民生、文化 | 无 |
| 璧山 | 电视、报刊、新媒体 | 党建新闻、党务管理、党内沟通 | 新闻发布、政务公开 | 民生、文化 | 无 |
| 合川 | 广播、电视、报刊、新媒体、应急广播 | 党建新闻、党务管理、党内沟通 | 新闻发布、政务公开、建言资政 | 民生、文化 | 无 |
| 武隆 | 广播、电视、报刊、新媒体 | 党建新闻、党务管理、党内沟通 | 新闻发布、政务公开、建言资政 | 民生、文化 | 无 |
| 长寿 | 广播、电视、报刊、新媒体 | 党建新闻、党务管理、党内沟通 | 新闻发布、政务公开、建言资政 | 民生、文化 | 电子商城 |
| 丰都 | 电视、报刊、新媒体 | 党建新闻、党务管理、党内沟通 | 新闻发布、政务公开、建言资政 | 民生、文化 | 广告运营 |
| 梁平 | 广播、电视、报刊、新媒体、应急广播 | 党建新闻、党务管理、党内沟通 | 新闻发布、政务公开、建言资政 | 民生、文化 | 无 |
| 忠县 | 广播、电视、报刊、新媒体、应急广播 | 党建新闻、党务管理、党内沟通 | 新闻发布、政务公开、建言资政 | 民生、文化 | 无 |
| 万州 | 广播、电视、报刊、新媒体 | 党建新闻、党务管理、党内沟通 | 新闻发布、政务公开、建言资政 | 民生、文化 | 电子商城 |
| 云阳 | 广播、电视、报刊、新媒体、应急广播 | 党建新闻、党务管理、党内沟通 | 新闻发布、政务公开、建言资政 | 民生、文化 | 无 |
| 奉节 | 广播、电视、报刊、新媒体、应急广播 | 党建新闻、党务管理、党内沟通 | 新闻发布、政务公开、建言资政 | 民生、文化 | 无 |

续表

| 地区 | "媒体+"业务范围 | | | | |
|---|---|---|---|---|---|
| | 媒体服务 | 党建服务 | 政务服务 | 公共服务 | 增值服务 |
| 巫山 | 广播、电视、报刊、新媒体、应急广播 | 党建新闻、党务管理、党内沟通 | 新闻发布、政务公开、建言资政 | 民生、文化 | 无 |
| 巫溪 | 广播、电视、报刊、新媒体、应急广播 | 党建新闻、党务管理、党内沟通 | 新闻发布、政务公开、建言资政 | 民生、文化 | 无 |
| 城口 | 电视、报刊、新媒体、应急广播 | 党建新闻、党务管理、党内沟通 | 新闻发布、政务公开、建言资政 | 民生、文化 | 无 |
| 垫江 | 电视、报刊、新媒体、应急广播 | 党建新闻、党务管理、党内沟通 | 新闻发布、政务公开、建言资政 | 民生、文化 | 无 |
| 南川 | 广播、电视、报刊、新媒体 | 党建新闻、党务管理、党内沟通 | 新闻发布、政务公开 | 民生、文化 | 无 |
| 綦江 | 广播、电视、报刊、新媒体 | 党建新闻、党务管理、党内沟通 | 新闻发布、政务公开、政务办理、建言资政 | 民生、文化、教育 | 广告运营、电子商城 |

注：媒体服务包括但不限于广播、电视、报刊、新媒体和应急广播等业务，党建服务包括党建新闻、党建管理、党务管理、在线培训考核、效果评估、党内沟通等，政务服务包括新闻发布、政务公开、政务办理、建言资政、服务评价等，公共服务包括民生、文化、教育等服务功能；增值服务包括为本地用户提供广告运营、区域运营、电子商城及其他增值服务类业务等。

从统计数据来看，所有区（县）融媒体中心均能开展党建服务中的党建新闻、党务管理、党内沟通服务，且各区（县）融媒体中心的开展情况一致。在政务服务方面（图 3-6），新闻发布与政务公开业务开展度达到100%，建言资政业务达 84.4%，仅有酉阳、璧山、南川、彭水、石柱共 5 个地区暂未开展，政务办理业务开展程度较低，为 28.1%，江津、渝北、秀山、南岸、铜梁、綦江、巴南、潼南、彭水共 9 个区（县）开展了政务办理业务。对于"政务服务"中的"服务评价"业务各区（县）暂未涉及。

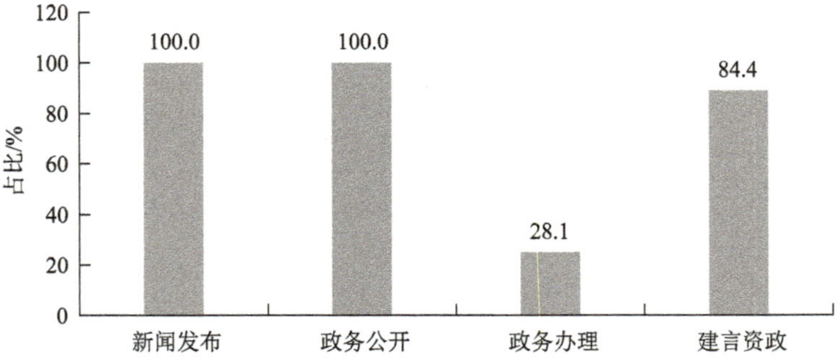


图 3-6　各区（县）"政务服务"开展程度

“公共服务”中，各区（县）融媒体中心均开展了与文化、民生相关的服务，少数区（县）融媒体中心拓展了“媒体+教育”，如江津、秀山、綦江、潼南等区（县）。

各区（县）融媒体中心在“增值服务”的业务拓展上程度较低，仅有巴南、秀山、长寿、万州、綦江、潼南、江津共 7 个区（县）开通了电子商城，仅有綦江、丰都、江津 3 个区（县）开发了广告运营业务。

总体而言，各区（县）融媒体中心“媒体+”业务的开展程度差距较大，很大程度上源于各区（县）融媒体中心的政策支持差异。如江津区融媒体中心得到江津区政府的大力支持，“最江津”APP 得以尽可能地深度参与“智慧城市”建设，在政府各部门支持下，各部门的对民服务端口均通过“最江津”APP 完成，实现江津全域政务服务信息资源的联通汇聚，“最江津”成为江津区唯一官方 APP。目前涵盖医疗保健、交通出行、法律法规、生活便民、网络问政、多彩校园、积分商城、求职招聘等版块及其细分服务项目，做到服务版块多样化，服务项目精细化。綦江区融媒体中心拓展“媒体+”业务也有着充分的主动性，其推行“媒体+政务+服务+商务”融合思路，形成了“新闻+扶贫”“新闻+民生”“新闻+电商”“新闻+公益”“新闻+教育”等服务版块。推进建设“办事大厅”“云上綦江”“商城直达”“文明实践”四大系统，赋能基层治理；搭建服务群众“媒体快车道”，着力打通服务群众的“最后一公里”，将民生监察、社保查询、办证资讯等政务服务项目整合到“大美綦江”客户端。

个别区（县）融媒体中心的“媒体+”业务发展则受到较大的政策限制。合川区融媒体中心在“智慧城市”建设上较为被动，“智慧城市”由大数据局负责，“智慧停车”由交委负责，“智慧教育”由教委负责，融媒体中心只能在新闻上发挥优势。垫江融媒体中心在政务服务上受到自媒体挤压，自媒体不仅参与政治新闻发布，甚至发布疫情期间的许多公告，这让垫江融媒体中心的权威度、公信力及作为官方发布渠道的优势面临挑战。璧山区建立了城市政务网、城市治理网、城市生活网等“三张网”，但融媒体中心均未参与其中，同时户外广告等多项媒体业务也交给了重庆璧山文化旅游产业有限公司。资源缺失导致璧山区融媒体中心失去“媒体+政务”“媒体+公共服务”等各类增值服务的基础，最关键的是失去政策的支持，后续发展压力大。

各区（县）融媒体业务正逐步走向“精细化”，不同程度地挖掘党建服务、政务服务、公共服务、增值服务资源，形成了“媒体+电商”“媒体+教育”“媒体+文旅”“媒体+项目运营”等新的业务形式。綦江区融媒体中心以“工作室+项目”的模式创新性地打开“媒体+”产业链。綦江区融媒体中心旗下成立千里传媒有限公司，专注于“媒体+”产业链，建立工作室制度，打造特色化团队。綦江区融媒体中心打造了天马策划工作室、螳螂设计工作室、飞鱼媒体工作室、叮叮猫视频工作室、红蚂蚁商城、“委员走近你身边，萤火虫爱心行动”、“蒲公英·校园小记者”等七大“媒体+”特色产品，提升内容策划和运营能力，以工作室制使“媒体+”内容活起来并得到充分拓展（图 3-7）。

图 3-7　綦江融媒体中心的“媒体+”业务模式

## 六、自有新媒体矩阵优势突出，地方自媒体急需加强管理

各区（县）融媒体中心打造的新媒体矩阵中，客户端和微信公众号优势突出。客户端和微信公众号是各区（县）融媒体中心受众所在的主要平台，其中客户端注册量30万及以上的区（县）融媒体中心有17个，微信公众号粉丝量20万及以上的有12个（表3-8）①。

**表3-8　部分区（县）融媒体中心微信公众号和客户端运营情况**

| 微信公众号 | | 客户端 | |
|---|---|---|---|
| 名称 | 粉丝量/万人 | 名称 | 注册量/万人 |
| 微万州 | 60 | 看万州 | 90 |
| 重庆巫溪网 | 50 | 最江津 | 58 |
| 平湖万州 | 48 | 大美綦江 | 56 |
| 江津发布 | 47 | 看巴南 | 54 |
| 梁平发布 | 32 | 渝北掌媒 | 50 |
| 铜梁发布 | 31 | 长寿手机报 | 47 |
| 江津日报 | 31 | 巫山 | 42 |
| 云阳微发布 | 30 | 智慧云阳 | 40 |
| 长寿日报 | 23 | 家在梁平 | 40 |
| 巴南发布 | 21 | 今日合川 | 39 |
| 爱巴南 | 21 | 看丰都 | 35 |
| 永川发布 | 20 | 人人长寿 | 34 |
| | | 家在奉节 | 34 |
| | | 品位忠州 | 32 |
| | | 永川头条 | 32 |
| | | 九龙坡手机台 | 30 |
| | | 重庆荣昌 | 30 |

微博、抖音、今日头条可视为各区（县）媒体运营的新媒体中的第二梯队，抖音粉丝量20万以上的有万州、铜梁、忠县，微博粉丝量20万以上的有万州和巴南，今日头条粉丝量排名前四的是万州、永川、云阳和江

① 本小节各区县媒体平台粉丝量或注册量的统计截至2020年暑期在当地调研时，即从2020年7月13日至8月5日，具体行程的时间可参见本书总论部分。

津（表 3-9）。

表 3-9 部分区（县）融媒体中心微博、抖音、今日头条运营情况

| 抖音 | | 微博 | | 今日头条 | |
|---|---|---|---|---|---|
| 名称 | 粉丝量/万人 | 名称 | 粉丝量/万人 | 名称 | 粉丝量/万人 |
| 平湖万州 | 55.3 | 重庆日报集团三峡都市报 | 56 | 平湖万州 | 55 |
| 大美铜梁 | 45 | 万州发布 | 24 | 永川微发布 | 20 |
| 忠县广播电视台 | 32 | 巴南广播电视台 | 20 | 云阳手机台 | 17 |
| 万州印象 | 20 | | | 江津区融媒体中心 | 16 |

相比之下，企鹅号、央视频、哔哩哔哩的运营较差、粉丝量也较少。企鹅号虽然入驻的媒体占比有 81.3%，但从各个账号的内容发布和粉丝量来看，大多数媒体账号属于停更状态。粉丝量最高的重庆市万州区广播电视台，仅有 319 个粉丝，且发布的内容点赞、评论、转发等互动极低。永川、大足、江津、南岸、忠县、万州等区（县）融媒体中心均入驻了央视频平台。从各个账号的内容运营和粉丝量来看，各区（县）融媒体中心在央视频平台的运营处于起步阶段，但央视频所具备的慢直播功能可协助各区（县）融媒体中心做到其他视频平台无法支持的慢直播。北碚、江津、梁平 3 个区（县）融媒体中心开设了哔哩哔哩账号，但都处于运营起步阶段，在内容运营上较为乏力。如北碚区融媒体中心在哔哩哔哩策划了“一路向北|勒就是北碚 • 夜”系列活动，以系列视频展现北碚的风采，视频内容制作精良，但由于粉丝基数小，不具备分享基因等因素，播放量较低。

在微信搜索框中输入区（县）名称，选择排名靠前的自媒体账号作为本次对比研究的对象（表 3-10）。通过统计，调研区（县）融媒体中心中，除南岸区外，其余区（县）融媒体中心都有具备一定影响力的自媒体账号。其中，32 个区（县）融媒体中心中仅有 3 个账号主体为个人，其余都为公司。26 个自媒体账号同时拥有 APP，占比 81.3%。在内容类型上，仅有“北碚圈”和“南川生活”发布内容为转载，其余都为原创+转载。在功能设置上，31 个自媒体账号中，“巴南万事通”和“南川生活”仅具备信息发

布功能，“永川读本”“北碚圈”“铜梁信息网”“忠州之家”“渝北微事圈”等 5 个账号具备信息发布和便民服务两种功能，其他区（县）都同时拥有信息发布、便民服务、增值服务等功能。

**表 3-10　部分区（县）自媒体内容生产情况**

| 区（县） | 自媒体 | 账号主体 | APP | 内容性质 | 功能 | 自媒体头条平均阅读量/次 | 主流媒体头条平均阅读量/次 |
|---|---|---|---|---|---|---|---|
| 潼南 | 潼南人微生活 | 重庆梦莱电子科技有限公司 | 有 | 原创+转载 | 信息发布+电子商城+便民服务 | 3 500 | 2 000 |
| 黔江 | 黔江今媒体 | 重庆今王文化传媒股份有限公司 | 有 | 原创+转载 | 信息发布+电子商城+求职、拼车、外卖 | 3 500 | 3 000 |
| 彭水 | 彭水同城网 | 重庆蔻华文化传媒有限公司 | 有 | 原创+转载 | 信息发布+拼车、相亲交友、招聘求职、便民信息、房产、汽车家装建材交易 | 1 200 | 1 000 |
| 石柱 | 石柱生活网 | 石柱土家族自治县生活网络有限公司 | 有 | 原创+转载 | 信息发布+便民服务、相亲交友、打车、外卖 | 4 000 | 1 000 |
| 南川 | 南川生活 | 重庆策云信息科技有限公司 | 无 | 转载 | 信息发布 | 2 000 | 5 000 |
| 铜梁 | 铜梁信息网 | 重庆亿商信息技术有限公司 | 有 | 原创+转载 | 信息发布+便民服务 | 2 000 | 10 000 |
| 璧山 | 掌中璧山 | 重庆千咖传媒有限公司 | 有 | 原创+转载 | 信息发布+便民服务+增值服务 | 9 000 | 1 000 |
| 合川 | 合川微生活 | 重庆麦维信息技术有限公司 | 有 | 原创+转载 | 信息发布+便民服务+增值服务 | 3 800 | 5 000 |
| 武隆 | 武隆在线 | 武隆县隆捷文化传播有限公司 | 有 | 原创+转载 | 信息发布+便民服务+增值服务 | 1 200 | 2 000 |
| 长寿 | 长寿圈 | 重庆邻家电子商务有限公司 | 有 | 原创+转载 | 信息发布+便民服务+增值服务 | 10 000 | 5 000 |
| 丰都 | 丰都头条 | 丰都县新视界网络科技有限公司 | 有 | 原创+转载 | 信息发布+便民服务+增值服务 | 3 000 | 2 000 |
| 梁平 | 梁平万事通 | 重庆小客玛电子商务中心 | 有 | 原创+转载 | 信息发布+便民服务+增值服务 | 13 000 | 3 500 |

续表

| 区（县） | 自媒体 | 账号主体 | APP | 内容性质 | 功能 | 自媒体头条平均阅读量/次 | 主流媒体头条平均阅读量/次 |
|---|---|---|---|---|---|---|---|
| 忠县 | 忠州之家 | 重庆嘉壹科技有限公司 | 有 | 原创+转载 | 信息发布+便民服务 | 8 500 | 2 000 |
| 万州 | 万州生活 | 重庆乐传网络科技有限公司 | 有 | 原创+转载 | 信息发布+便民服务+增值服务 | 12 000 | 27 000 |
| 云阳 | 云阳人家 | 重庆云阳人家信息技术有限公司 | 有 | 原创+转载 | 信息发布+便民服务+增值服务 | 10 000 | 5 000（云阳微发布）<br>3 690（爱云阳） |
| 奉节 | 奉节生活网 | 重庆市简创科技有限公司 | 有 | 原创+转载 | 信息发布+便民服务+增值服务 | 8 500 | 1 100 |
| 巫山 | 巫山信息网 | 巫山县鸿鹄云峰网络科技有限公司 | 有 | 原创+转载 | 信息发布+便民服务+增值服务 | 8 100 | 4 500（巫山发布）<br>3 000（巫山网） |
| 巫溪 | 巫溪网 | 巫溪县鸡血哥科技有限公司 | 有 | 原创+转载 | 信息发布+便民服务+增值服务 | 6 300 | 2 200（重庆巫溪网） |
| 城口 | 爱上城口 | 重庆犇壹科技有限公司 | 有 | 原创+转载 | 信息发布+便民服务+增值服务 | 3 400 | 1 400 |
| 垫江 | 垫江论坛 | 重庆仁强网络传媒有限责任公司 | 有 | 原创+转载 | 信息发布+便民服务+增值服务 | 6 500 | 1 000 |
| 綦江 | 綦江在线 | 个人 | 有 | 原创+转载 | 信息发布+便民服务+增值服务 | 14 000 | 1 500（綦江微生活）<br>700（綦江发布） |
| 大足 | 大足生活通 | 重庆傲雪文化传播有限公司 | 有 | 原创+转载 | 信息发布+便民服务+增值服务 | 9 400 | 1 000 |
| 九龙坡 | 九龙坡同城网 | 江北区宝韵农家乐 | 无 | 原创+转载 | 信息发布+便民服务+增值服务 | 900 | 2 000 |
| 渝北 | 渝北微事圈 | 重庆龙船景盛电子商务有限责任公司 | 无 | 原创+转载 | 信息发布+便民服务 | 2 900 | 2 300 |
| 北碚 | 北碚圈 | 个人 | 无 | 转载 | 信息发布+便民服务 | 16 000 | 1 500 |

续表

| 区（县） | 自媒体 | 账号主体 | APP | 内容性质 | 功能 | 自媒体头条平均阅读量/次 | 主流媒体头条平均阅读量/次 |
|---|---|---|---|---|---|---|---|
| 巴南 | 巴南万事通 | 个人 | 无 | 原创+转载 | 信息发布 | 3 360 | 4 300 |
| 酉阳 | 酉阳在线 | 酉阳县巨石文化传播有限公司 | 有 | 原创+转载 | 信息发布+便民服务+增值服务 | 6 100 | 3 200 |
| 永川 | 永川读本 | 重庆永迈文化传媒有限公司 | 无 | 原创+转载 | 信息发布+便民服务 | 5 000 | 9 500 |
| 秀山 | 秀山在线 | 秀山县秀山在线 | 有 | 原创+转载 | 信息发布+便民服务+增值服务 | 9 700 | 5 300 |
| 江津 | 江津在线 | 重庆互奥信息技术有限公司 | 有 | 原创+转载 | 信息发布+便民服务+增值服务 | 9 500 | 21 000 |
| 荣昌 | 荣昌之窗 | 重庆壹牛科技有限公司 | 有 | 原创+转载 | 信息发布+便民服务+增值服务 | 5 200 | 2 000 |
| 南岸 | 南岸智慧党校 | 重庆米未科技有限公司 | 有 | 原创+转载 | 党建服务 | — | — |

从调研区（县）的整体情况看，融媒体中心在当地的传播生态中的竞争优势还不明显，仅有少数区（县）融媒体中心已经实现官方媒体占主导的地方传播生态。调研组综合街头采访了解到当地百姓最常用自媒体微信公众号和微信搜索排名靠前的自媒体公众号，选取了 27 个区（县）自媒体公众号作为研究对象，对其账号主体、客户端、内容原创或转载、基本功能、头条平均阅读量等进行比较分析。选取自媒体和官方媒体的前十条头条推文，并计算平均阅读量，主流媒体占据绝对优势的区（县）仅有南川、铜梁、万州、永川、江津等 5 个，自媒体占据优势的区（县）有璧山、梁平、长寿、忠县、云阳、奉节、巫山、巫溪、垫江、綦江、大足、北碚、秀山、潼南、石柱等 15 个。合川、武隆、巴南、丰都、城口、渝北、九龙坡、酉阳、荣昌、彭水、黔江等 11 个区（县），无较大差距。

由表 3-10 还可以发现，区（县）自媒体应加强地方自媒体管理力度。从功能层面上看，自媒体账号在提供民生资讯的同时，还具有衣食住行等多方面功能，拼车、租房、招聘等功能也是街头采访中提及频率较高的功能。在采访部分区（县）融媒体中心负责人时，他们认为，拼车、租房等功能存在一定风险，因此在功能接入中保持谨慎态度。在街头采访中，不少用户表示，在信息的权威性上，他们更相信主流媒体。通过查看平均阅读量低于自媒体的微信公众号可发现，这些账号大多以发布时政新闻为主。在采访中，用户也曾提到，更希望看到接地气的民生资讯，而非一板一眼的时政新闻。从平均浏览量来看，共有24个区（县）的自媒体与主流媒体差距较小，甚至超越主流媒体，单从浏览量变现的角度来看，它们具备了与主流媒体抗衡的能力。但在深度访谈中，主流媒体工作人员则认为，融媒体中心具有专业的新闻采编人员、先进的设备等优势，在大型业务的竞争中，自媒体实际上并不占优势。

## 第二节　区（县）融媒体中心业务发展存在的问题

### 一、业务流程融合不充分

各区（县）媒体矩阵多样、宣传平台众多，且新媒体与当地报纸、广播电视形成互补，认可度较高，逐渐形成完整的媒体矩阵。根据从业人员问卷分析结果，协作程度的满意度并不高（图3-8、图3-9），过多的平台和产品既浪费了过多的人力资源和技术资源，又没能牢牢抓住固定的受众，

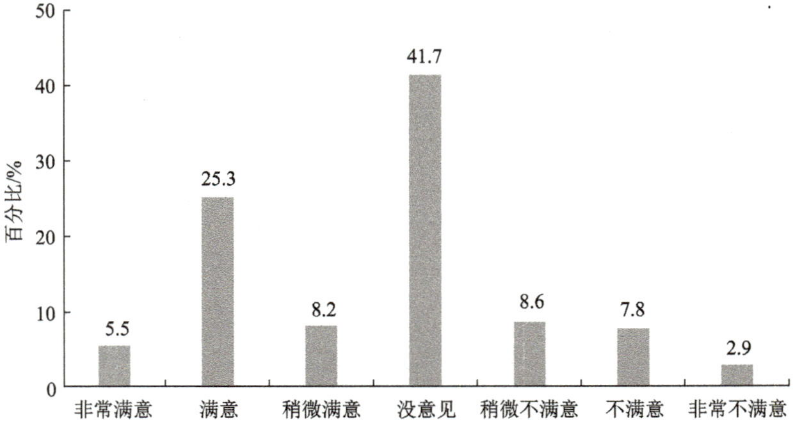


图3-8　从业人员对部门内协作的满意度

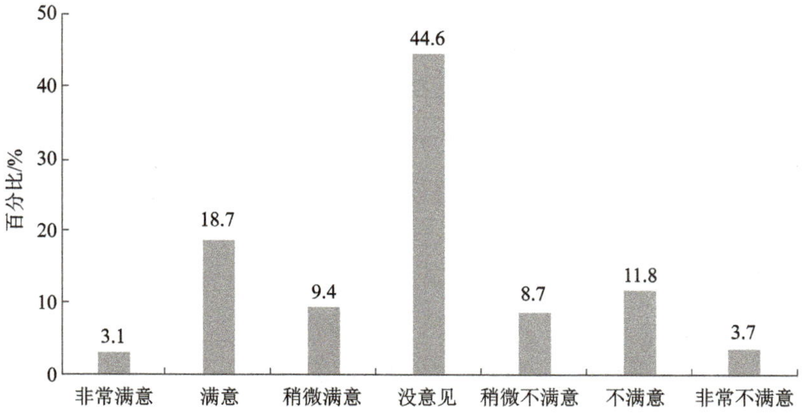


图 3-9　从业人员对与其他部门协作的满意度

反而造成受众分流，宣传效果和影响力也难以达到预期。在实践中，媒介融合必然会兼容多种媒体内容、横跨多种媒介渠道、重塑生产流程，由于媒体还需市场化经营，就必然存在国有企业共同面临的体制机制问题，各平台之间融合得不充分、不彻底，从而形成了“多而不精”的传播局面。

## 二、本土原创优质内容匮乏

重庆各区（县）融媒体中心的自办内容类型集中于本地新闻资讯和旅游，其他类型内容较少，而大部分观众属于本地观众，旅游资源类节目较为难以吸引观众目光。本地资讯新闻较多，但对本土文化特色的挖掘比较浮于表面，在“深耕本土特色”上还较为欠缺，各区（县）融媒体中心本土特色作品中优质作品量少，本土化水平有限。在特色栏目、特色版块等原创部分较为模式化，与本土受众的接近性不够，受群众认可的区域性品牌节目或版块较少，难以加大用户黏性、牢牢把握用户、形成融媒体品牌。

由图 3-10 可知，在重庆市区（县）融媒体中心平台优质内容新闻奖获奖占比中，融媒体优质内容的占比为 19%，与传统媒体的优质内容总数比例为 1∶4，即：虽然新媒体平台矩阵多样、宣传平台众多，但与此同时也导致融媒体中心出现新媒体平台“多而不精”，内容生产注重传统媒体，新媒体平台优质内容少等问题。其原因在于：其一，县级融媒体中心多由本地报社和广播电视台两家单位合并建立，由于传统媒体历时已久且在内容上的要求较高，因此在对新闻信息进行采编过程中还是以报纸和广播电视等传统媒体的标准进行采编，而新媒体平台内容的生产是在传统媒体平台内容的基础上二次创作或简单相加，原创环节的缺失导致了优质内容的缺失。其二，新媒体内容生产中依然秉持“内容为王”的理念，但在融合转型过程中采取的是“内容+”思路，即只是把自身有限的内容拷贝到互联网媒介上，而不是采取“互联网+”思路，导致不同平台之间互相转载，造成资源浪费，以用户实际内容需求为主导的优质内容偏少，使用户感到乏味。

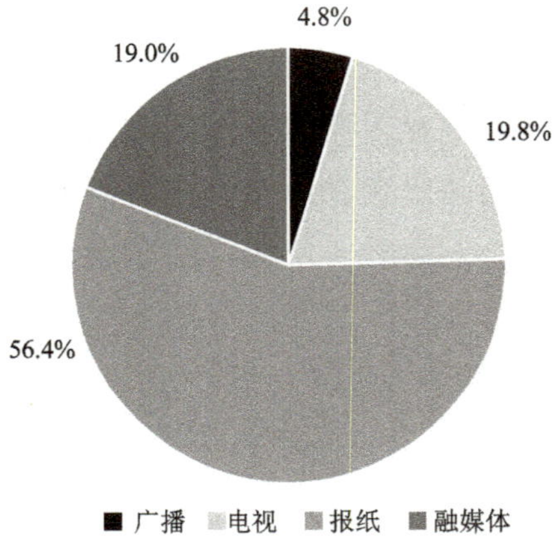


图 3-10　2019 年重庆市区（县）融媒体中心平台优质内容新闻奖占比

## 三、用户意识和创新思维缺乏

根据调查数据（表 3-11）可看出，融媒体中心从业人员较多认同转型难是因为固有的工作模式和习惯制约，以及业务水平和创新能力受限，这造成原有传统媒体的采编人员对移动传播的技术特点和传播特点不熟悉。主观上的惯性思维和客观上知识缺陷也限制了传统媒体采编人员对多终端的认知，他们没有意识到移动终端的生产性、开放性和参与性的特点，不会也不愿意对移动资源进行开发和利用，导致内容创新力度不够，具体表现为：一是内容上仍以传统媒体的会议报道、领导讲话、专题新闻等为主，没有结合移动用户的兴趣爱好、心理需求和终端特点进行多元开发；二是忽视移动终端社交性、互动性的特点，将传统电视的节目形态搬到移动媒体上，没有结合移动终端的特点进行节目形态创新；三是内容生产方式老套。互联网深切地变革了媒体的内容生产方式，媒体环境呈现“移动化、社交化、视觉化”三大趋势，而现阶段各地融媒体中心内容生产在生产主体、生产流程和生产模式上没有完全脱离传统，需加快融合转变步伐。

**表 3-11　融媒体中心从业人员转型难的原因调查**

| 融媒体中心从业人员转型难是因为固有的工作模式和习惯制约 | | | | | | 融媒体中心从业人员转型难是因为业务水平和创新能力受限 | | | | | |
|---|---|---|---|---|---|---|---|---|---|---|---|
| 效度 | 满意度 | 频数 | 百分比/% | 有效百分比/% | 累计百分比/% | 效度 | 满意度 | 频数 | 百分比/% | 有效百分比/% | 累计百分比/% |
| 有效 | 非常同意 | 96 | 9.8 | 9.9 | 9.9 | 有效 | 非常不同意 | 60 | 6.1 | 6.2 | 6.2 |
| | 同意 | 263 | 26.8 | 27.1 | 37.0 | | 不同意 | 221 | 22.6 | 22.8 | 29.0 |
| | 稍微同意 | 197 | 20.1 | 20.3 | 57.3 | | 稍微不同意 | 92 | 9.4 | 9.5 | 38.5 |
| | 没意见 | 185 | 18.9 | 19.1 | 76.4 | | 没意见 | 212 | 21.6 | 21.9 | 60.3 |
| | 稍微不同意 | 57 | 5.8 | 5.9 | 82.3 | | 稍微同意 | 131 | 13.4 | 13.5 | 73.8 |
| | 不同意 | 145 | 14.8 | 14.9 | 97.2 | | 同意 | 215 | 21.9 | 22.2 | 96.0 |
| | 非常不同意 | 27 | 2.8 | 2.8 | 100.0 | | 非常同意 | 39 | 4.0 | 4.0 | 100.0 |
| 缺失 | 系统 | 10 | 1.0 | 1.0 | | 缺失 | 系统 | 10 | 1.0 | 1.0 | |

## 四、服务和信息功能薄弱

中共中央宣传部明确要求：“要努力把县级融媒体中心建成主流舆论阵地、综合服务平台和社区信息枢纽。”[①]据调查，80%的从业人员在认同所在单位的新媒体（微博、微信、客户端、短视频等）平台在当地舆论引导中开始发挥重要作用、融媒体中心着力主流舆论宣传的同时，也认为融媒体中心对其服务功能和信息功能的重视和开发均不足。调查显示（图 3-11），

① 县级融媒体中心建设全面启动[EB/OL]. (2018-09-22). http://politics.people.com.cn/n1/2018/0922/c1001-30308799.html.

从业人员多认为本地融媒体中心可以提供民生缴费、旅游服务、教育咨询等服务。据受众问卷数据（图 3-12），50.8%的受众对本地融媒体中心提供的信息咨询和服务满意度一般，10%左右的受众感到不满意，可以看出整体受众满意度处于一个较差的水平。各地融媒体中心信息提供基本是以时政新闻为主，科教文卫信息为辅，经济、法制、民生相关信息和服务提供相对不足，服务和信息提供还有很大的发展空间。

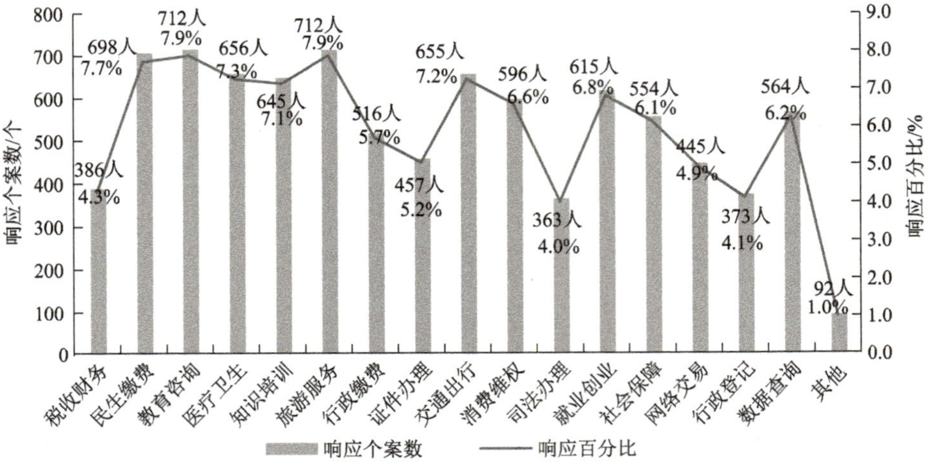


图 3-11 “本地区融媒体中心应该提供哪些服务”的统计

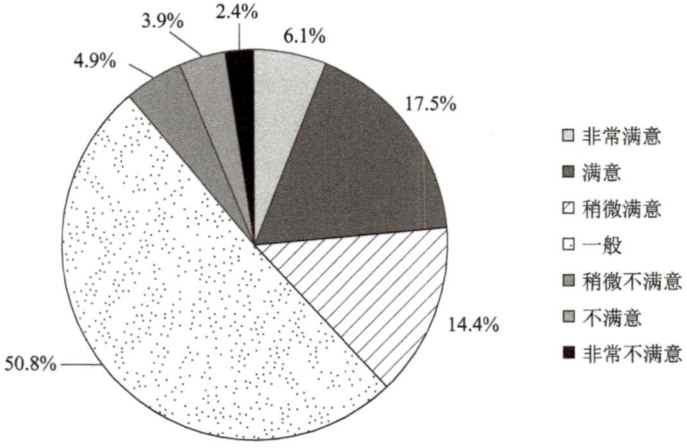


图 3-12 受访者对本地区融媒体中心提供的信息咨询和服务是否满意的统计

在新闻宣传方面也依然保持着传统媒体的思维，传统媒体的新闻工作者往往都依然有着“媒体本位”的认识，有着“我负责生产，你负责观看”的态度和长时间养成的新闻生产惯性手法，在这样思想的影响下，新闻宣传会出现类型化、八股化，充满套路，没有新意，高高在上的观念也会影响优质、贴近生活、贴近群众的作品的生产。

## 第三节　区（县）融媒体中心业务发展的对策与建议

### 一、优化业务流程，实现区域联动

以项目制推动业务融合，即由一个融媒体中心或者部门生产团队、运营团队和技术团队携手共同完成一个项目：运营团队在线上线下进行基于大数据的市场分析，与其他团队共同策划产品和服务项目；生产团队根据需求进行生产；技术团队实现传输、流通和信息到达用户。项目推动，策划为魂，在这三个团队中，应当做大策划部门，提高策划能力，让策划部门成为能统揽战场全局，随时作出战略决策的“司令部”。

以内部资源共享推动业务创新。在内部资源的集合上，既要实现自身报、台、网、文稿、图片、视频共享，也要根据自身版块要求，充分整合、借助相关单位资源（妇女联合会、残疾人联合会、医院、交通局、组织部、扶贫开发领导小组办公室、精神文明建设委员会办公室等）开展有关内容建设，如联合精神文明建设委员会办公室打造线上“农家书屋”，在广播、电视渠道传播，推动“文化下乡”“电影下乡”等活动。

以外部联动扩大影响力。在外部区域联动上，要与周边区（县）的融媒体进行联合，共享和整合各地资源，开放各自的新媒体平台，加强合作，共同强化舆论引导能力，将自身打造为区域性媒体。例如永川区融媒体中心在建设过程中由永川区委宣传部和四川省泸州市委宣传部签署《推进成渝地区双城经济圈建设新闻宣传合作框架协议》，协同共建成渝地区双城经济圈媒体合作示范区，双方重点加强媒体资源共建共享，联合开展主题宣传活动，加强新闻宣传人才交流，协同开展突发事件舆论引导，推动文化传媒交流合作，推动永川、泸州在宣传上协同联动，加强双方的新闻媒体互助互动，推动“报、台、网、微、端”的深度融合，共同打造跨区域全媒体传播矩阵。

## 二、增强用户意识，服务地方需求

区（县）融媒体源于本土、立足本土、服务本土，若想要更好地引导和服务本土群众，必须增强用户意识，以用户的需求去考量信息内容的实用性，将“听众、观众思维”转变成“用户思维”，想用户之所想，传递用户之所需，从实用性、接近性、趣味性等角度入手，为受众提供可听、可看、可服务于生产生活的新闻内容。

具体而言，应从三个方面着力：第一，要研究本土受众的心理特点和接受习惯，强化版面、栏目、节目的百姓视角，以小切口来考察社会问题；第二，与智慧政务资源、社会企业有机打通，提供违章查询、社保查询、生活缴费、扫码乘车、预约挂号等生活服务，精耕教育、体育、饮食等垂直领域，构建本土生活的服务闭环；第三，立足版块定位，依托社会资源，以线上线下结合的方式为社区居民提供健康义诊、普法宣传、家电维修、摄影课堂、亲子阅读等服务。例如，酉阳县融媒体中心的客户端“酉州城事”由新闻、旅游、便民、互动、政务、商圈等六大版块组成，它还设立了意见反馈、评论、投票、跟帖、爆料、信息分享等服务。经过二期开发的客户端还可以实现网上缴费，发布商业活动、打折促销、房屋出租、招聘求职、征婚交友等信息。

## 三、深挖地方特色，打造地方品牌

融媒体建设的品牌风格，是当地文化风貌的一面镜子。做好当地融媒体建设，就是做好城市推介的名片，在建设过程中，只有深挖区域特色，充分贴近百姓喜好，才能打造出更接地气、更符合受众口味和需求、更有特色和亮点的融媒体平台和爆款产品、品牌产品。全国做得好的几家卫视无不如此，东方卫视的时尚特色源于“海派文化”，湖南卫视的娱乐特色出自“湖湘文化”，浙江卫视立足“钱塘文化”。而且，文化特色并非仅是口头或书面申言，更在于将之内化为指导理念和落实相应的行动。以湖南卫视为例，它立足“湖湘文化”的“敢为人先”精神，结合长沙的娱乐行业异常繁荣的现实，以娱乐立台，率先打出“快乐中国”的旗号。重庆各区（县）都具有丰富多彩的地域文化资源，包括：三峡文化、巴文化、移民文化、抗战文化、红岩文化、红军文化、少数民族文化、非物质文化遗产、自然与人文景观文化、饮食与火锅文化等，它们为区（县）融媒体的品牌建设奠定了坚实的文化基础，如何将之内化到媒体产品中，值得各区（县）融媒体中心积极探索。

重大社会公共事件是大众的关注点，也是融媒体中心打造爆款产品、增加吸引力的重要内容之一。例如，綦江区融媒体中心在打好新冠肺炎疫情防控宣传战方面，打破部室界限，整合记者力量，组建九大采访团队，抢抓“第一时间”，运用“一线思维”，全媒体开设“众志成城防控疫情”“‘战疫’一线党旗红”“夺取疫情防控和经济社会发展双胜利”“我心中的英雄”“清零背后的硬核战役”“归来以后”等 13 个专题专栏，推出“样子美”“坚守美”“理解美”等“八个美”系列报道，中央广播电视总台、光明日报、人民日报客户端等主流媒体对其报道达 1500 余条次，其推出的 10 万“爆款产品”多达 145 个，媒体浏览量近 2 亿人次。

在当下区（县）融媒体中心的内容建设中，以电视为代表的传统媒体通过与网络媒体之间的联通，通过策划媒介事件塑造想象的共同体，既能实现对地方文化的认同，也能满足外界对重庆本土的“异乡想象”，从而有可能打造出跨越地域的爆款内容。

## 四、加大技术投入，鼓励创新思维

再好的内容，没有先进技术做支撑也是竹篮打水。从业人员问卷数据显示（图 3-13），技术投入被认为是影响融媒体中心创新发展的首要因素。随着媒体融合的深度发展、网民规模的不断扩大，“终端随人走，信息围人转”的传播趋势越发明显。从文字、图片、H5、VR 新闻到短视频，“元年”的更替代表着信息载体形态的发展变化，信息传播逐渐融入更多的元素，越发移动化、社交化、场景化。融媒体中心应该利用自身规模优势，大力布局新的数字化、网络化和智能化技术。其中，最为重要的是 5G 技术，因为它不仅能够带来物联网，使得各种连接的节点都可能成为媒体载体，而且能够带来超高清视频、中长视频、大规模直播、沉浸式全息视听影像的大规模增长，从而实现互动式、体验式的媒体产品供给。其次是人工智能。习近平总书记要求，要探索将人工智能运用在新闻采集、生产、分发、接收、反馈中，全面提高舆论引导能力。[①]人工智能技术能够渗透并赋能媒体创意、生产、流通、消费的全流程。当下更加需要布局人工智能高级阶段，即认知智能的各种应用，也即媒体创意、创作的智能化，以拥抱众创时代的到来。

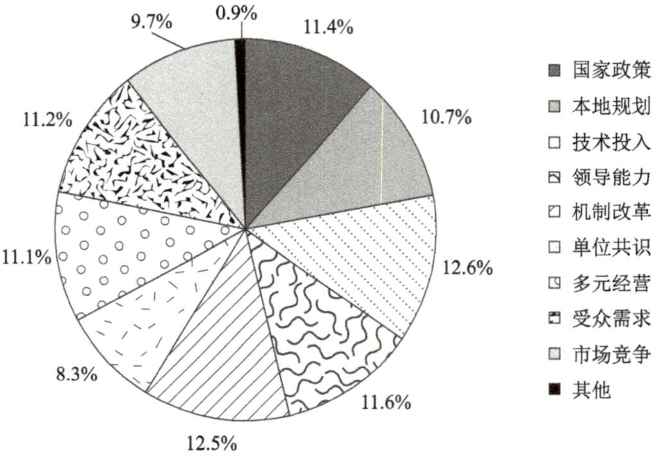


图 3-13　所在单位融媒体中心的创新发展取决于哪些因素

融媒体中心的成立并不意味着不同媒介的特质就此消解，而是更应该加快推进全媒体人才培养机制的建立。具有全媒型思维和理念，熟悉各种传播载体的传播规律、传播知识、传播技能，善用各种现代传播手段进行创造性传播劳动的人才，是融媒体中心发展源源不断的驱动力。其一，全媒体思维意味着不仅要了解各种媒体的特点、风格、属性和信息发布要求规范，而且要了解各个媒体的受众群体特点，要有全媒体运营的思维。其二，全媒体思维意味着要有很好的写作能力，内容选题、素材收集能力，

① 人工智能时代新闻传播事业的守正创新[EB/OL]. (2019-12-16). http://theory.people.com.cn/n1/2019/1216/c40531-31507126.html.

制作能力和创作能力，能够根据不同渠道、不同媒介平台的形态和传播特点，抓重点、抓特色，打造针对不同平台的内容亮点，生成形式不同但调性统一的全媒体内容。其三，全媒体思维意味着除了应具有采、写、编、评等基本媒体素养之外，更要具备观察分析和处理数据、全媒体内容策划和运营的能力。

## 五、完善管理规范，优化媒体生态

在现代社会，媒体不仅是大众获知新闻的主渠道，更是社会教化、秩序维护、文明传承的重要工具，媒体的表达关系到公众利益、社会和谐、文化认同，因此，区（县）融媒体中心在内容生产的过程中也需要重思和构建应当遵守的伦理准则，主要包括以下三个方面。

第一，正确看待“媒体+”业务的全方位拓展，平衡好社会效益与经济效益。融媒体中心应在确保其事业单位属性及社会影响的前提下，探索各类满足“自我造血”需求的业务形式。

第二，正确处理融媒体中心与本地自媒体的业务关系，营造良性、可控的竞争环境。例如秀山县融媒体中心允许部分自媒体以更接地气的话语表达方式对官媒的内容进行通俗化、亲民化的解读。这样既有助于缓和官媒边缘化的处境，增加地方自媒体的归属感、媒体责任感，同时与地方自媒体“里应外合”形成合围之势，和谐共生，并取得显著的传播效果。

第三，正确处理地方文化与国家文化、民族文化、区域文化的关系。首先要牢记习近平总书记强调的希望重庆“更加注重从全局谋划一域、以一域服务全局，努力在推进新时代西部大开发中发挥支撑作用、在推进共建‘一带一路’中发挥带动作用、在推进长江经济带绿色发展中发挥示范作用”①，牢固树立全国“一盘棋”思想，着眼大局，胸怀大局，服务大局，同时也要充分尊重和挖掘各区（县）的特色文化。

① 重庆努力发挥好“三个作用”研讨会成功举办[EB/OL]. (2020-04-17). https://news.gmw.cn/2020-04/17/ content_33746149.htm.

# 第四章

# 区（县）融媒体中心的经营管理

为了解区（县）融媒体中心的建设情况，从整体上把握经营管理方面存在的问题，我们实地走访调研了各区（县），通过组织座谈会，实地采访每个区（县）融媒体中心领导以及运营部、广告部、财务部、新媒体部等部门负责人和员工，获取当地融媒体中心经营管理情况的一手资料，并在后期撰写调研报告时以微信或者电话的方式进行回访以补充有关数据，在一定程度上保障了数据的全面性和准确性。

## 第一节　区（县）融媒体中心建设前后的经营管理状况

### 一、融合之前各区（县）传统媒体经营管理状况

在融合之前，区（县）的报社、广播电视台的经营项目种类有限。其中报社的经营项目种类大致可以分为：版面广告、专栏、便民信息、活动策划。广播电视台的经营项目种类包括电视广告、联办栏目、宣传片、专题片拍摄、户外广告、活动策划、场地租赁。同时有极少数区（县）媒体还成立了传媒公司以提高媒体的自身造血能力，包括万州的三峡都市报社。据了解，三峡都市报社共建立了1家传媒集团、13家公司，负责不同项目的经营，包括广告制作发布、旅游、新媒体运营、活动策划、直播带货、众创空间等。武隆区广播电视台于2012年独立出资成立了重庆市武隆区泽晋影视传媒有限公司，负责经营工作，公司主要经营项目是制作、发行各

类音视频作品，包括专题片、广告片、宣传片等。巫山报社建立巫山县奔风文化传媒有限公司，负责对接市场开展经营，主要是接洽广告业务，刊登报纸版面广告、专栏、便民信息以及牵头活动策划、执行，用以保障报社媒体的正常运营。融合之前各区（县）传统媒体经营情况详见表 4-1。

**表 4-1　融合之前部分区（县）传统媒体经营情况**

| 区（县） | 经营项目 |
| --- | --- |
| 荣昌 | 荣昌报社：报刊广告<br>荣昌区广播电视台：<br>重庆棠香影视文化传媒有限公司负责荣昌广播电视台的经营业务<br>1.广播、电视商业广告；2.广播电视音视频节目；3.视频产品；4.大型活动——文艺演出 |
| 永川 | 永川区广播电视台：<br>1.大型活动——区级各类大型活动（如永川春晚）<br>2.联办节目——与各镇街联办（联办专题节目，如乡村时光、法治视线等栏目）<br>3.宣传片拍摄——全区各政府部门承制宣传片<br>永川区新闻社（《永川日报》《今日永川》） |
| 秀山 | 秀山网、秀山土家族苗族自治县电视台、《秀山报》：<br>1.广告、宣传服务——代理网络宣传推广服务、手机报宣传<br>2.信息服务——网站建设、活动庆典服务、互联网信息服务 |
| 酉阳 | 酉阳土家族苗族自治县广播电视台：<br>1.视频广告；2.流动字幕广告；3.宣传片、专题片拍摄——政府部门联办<br>酉阳报社：<br>1.报刊刊登证照类遗失启事、公告；2.新媒体平台及报刊广告宣传；3.报刊专版收费；4.其他商业广告 |
| 巴南 | 巴南区广播电视台：1.广播电视的广告投放；2.视频节目制作等<br>巴南日报社：1.广告刊登；2.专题宣传服务 |
| 江津 | 报社的经营项目交由国有企业——重庆市江津区普惠广告有限公司进行管理<br>刊登广告、公告——设计、制作、代理、发布招牌、字牌、灯箱、充气装置广告<br>江津广播电台：<br>1.承办活动；2.专题片拍摄；3.广告收入<br>设有广告中心 |
| 九龙坡 | 无经营，政府全额拨款 |
| 北碚 | 成立融媒体中心之前，无经营项目，也无广告业务 |
| 渝北 | 无经营。渝北报社、渝北区广播电视台属于正处级全额拨款，经营体制没有放开。广播电视台有广告部，报刊有运营部，为合并后成立公司打下基础。广告大多为公益类，比如宣传大政方针、文明宣传片、公益广告、环保广告，广播电视台和报社几乎无商业广告，没有收入 |

续表

| 区（县） | 经营项目 |
|---|---|
| 南岸 | 报社、电视台各自运营，互不干涉。在南岸区融媒体中心成立前，南岸区广播电视台与《南岸报》合资成立下属公司，报社与电视台各占50%股份。<br>经营业务包含：<br>1.媒体运管服务——其他企业向公司购买公众号运营服务<br>2.设计制作，专题片拍摄制作<br>3.户外广告发布——阅报栏、T型台<br>4.活动承办<br>5.信息技术开发 |
| 铜梁 | 铜梁区广播电视台：专题类节目、电视广告以及政务广告等 |
| 合川 | 合川区广播电视台：专题片、滚动字幕等 |
| 南川 | 广播通过与房地产、家居等行业合作增加广告收入 |
| 武隆 | 武隆区广播电视台：<br>融媒体中心建立之前，原广播电视台于2012年独立出资成立重庆市武隆区泽晋影视传媒有限公司，负责经营工作，公司主要经营项目是制作、发行各类音视频作品，包括专题片、广告片、宣传片等 |
| 大足 | 大足日报社：1.报纸专栏；2.“大足网”“掌上大足”等新媒体<br>大足区广播电视台：1.广播、电视广告；2.联办栏目；3.专题片 |
| 璧山 | 1.与街镇部门开展联办栏目、专栏；2.便民信息（失物招领等）；3.少量商业广告 |
| 长寿 | 长寿日报社：出资成立了重庆今日广告有限责任公司，负责经营，主要经营项目有：1.承办活动；2.设计、制作、发布广告；3.新媒体代运营<br>长寿区广播电视台：电视硬广告、联办栏目 |
| 丰都 | 丰都新闻社：成立丰都新天地广告装璜公司，主要承接《丰都日报》上刊登专题的业务<br>丰都县广播电视台：成立丰都县广播电视公司，主要承接专题片制作、发行业务 |
| 梁平 | 梁平区新闻中心：1.策划执行各类宣传活动；2.写专栏；3.代运营、直播<br>梁平区广播电视台：1.硬广告；2.联办栏目；3.代运营、直播 |
| 忠县 | 忠县广播电视台：设有广告部负责台里的经营工作，由于政策和自身身份属性限制，仅有电视广告和便民信息，新媒体、教育等项目都未开展 |
| 万州 | 三峡都市报社：经营的项目较为多样，主要通过建立公司开展经营。三峡都市报社共建立了1家传媒集团、13家公司负责不同项目的经营。包括广告制作发布、旅游、新媒体运营、活动策划、直播带货、众创空间等<br>万州区广播电视台：各部门都可以开展经营活动。主要经营项目有：1.电视广告，包括房地产、汽车广告等；2.活动策划；3.电商运营；4.新媒体广告 |
| 云阳 | 云阳报社：1.新媒体平台相关业务；2.线下活动策划；3.专栏<br>云阳县广播电视台：1.新媒体平台相关业务；2.线下活动策划；3.传统的硬广告；4.联办栏目、专题片等 |
| 奉节 | 奉节县夔门报社：1.版面广告；2.专栏；3.便民信息<br>奉节县广播电视台：1.广播广告；2.广播联办栏目；3.电视联办栏目、专题片；4.电视广告 |

续表

| 区（县） | 经营项目 |
| --- | --- |
| 巫山 | 巫山报社：巫山县奔风文化传媒有限公司负责经营，主要项目有：1.广告业务；2.活动策划；3.报纸版面广告、专栏、便民信息<br>巫山县广播电视台：1.电视广告；2.场地租赁（演播厅）；3.LED大屏广告 |
| 巫溪 | 于2017年成立巫溪县新闻中心（广播电视台），加挂“巫溪县全媒体中心”牌子，实现媒体初步融合，经营项目也基本实现融合，主要有：1.电视、广播、新媒体广告；2.专题片、宣传片等音视频产品制作与发布；3.线下活动策划；4.报纸专版、便民信息；5.其他 |
| 城口 | 原新闻中心基本无经营需求，原广播电视台主要经营项目是各类联办栏目、专题片等音视频作品的制作与发布 |
| 垫江 | 垫江报社：不刊登广告，也不开设专栏，经营收入主要来自刊登便民信息<br>垫江县广播电视台：主要与广告公司联合经营广告业务，经营收入五五分账，此外还有1家传媒公司，但截至2020年并未开始运营，仅协助电视台接取少量专题片、联办栏目等经营项目 |
| 綦江 | 綦江报社：以公司方式开展经营活动，经营项目主要有：1.硬广告类；2.活动类；3.托管类；4.记者工作站；5.户外类<br>綦江区广播电视台：以经营部的方式开展经营活动，经营项目大体与报社类似，只是服务范围不同，另外还有一些音视频产品制作的项目 |

由于近年来传统媒体广告市场的整体萎缩，加之国家政策对广告标准的严格把控，如长寿区广播电视台，严格管控广告类型之后，营收急剧下滑。此外，随着智能手机的普及和互联网社交媒体的快速发展，新媒体本身所具有的传播速度快、传播方式多样化、传播内容更丰富等优势使其迅速占领广告市场，比如万州区广播电视台的广告类型包括房地产、汽车广告等，仍然以传统的硬广告为主，2010年、2011年的年广告收入可达1200多万元，后期受到新媒体平台的冲击，广播电视台的观看人数和自身影响力下降，广告收入逐年减少，2020年以后每年广告收入300万—400万元。

报社和广播电视台自身影响力相对有限，原有的地域性优势和基层新闻时效性优势，也随着互联网的快速发展及向大众生活的逐渐靠拢而丧失。同时，报社和广播电视台在争夺用户市场时容易产生无序竞争，造成资源的严重浪费。这些情况都会在两类传统媒体深度融合之后得到改善，传播格局也会进一步扩大。

## 二、融合之后各区（县）融媒体中心经营管理状况

2019年初，中央出台了《县级融媒体中心省级技术平台规范要求》《县级融媒体中心建设规范》等系列文件，在相关文件精神的指导下，重庆区（县）融媒体中心陆续建成。调研组根据区（县）融媒体中心在经营管理方面的项目种类以及运营状况，分析其整体存在的差异和困难，并对其中发展态势较好的融媒体中心进行个案探讨，同时也为各地融媒体中心“因县制宜”开展有关业务提供基础性的参考模式。

区（县）融媒体中心建设以后，经营业务的范围进一步得到扩展，不再依赖于传统媒体的硬广告收入，自主性和灵活性有了很大程度的提高。融媒体中心拥有专业的摄像设备、采编人员，将这些资源进行整合，可以为各部门、乡镇做整体形象塑造、品牌资源推广、项目招商等创意策划，制定出宣传策略和推进方案，通过提供宣传服务，获得收益。[①]另外，区（县）融媒体还可以承接各种政府活动、社会项目，提供专业的全套服务，例如，重大庆典、会议等，从策划开始到活动直播及后期的摄影、剪辑、制作，为客户提供线上线下策划、创意、推广、执行等专业服务并以此获利。此外，还可以成立文化传媒公司等，逐渐扩大经营范围，涉足商品零售、电商服务、教育培训等领域。融合后部分区（县）融媒体中心经营情况详见表4-2（截至2020年12月30日）。

**表4-2　融合之后部分区（县）融媒体中心经营情况**

| 区（县） | 成立时间 | 经营项目 | 传媒公司 |
|---|---|---|---|
| 荣昌 | 2019年12月 | 1.报刊、广播、电视商业广告<br>2.广播电视音频<br>3.视频产品<br>4.大型活动：文艺演出 | 重庆棠香影视文化传媒有限公司 |
| 永川 | 2020年5月 | 1.拍摄纪录片、宣传片、专题<br>2.制作栏目<br>3.传统媒体与新媒体的广告等。传统媒体包括报纸与电视，新媒体包括软文推广、头条图片收费、直播活动、直播带货等<br>4.承办全区性各类大型活动、重要会议等项目 | 区深改委批准成立重庆市永川区三河汇碧传媒有限责任公司 |

① 陈安庆，刘阳. 融媒体环境下县级媒体经营模式探索[J]. 新闻战线，2019（13）：59-62.

续表

| 区（县） | 成立时间 | 经营项目 | 传媒公司 |
| --- | --- | --- | --- |
| 秀山 | 2019 年 6 月 | 1.政务合作：宣传片、专题片拍摄。政务合作包括帮助县内各部门（如交通局、水利局）、乡镇制作宣传片、专题片等，收取一定费用；也为社会企业、学校等拍摄宣传片，对营利性公司采取正常收费原则<br>2.相关培训：相关培训包括小记者培训、主持人培训等<br>3.活动举办：提供演播大厅等开展活动<br>4.宣传推广：提供中心各类新媒体平台为企业、机构开展宣传推广等商业活动，如秀山网，翠翠秀山 APP 等。直播包括帮助扶贫对象进行直播卖货，或是对外租借直播平台，收取费用 | 秀山县全媒体传媒集团有限公司 |
| 酉阳 | 尚未挂牌成立 | | |
| 巴南 | 2018 年 11 月 | 1.影视制作：策划、摄制汇报片、广告片、宣传片、微电影、短视频；会议室、演播厅、高清转播车、专业摄制设备租赁服务<br>2.媒体服务<br>（1）各类主题宣传的策划、执行、服务<br>（2）栏目、专题的合作、联办<br>（3）客户端、微信、微博、抖音号等新媒体运维托管（截至 2020 年 12 月有 3—5 家单位的官方账号由融媒体中心托管）<br>（4）视频、图文等媒资服务<br>3.文创服务<br>（1）庆典晚会、颁奖活动、展示会演等专业活动的策划、执行、服务<br>（2）各类文化艺术培训、才艺特长展示、专业节目打造等精准服务<br>（3）杂志、画册等制作<br>4.销售推介：策划开展直播带货、产品展示、电商等线上线下推介销售服务 | 重庆市巴南区广渝文化传媒有限公司 |
| 江津 | 2020 年 6 月 | “1+4+*N*”：<br>“1”：全面代理融媒体中心广告、政务信息服务<br>“4”：<br>（1）经营代理部分街镇、部门、企事业单位微信公众号（截至 2020 年 12 月签约 28 家政务微信号）<br>（2）经营管理户外广告牌、阅报栏、显示屏<br>（3）参加智慧江津和信息化建设<br>（4）承接、策划、包装镇街、部门的特色文旅活动等<br>“*N*”：教育培训、影视拍摄、形象策划、文艺创作、礼仪服务、文化活动等 | 重庆市江津区文化传媒有限公司 |

续表

| 区（县） | 成立时间 | 经营项目 | 传媒公司 |
|---|---|---|---|
| 九龙坡 | 2020 年 12 月挂牌 | 无经营。融媒体中心处于“相加”阶段，组织架构、分工等细节尚未完成，暂无统一的经营管理，主要靠政府全额拨款维护日常花费，基本没有营收渠道 | 暂无成立传媒公司的想法 |
| 北碚 | 2019 年 5 月 | 基本没有营收渠道，广告大部分属于政务合作。下一步盈利方向是建设“新闻＋政务”服务平台、“新闻＋服务”信息综合体 | |
| 渝北 | 2019 年 10 月 | 基本没有营收渠道，广告大部分属于政务合作的公益广告；宣传合作一般都是传统媒体加新媒体的整体宣传 | 后续准备筹备成立传媒经营公司（集团） |
| 南岸 | 2019 年 9 月 | 1.媒体运管服务：其他企业向公司购买公众号运营服务<br>2.设计制作、专题片拍摄制作<br>3.户外广告发布：阅报栏、T 型台。全市一共 400 个阅报栏，交由其他企业以《南岸报》的名头进行经营，公益广告也会在阅报栏中展览。南岸区融媒体中心有两块 T 型台，已出租<br>4.活动承办<br>5.信息技术开发 | 将原南岸报社的重庆南印象文化传播有限公司更名为重庆市南岸区文化传媒有限公司 |
| 铜梁 | 2019 年 1 月 | 1.传统媒体方面，包括报纸广告、电视广告、广播音频广告等<br>2.新媒体方面，微信公众号和 APP 是广告创收的新渠道，包括专题类节目、政务广告，与文化和旅游发展委员会、医院等单位联办宣传片 | 成立重庆市铜梁区龙融文化传媒有限责任公司 |
| 合川 | 2019 年 1 月 | 1.承办线下会展、丰收节、微访谈等活动<br>2.新媒体和报刊广告<br>3.直播带货（和镇街合作） | 重庆市合声广告传媒有限公司 |
| 南川 | 2020 年 9 月 | 1.广播开展了多样化的业务，其中包含新媒体互动游戏、投票、语言艺术培训班、文广演出、讲解、颁奖典礼等。例如，与银行合作，制作端午节 H5 游戏。在不同节日节点，为联动客户提供活动策划方案<br>2.在盈利模式上，商业广告包含餐饮、汽车、房地产、家居建材等，除广告外，存在多元化的商业合作。客户的要求逐渐提高，多媒体投放已成常态，业务合作的评价标准为点赞量、播放量、商品销量等<br>3.也在尝试新媒体的营收模式，积极开展直播带货活动，但盈利较少 | |
| 武隆 | 2019 年 8 月 | 1.广告<br>2.联办栏目及宣传片等音视频作品制作与发布 | 重庆市武隆区泽晋影视传媒有限公司 |
| 大足 | 2020 年 10 月 | 1.广告<br>2.电商 | 传媒公司仍在计划组建中 |

续表

| 区（县） | 成立时间 | 经营项目 | 传媒公司 |
| --- | --- | --- | --- |
| 璧山 | 2019 年<br>9 月 | 1.与街镇部门开展联办栏目、专栏<br>2.便民信息（失物招领等）<br>3.少量商业广告 | |
| 长寿 | 2020 年<br>5 月 | 1.承办活动<br>2.设计、制作、发布广告<br>3.新媒体代运营<br>4.联办栏目，未来还会开展电商等业务 | 计划将原重庆今日广告有限责任公司改组为传媒公司，继续负责融媒体中心的经营 |
| 丰都 | 2019 年<br>3 月 | 1.报纸专题、电视联办栏目、专题片等<br>2.户外广告业务<br>3.新媒体广告业务 | 计划组建传媒公司 |
| 梁平 | 2019 年<br>12 月 | 1.“媒体+服务”：联办栏目<br>2.“媒体+项目”：商业活动<br>3.“媒体+电商”： 开设微店；代运营直播活动<br>4.“媒体+培训” | 以现有区属国有企业梁平新鑫实业有限公司为依托，成立重庆市梁平区新鑫文化传媒有限公司 |
| 忠县 | 2020 年<br>10 月 | | |
| 万州 | 2020 年<br>9 月 | 主要由重庆市艺龙广告有限公司负责运营广告，由重庆三都云上传媒有限公司负责新媒体运营，由重庆三都科技有限公司负责众创空间，由重庆三都会展有限公司负责活动策划 | 重庆三峡传媒集团有限公司 |
| 云阳 | 2019 年<br>9 月 | 1.户外广告类；2.新媒体平台相关业务；3.线下活动策划；4.传统的硬广告；5.教育培训；6.录音棚相关音频业务；7.电商直播 | |
| 奉节 | 2020 年<br>7 月 | 1.报纸版面广告；2.专栏；3.便民信息；4.广播广告；5.广播联办栏目；6.电视联办栏目、专题片；7.电视广告 | 拟成立传媒公司，负责经营管理，但是方案暂时未通过 |
| 巫山 | 2019 年<br>7 月 | 1.部门协作（联办栏目），主要是与文化和旅游发展委员会等部门或者医院协作开展栏目；2.拍摄制作专题片；3.重大活动合作、承办；4.和社会企业合作；5.电视新媒体广告拍摄、制作、发布；6.市政广场 LED 大屏广告；7.县里重大活动专项支持（如“双晒”） | 中心成立后继续由巫山县奔风文化传媒有限公司开展经营活动 |
| 巫溪 | 2019 年<br>9 月 | 1.电视、广播、新媒体广告；2.专题片、宣传片等音视频产品制作与发布；3.线下活动策划；4.报纸专版、便民信息；5.其他 | |
| 城口 | 2019 年<br>11 月 | 1.联办栏目；2.制作宣传片 | |
| 垫江 | 2020 年<br>5 月 | 1.刊登便民信息；2.广告业务（与广告公司联合经营，五五分账）；3.专题片、联办栏目 | 公司尚未建立完整的组织架构 |
| 綦江 | 2019 年<br>4 月 | 1.硬广告类；2.户外类；3.活动类；4.音视频类；5.制作类；6.托管类；7.设计类；8.记者工作站；9.技术类；10.服务类 | 千里传媒有限公司 |

续表

| 区（县） | 成立时间 | 经营项目 | 传媒公司 |
|---|---|---|---|
| 潼南 | 2018 年 11 月 | “媒体+教育、媒体+文创、媒体+节会、媒体+电商”4 个产业主攻方向，形成稳定收入 | 传媒集团有潼掌柜（重庆）电子商务有限公司、百源文化传播有限公司、潼智广告传媒有限公司 3 家子公司和 1 个培训学校 |

注：表中空白项为暂无内容。

绝大多数区（县）融媒体中心属于公益一类的事业单位，充分依托地方政府主办的优势，加快融媒体中心品牌向多终端、多平台延伸，构建多媒体产业生态。同时在新形势下积极创收，不断强化公司管理，拓宽营收渠道，争取最大创收增收，以保障编外人员基本工资待遇和保障融媒体中心的正常运转。各区（县）融媒体中心的营收状况整体上堪忧，详见表 4-3（截至 2020 年 12 月 30 日）。

**表 4-3　部分区（县）融媒体中心成立前后的营收状况比较**

| 区（县） | 成立之前营收 | 成立之后营收 |
|---|---|---|
| 荣昌 | — | 一年财政拨款 2000 多万元，每年广告营收 350 多万元 |
| 永川 | 2017—2019 年，永川区广播电视台平均每年创收 700 多万元 | 受疫情和体制机制改革影响，同期创收额差别很大 |
| 秀山 | 每年营收约 100 万元 | 每年营收约 180 万元 |
| 酉阳 | 酉阳土家族苗族自治县广播电视台一年营收 30 万元左右；酉阳报社一年营收 70 万元左右；新媒体平台及报刊广告宣传共 30 万元左右；报刊专版，6 万元左右；其他商业广告 8 万元左右 | 尚未挂牌，尚未融合，广播电视台、报社两家分开运营 |
| 巴南 | 巴南区电视台每年的广告刊播和影视节目制作的总收入约 80 万元，巴南日报社的经营收入可能为 20 万—30 万元 | 2020 年上半年，融媒体中心的毛利润不到 300 万元，其中传统媒体的收入有一两百万元 |
| 江津 | 报社全年收入 400 万—500 万元<br>广播电视台：根据 2017 年财政预算口径，2017 年预算收入为 2168.9 万元，基本支出为 904 万元 | 现营收 173 万元，但预计一年财政支出 1000 万元（500 万元用于公司公事，500 万元用于中心及中心临聘人员） |
| 九龙坡 | 无收入，政府全额拨款 | 2020 年 12 月挂牌，主要靠政府全额拨款维护日常花费，基本没有营收渠道 |
| 北碚 | 无经营项目，也无广告业务 | 基本没有营收渠道，广告大部分属于政务合作 |
| 渝北 | 无经营。渝北报社、渝北区广播电视台属于正处级全额拨款。广播电视台有广告部，报刊有运营部，但几乎无商业广告，没有收入 | 基本没有营收渠道，广告大部分属于政务合作的公益广告 |

续表

| 区（县） | 成立之前营收 | 成立之后营收 |
| --- | --- | --- |
| 南岸 | 每年收入 300 万—500 万元不等 | 融合前后经营收入变化不大，每年 300 万—500 万元不等。另外，财政年拨款 200 万元，主要用于《南岸报》印刷发行、《南岸报》阅报栏张贴、南岸网系统维护、南岸区广播电视台平台维护、融媒体中心设备维护等 |
| 铜梁 | 传统广告收入 100 万元左右 | 2019 年政府财政拨款 1100 多万元，其中用于建设“中央厨房”700 多万元。2020 年收入达 130 万左右，加上其他业务广告的营收约有 300 万元，融媒体中心仍然有 500 万元的缺口 |
| 合川 | 广告收入主要来自传统媒体电视台，2011 年成立重庆市合声广告传媒有限公司，除去工资和运营费用尚有盈余 | 年度总预算达 2500 万元，2020 年 1—5 月创收仅 40 多万元 |
| 南川 | 依靠财政全额拨款 | 2020 年 9 月挂牌，广播电视台和报社融合后，广告等业务营收每年达 500 万元左右，盈利较少 |
| 武隆 | 2012 年，广播电视台成立重庆市武隆区泽晋影视传媒有限公司，2018 年营收在 383 万元左右 | 2019 年全年收入 309 万元，比 2018 年下降 19.3% |
| 大足 | 以传统业务为主，经营状况较差 | 2020 年 10 月挂牌，具体数据未调查 |
| 璧山 | 报社：财政下发创收任务为 60 万元，每年基本都是刚好完成<br>广播电视台：财政下发创收任务为 130 万元，大部分时候能完成 | 主要收入来源是传统媒体的广告、联办栏目、专题片等，市场相对饱和，发展空间很小。计划往直播带货、电商方向发展，增强自身“造血能力” |
| 长寿 | 长寿日报社：全年营收基本控制在 490 万元左右<br>广播电视台：2019 年事业收入为 146 万元 | 融媒体中心成立时间还不长，经营业务的改组还在筹划阶段，融合后由于人员的增加，公司的经营目标也会进一步增加 |
| 丰都 | 新闻社：业务十分单一，一年营收为 40 万元左右<br>广播电视台：一年营收为 150 万元左右 | 新媒体平台中微信公众号传播效果比较好，会举办线上活动，但基本上不会有广告收入。线下活动包括农民丰收节等，主办单位为文化和旅游发展委员会，丰都县融媒体中心只是协办方，也无营收 |
| 梁平 | 主要以联合经营的方式进行，根据宣传效果从合作方处获取提成，营收波动较大 | 公司运营后，财政拨款只提供项目经费，不再提供人员经费，融媒体中心员工的工资只能依靠公司创收 |
| 忠县 | 广播电视台全年营收在 80 万—90 万元浮动 | 2020 年 10 月挂牌，具体数据未调查 |
| 万州 | 三峡都市报社：广告营收每年有 1000 多万，新媒体代运营基本收益在 100 万左右<br>万州区广播电视台：<br>1.广告：每年广告收入 300 万—400 万元<br>2.活动策划：每年收入在 100 万元左右<br>3.新媒体业务：每年收入在 100 万元左右 | 重庆三峡融媒体中心于 2020 年 9 月成立，同步成立的重庆三峡传媒集团有限公司作为区属重点国有文化企业，依托融媒体中心的媒体平台和传播矩阵开展业务，但具体数据未调查 |

续表

| 区（县） | 成立之前营收 | 成立之后营收 |
| --- | --- | --- |
| 云阳 | 2019 年，报社和广播电视台的创收任务总共是 545 万元 | 融媒体中心 2020 年的创收任务达 610 万元，比上一年提高了 65 万元。融媒体中心计划根据各个部门的职能将创收任务进行分配，包括文化产业服务部、通联部、采访部、播音部等，其中文产部是融媒体中心创收任务最重的部门，2020 年一共分配了 300 万元。播音部首次开展了少儿培训业务，为融媒体中心带来了 10 多万元的学费收入 |
| 奉节 | 报社：每年营收不到 20 万元<br>广播电视台：2019 年营收仅 40 多万元，其中广播方面的营收占一半以上 | 融媒体中心刚刚开始合并办公，工作重点不在经营领域，经营项目并没有太大变化，仍以原有项目为主，员工开展经营活动的积极性也不高 |
| 巫山 | 报社：每年经营收入不超过 100 万元<br>广播电视台：主要经营业务以外包形式进行，营收在 100 万元左右 | 2020 年财政拨款预算 1589 万元，其中基本支出 869 万元，项目支出 720 万元，而此拨款预算不足以支撑融媒体中心的运营和发展，存在 300 万元左右的缺口。2020 年“双晒活动”是营收的一个重点，该活动获得财政局拨款 100 万元 |
| 巫溪 | 以 2019 年为例，运营收入共 160 余万元 | 2019 年以前，融媒体中心员工完成经营项目后可以从项目营收中抽取 20%作为工作经费，这一比率在 2019 年融媒体中心成立后降低到了 10%，极大打击了员工积极性 |
| 城口 | 原新闻中心方面基本无经营需求，原广播电视台方面主要经营项目是各类联办栏目、专题片等音视频作品的制作与发布，收入运营有限 | 每年需要创收 275 万元以上才能保证中心的基本运行。此外已达成合作意向和已开展的项目预计收入在 160 万元左右，要完成营收目标有一定难度。广告业务方面，2020 年上半年总共只接了一家房地产企业的广告，且广告宣传时间为 1 年，收入仅 10 万元 |
| 垫江 | 报社：每年多则十来万元，少则几万元<br>广播电视台：每年运营经费缺口有 200 多万元，其中广告方面每年分账可得收入 140 万元左右，剩余的专题片、联办栏目等项目收入仅数十万元 | 在经营业务方面，传统项目盈利较少。未来的经营方向还未明确，具体方案也还未公布 |
| 綦江 | 原报社的经营收入有近 400 万元，原广播电视台的经营收入有 400 多万元 | 2019 年，融媒体中心成立后的 8 个月共营收 1200 多万元，其中 1025 万来自媒体+政务。活动类：根据每场活动规模的不同，收费在 10 万—100 万元；托管类：已与 14 家单位达成了合作，每一家单位的收费在 20 万元/年左右浮动，这一部分收入可达到 300 万元；记者工作站也已经成立了 4 个，每一个的收费都在 40 万元/年，为中心带来 160 万元的收益 |
| 潼南 | 2017 年的经营收入为 100 万元；2018 年成立传媒集团后营收为 800 万元 | 2019 年经营收入达到 1600 万元，2019 年经营收入比 2017 年改革前增长 15 倍，经营收入反哺主业，实现了宣传与经营的双轨驱动、双丰收 |

“綦江模式”在众多区（县）融媒体中心发展态势中出现亮点，特别是在“媒体+”业务方面有所突破。在“媒体+政务”方面，主要做新闻宣传策划、新闻产品制作、微信公众号等新媒体的运营，其中活动策划包括区委、区政府大型活动策划，例如湖北医务人员回綦、云上綦江·高新起航等。在“媒体+服务”方面，通过大美綦江 APP 可以进行话费及水电费等生活缴费、寻找綦江景区、问政以及在网上政务大厅办理事务等。在公益活动方面，截至 2020 年，累计开展 35 站“委员走进你身边，萤火虫爱心行动”活动，区（县）融媒体中心以及 90 多个职能部门，200 余个爱心商家，1000 余名爱心人士参与活动，精准扶贫 5000 余户，惠及群众 10 万余人。“媒体+电商”方面，红蚂蚁商城是“媒体+扶贫”的电商，无物流载体，通过大美綦江 APP 客户端直达红蚂蚁商城。红蚂蚁商城主营业务是农特产品销售，并开设扶贫专区，销售额累计超千万元。同时区（县）融媒体中心也继续在“媒体+教育”方向拓展，培养了一批优秀的小记者，开展采访、主持人培训活动等，得到家长和学校的高度认可。在“媒体+商务”方面，为企事业单位做广告策划，例如“饭遭殃”、体育中心等，负责活动的前期策划、执行及效果评估，以及和四川某些地区合作，例如联合自贡举办灯会。

## 第二节　区（县）融媒体中心经营管理中存在的问题

区（县）融媒体中心建立起来以后，在业务方面有了更多的力量和更多元的选择，如各融媒体中心纷纷组建传媒公司，生产制作更多的原创精品，更好地发挥“媒体+”方面的作用，但是在经营方面，新建的区（县）融媒体中心面临着各种各样的难题。

### 一、区（县）融媒体中心经营面临的生产难题

#### （一）受地域和层级的限制，优质新闻的生产和供给不足

众所周知，在互联网时代，各类新媒体蓬勃发展，新闻资讯的生产和

传播更是日新月异，传统的媒体市场不断被各种新兴的移动互联网平台分割。受地域和层级的限制，在国际、国内等重大、热点新闻报道上，国家级媒体乃至省级、市级媒体，无论在信源获取、采编能力还是在传播渠道上均远远强于区（县）融媒体中心，导致区（县）融媒体中心在大众普遍关注的领域，能提供的优质新闻内容严重不足，在热点问题上的话题引领空间和议程设置能力有限。而本地的生活类、商业类资讯又往往被本地的民营自媒体平台抢占，加上区（县）融媒体中心对当地民生新闻、政务信息、社会资讯等挖掘不够，所生产的内容对本地受众吸引力不强，这一系列因素叠加起来，导致区（县）融媒体中心难以在当地形成权威、主流的话语引导能力。

就媒体经营的特有属性而言，新闻生产决定媒体的影响力和传播力，尤其对属地化的区（县）融媒体中心而言更是决定了本地市场的占有率和覆盖面，因此，区（县）融媒体中心解决市场化经营的前提就是通过提升本地优质新闻内容的生产和供给重新占领舆论引导阵地，打开进一步开展经营的活动空间。

### （二）内容生产的互联网思维、用户导向不足

毋庸置疑，区（县）融媒体中心的核心优势是内容生产，调研的融媒体中心大都十分注重内容产出的质量与数量，这一方面值得肯定，但同时，由于受众需求的变化，尤其是面对移动社交媒体、自媒体的竞争，内容生产的思维导向急需变革。

大多数区（县）融媒体中心在内容生产上更习惯之前的以事件为核心的“等新闻”，即事件发生后随之进行采访报道，缺乏用户导向的互联网思维和产品思维，尤其在如何借助 5G 和大数据技术去实时观察热点流向及用户所需，并及时跟进、反映用户需求上更是滞后。

当前，区（县）融媒体中心从事内容生产的骨干人员大致可分为两种，一是具有丰富的传统采编技能但新媒体技能缺乏，无法有效实现新媒体平台的生产和传播，二是具有一定的新媒体技能但新闻业务经验不足和规范意识不够。其中，第一种占多数且大部分具有事业编制，体制内的惯性导致对于当前的互联网用户需求的变革思维转换速度较慢，难以满足新媒体

生产和媒介融合要求。而第二种因大部分无编制不仅有潜在的不稳定因素，且还需一定时间的业务熟练过程，因而都存在时间成本、人力成本的问题。

### （三）内容产品转型难

区（县）融媒体中心大多由传统广播电视台和报社两个单位组合而成，旧生产模式一时难以转换，而新媒体生产的经验、人才、设备又缺乏，致使内容产品转型困难。对不少区（县）融媒体中心而言，首先，不仅自有新媒体平台流量远远低于本地其他自媒体平台，且本地一些优质的政务类新媒体内容和平台资源还无法聚合进来；其次，可供经营的市场资源匮乏，除了十几块阅报栏，没有获得更多的地方支持如户外广告资源等；再次，策划举办一些大型的或新型活动的经验、人员和设备也都较为欠缺。与本地的民营互联网商业平台或外地的互联网技术公司相比，受体制机制的影响又缺乏市场经营的自由度和灵活性，这都导致区（县）融媒体中心在新媒体内容产品整体转型方面难度较大。

### （四）新媒体产品更新速度慢

首先，信息技术的快速迭代更新，催生更多更新的新媒体产品。导致区（县）融媒体中心在新媒体内容产品转型还没完成的同时又要不断面临更新加快的矛盾，被迫在转型过程中不断成为“跟随者”。对融媒体中心成立前后的调研，就可以看到其不断在不同新媒体平台开通账号，不断更新网站、博客、微博、视频、即时通信等产品的“追赶足迹”。不同平台的开拓必将投入一定的人力、物力资源，当下一潮流来临时，可能上一媒体产品还未盈利，导致资源浪费。“跟随者”的状态也使区（县）融媒体中心的新媒体产品难以做深做实，不仅难以在第一时间抢占阵地，也难以站稳站高。

其次，区域范围内有限的经费一部分还须按照规定和地方党委政府的要求，投入到保障传统媒体的运营中，剩下能投入到开展市场化经营的新媒体产品生产中的费用，就显得捉襟见肘。[①]在这样看似两不误的投入中，

① 姜东旭，蒋昀洁. 传统媒体媒介融合的基础：成本、市场和收益[J]. 编辑之友，2015（1）：15-19.

实际上是两方面都难见成效。当下，区（县）融媒体中心热热闹闹对不同新媒体平台的开拓，看似百花齐放，但可能在受众眼里却是信息的重复堆叠，县级媒体虽然融合却依然没有有效挖掘出核心竞争力，仍需另辟蹊径。

### （五）专业运营人才短缺

媒介融合为传媒业发展带来新的机遇的同时，也对从业人员的运营能力提出了新的要求，区（县）融媒体中心既需要富有经验的一线采编人员，也需要专业的技术人才和复合型运营人才，这些人才是融媒体中心做强做专的重要基础。区（县）融媒体中心由于缺乏相关人才和资源，很难开拓互联网纵深发展的相关业务。如调研发现，奉节县融媒体中心运营部的 6 名员工原来都是记者、编辑或发射台维护员等，都没有从事过与活动策划和广告相关的工作，在经营经验方面十分欠缺，而且年龄都相对偏大。同时，区（县）对融媒体中心直播的市场需求较大，且活动类型较为广泛，除了农产品的直播带货活动，特色旅游景点以及政务、电竞等活动都需要直播，市场需求旺盛起来但对区（县）融媒体中心而言人才问题也来了，就是相匹配的出镜主播又不够了，因为大量活动都要求出镜主播不仅形象气质好，还需具备较高的专业素养。

### （六）缺乏有效激励机制

至今为止，激励形式和手段单一，缺乏有效激励机制的问题依然是区（县）融媒体中心最大的痛点。调研发现，重庆各区（县）融媒体中心目前采用的激励形式仍多数以微薄的奖金为主，不仅力度不够，更缺乏凝聚力。例如，2019 年以前，巫溪县融媒体中心员工完成经营项目后可以从项目营收中抽取 20%作为自己的工作经费，这一比率在 2019 年融媒体中心成立后降低到了 10%，此外工作人员开展“拉广告”等外出业务活动所产生的交通费、接待费用等都不能报销。对员工来说，干多干少都一样，员工没有积极性，广告收入随之萎缩；巴南区融媒体中心虽然成立了独立的经营公司，可以合法开展市场运营，但考核指标外的营收资金却不能作为绩效奖励，尤其不能将奖励给到编制内的个人头上，导致员工普遍缺乏营收动力。

## 二、区（县）融媒体中心经营面临的市场挑战

### （一）传统媒体广告市场总体下滑

多媒体时代到来的不可避免的趋势是传统媒体广告市场的萎缩及下滑，各类媒体纷纷登场，传统媒体广告市场遭到严重挤压。CTR 数据显示，截至 2019 年前三季度，中国广告市场整体下滑 8.0%，传统媒体同比降幅达到 11.4%。①

传统媒体广告市场的下滑，除了受到新媒体平台的外部冲击，还有部分原因来自对媒体刊播广告的监管和规范力度不断加大，如微信公众号“巴南发布”，订阅量达 21 万，但过度商业化的广告在不断减少，公益类广告及政府部门、街镇等宣传广告增多，因此融媒体中心的经营对象多半为当地政府部门。

### （二）区（县）市场体量小，需求有限

由于区（县）市场体量较小，用户量和消费规模有限，市场和资本驱动的力量也并不明显。一方面区（县）是熟人社会，由区（县）融媒体中心利用文字、网络等媒介开展的大众传播比群体传播和人际传播成本高，而且信息所覆盖的目标对象也不够精准，导致传播效果有所折扣。另一方面，商家的知名度在区（县）的辐射范围有限，本地商家企业的媒体宣传需求并不强烈。例如城口县融媒体中心由于自身市场体量限制，截至 2020 年 7 月，电视、报纸以及新媒体等融媒体中心自有平台总共只承接了 1 项房地产广告，价格在 10 万元左右，时长为 1 年。

### （三）商业平台带来巨大冲击

随着互联网技术和移动通信技术的迅猛发展，商业平台依托个人终端即时通信蓬勃兴起，成为普通大众使用最广泛的传播平台。与公办媒体相

---

① 2019 年前三季度，中国广告市场整体下滑 8.0% [EB/OL]. (2019-11-15). https://www.sohu.com/a/353861921_570245.

比，商业自媒体平台开展业务受到的限制较小，也更加灵活，转载和聚合地方新闻和服务内容，汇聚最广泛的内容，又将内容进行个性化推送，给融媒体中心带来巨大竞争压力。

通过调研了解到，绝大多数区（县）的商业自媒体平台发展态势要优于融媒体中心。商业自媒体平台受到市场利益的驱动，通过不断优化用户服务体验、挖掘用户需求以争夺市场份额，同时由于自身的非公办属性所受限制较少，发展迅猛。以云阳县融媒体中心为例，其运营人员强烈期望未来能加大对商业自媒体平台的监管，以利于大家可以公平竞争用户、粉丝，争夺市场份额，同时也期望地方政府能给予融媒体中心政策支持及资源力度方面的倾斜。

### （四）用户对媒体产品和服务的要求高

区（县）融媒体中心的功能核心定位包括三个方面：主流舆论阵地、综合服务平台、社区信息枢纽。区（县）融媒体中心作为事业单位的公办媒体，用户对于其所提供的媒体产品和服务给予更高的期望要求，区（县）融媒体中心除了将生产优质原创内容作为新闻报道和舆论引导的主导力量之外，还需要提供给本地用户以政务服务为核心的各种本地化服务，以及为群众提供信息交互的空间，促进社会共识的达成。而现如今，媒体整体功能还是较为单一化，宣传色彩较为明显，在实现真正意义的三大功能上还有很大发展空间。区（县）融媒体中心应以用户为中心，广泛聚集和有效利用各类本土资源。既要打通与区（县）党委和政府各级组织、各个部门的联系渠道，也要打通与本土各类企事业单位的联系渠道，通过各项垂直应用的渗透和各类便民惠民服务的聚合，盘活区（县）社会资源。

## 第三节　区（县）融媒体中心经营管理的对策与建议

区（县）融媒体中心已如“雨后春笋”般在全国范围内生长，资金不足是当前大部分区（县）融媒体中心建设中的重要制约因素。破解这一难题，一方面需要地方政府加大资金以及各项资源的支持力度，设立专项发展基金以及提供相应的资源、政策，另一方面区（县）融媒体中心也要从自身出发，不断拓宽盈利渠道，增强自身“造血能力”，反哺新闻内容生产的融合再造。区（县）融媒体中心必须要尽快根据当地情况确认自身的经营模式，明晰的经营模式有助于融媒体中心夯实根基、提升生存本领并激活区（县）经济发展的“一池春水”。一个拥有良好“造血能力”的融媒体中心是区（县）融媒体长远发展的根基与保障。

## 一、探索多元盈利模式

新媒体时代的冲击导致传统媒体的市场不断萎缩，区（县）融媒体中心在经营管理上也不能一直固守在传统经营领域。各区（县）融媒体中心要想真正靠自主经营发展起来，就必须要积极创新多元化的盈利模式，做到“遍地开花”，充分调动自身拥有的一切资源，探索区（县）融媒体中心经营业务的边界。

重庆部分区（县）融媒体中心经营入不敷出的情况也是由于当地市场的限制，如城口等区（县）的企业和商户在宣传方面的需求都不强烈，即使要举办活动，经费也较低，融媒体中心在单项业务上的盈利较少。如果这部分区（县）融媒体中心能够开拓多元的盈利项目，通过“多点开花”的方式做到积少成多，将当地与传媒有关的一切业务都纳入融媒体中心的经营范围，这也不失为融媒体中心提升“造血能力”的方法。

### （一）政务服务

做好党政机关、企事业单位的宣传工作一直是报社和广播电视台的主体工作，也给传统媒体带来了重要收入。宣传是各地企事业单位的“刚需”，对于当地各项工作开展起根本保障作用，从业务角度看，此类工作受市场变化的影响较小，能够为区（县）融媒体中心带来较为稳定的收入，融媒体中心建立后，此类工作仍应是重点。融媒体中心应加强与党政机关、街镇部门的宣传合作，继续扩大可提供服务的范围，运用好拥有的新媒体平台，丰富宣传方式，为各级企事业单位提供最优质的宣传服务，满足当地宣传需求。

以綦江区融媒体中心为例，2019年4月中心挂牌成立后，8个月实现盈利1200多万元，其中1025万元就来自政务服务，占总营收的80%以上。綦江区融媒体中心充分发挥了自身作为官方主流媒体的优势，以优质的宣传服务获得了当地企事业单位的信任与支持，实现了双赢。綦江区融媒体中心紧紧依靠党委和政府，以政务服务为中心带来了丰厚的收入，为融媒体中心建设提供了有力支持。

## （二）广告经营

广告经营是大部分区（县）广播电视台和报社的传统经营项目，到了融媒体中心时期也不能放弃这一业务。新媒体时代的到来虽然不可避免地导致了传统媒体广告市场的萎缩，广告流向了新媒体平台，原有的广播电视台或报社由于资源不够集中，生产流程、人员构成难以适应多媒体时代，在与新媒体公司的竞争中处于劣势。融媒体中心的建立一定程度上为传统媒体弥补了这方面的缺陷，同时，作为公办媒体，其公信力也是其他自媒体公司所不具有的优势。融媒体中心应该用好自身作为公办媒体的公信力这一无形资产，抓住媒体融合带来的机遇，扩大广告经营的渠道和范围，充分发挥自身在广告行业的传统优势，强化融媒体中心在广告方面的经营活动，让广告经营重新变成融媒体中心收入的一大支柱。

2020年9月，万州区的三峡都市报社正式与广播电视台融合成立重庆三峡融媒体中心。在融合之前，报社在广告经营方面是较为优秀的。报社成立重庆市艺龙广告有限公司来负责广告业务，广告渠道不局限于传统的报纸，还包括微信公众号、微博、抖音、客户端等新媒体平台，每年的营收有1000多万元，为报社发展提供了极大支持。三峡都市报社在广告经营方面虽然也受到了商业平台的一些冲击，但仍然保持了较高的盈利能力，这与报社整合好自身拥有的媒体渠道、实现广告的多渠道发布和高效传播以及作为官方媒体的公信力是分不开的。

## （三）新媒体代运营

融媒体是一个全新的概念，这个概念是时代发展的结果。目前全国的区（县）除了传统的报社和广播电视台在发布新闻信息外，区域内的其他政府职能部门几乎都有自己运营的新媒体平台，他们通过自己单位的新媒体平台发布本部门的新闻和信息。①这些管理新媒体平台的人有部分无相关的工作经验，管理上显得力不从心，时常有不准确的信息发布出来，扰乱了正常的视听，在社会上引起了不良反应，还耗费单位的人力、财力。同时，区（县）融媒体中心内职能部门在发布信息时也存在一定程度上的内容重叠。许多较为重要的新闻信息都会对多个部门的工作产生影响，如果交由各个部门自己发布，容易出现大量重复报道。

媒体管理是融媒体中心的一大优势，融媒体中心的从业人员大多具备较好的新闻素养和职业道德，可以更好地管理政务新媒体平台。同时，将多个平台整合交由融媒体中心负责，也有利于各个平台内容的分众化管理，减少内容上的重复。区（县）融媒体中心将这部分业务纳入自身盈利模式之中，一方面降低了区（县）融媒体中心各职能部门的支出，另一方面也可以给融媒体中心带来可观的收入。这部分业务是一项较为稳定的盈利项目，在倡导"媒体+"和线上办公的当下，融媒体中心可以跟各职能部门建立长期的合作关系，获得较为稳定的收益。

## （四）教育培训

在物质生活水平日益提高的中国，录音、配音、摄影、摄像等技能也渐渐获得了公众的关注，越来越多的公众希望提升自身在这些方面的素养。传统媒体从业人员在这些方面的能力是获得了公众认可的，这是社会上一般培训机构所不具有的优势。同时，融媒体中心还拥有演播厅、录音棚以及各类展示平台等资源，这也是其他培训机构较难获得的。融媒体中心可以将教育培训领域纳入自身经营范围，这既可以为公众提供优质的教育服务，又可以为融媒体中心增加收入，是符合融媒体中心发展趋向的。

---

① 孙函，门晓峰，孟文佳. 县级融媒体中心如何打开盈利模式[J]. 中国有线电视，2019（4）：389-390.

云阳县融媒体中心在2020年暑假第一次开展了教育培训的经营项目，首次开班就获得了10多万元的营收。这笔营收在量上虽然不能与其他经营项目相比，但却是融媒体中心盈利的一种新尝试，未来还有较大的发展空间。

### （五）电商直播

直播业务是电视台经营的老牌业务，融媒体中心成立后，部分区（县）融媒体中心都对原有设备进行了一定的更新，与商业平台相比，在直播的软硬件方面具有明显优势。

新冠肺炎疫情以来，由于环境的影响，电商业务和直播带货业务发展较为迅猛，许多区（县）融媒体中心都开展了“县长直播带货”“区长直播带货”的扶贫业务，这些项目也大多都是由当地融媒体中心或电视台牵头开展的，这是融媒体中心经营业务发展的一个重要方向。线上直播业务是新媒体时代下的一个较为重要的领域，5G时代的到来或许会促进电商业务的进一步发展，融媒体中心应该把握好当前政府主导开展“电商扶贫”“乡镇双晒”等活动的机会，积累新媒体平台直播以及电商业务的经验，将相关业务转化为融媒体中心经营的常规项目，建立好融媒体中心自己的电商平台以及直播平台，满足各级政府以及本地商户、受众的相关需求，做好对本地直播内容的引导工作。

### （六）音视频产品制作

融媒体中心作为公办媒体，对于媒体信息的本地传播应该占有主导地位。音视频是新媒体时代传播的重要形式之一，越来越多的公众在日常生活中也都有了较大的音视频消费需求。融媒体中心可以在音视频制作领域发挥自身作为专业媒体的优势，提供相关制作服务，满足当地用户的相关需求。将音视频产品制作相关业务统一到融媒体中心，既可以为用户提供服务，又可以在一定程度上对当地传播信息进行监控，还可以将融媒体中心业务做活，有利于将融媒体中心进一步打造成“媒体+政务+服务”的综合信息服务平台。

云阳县在2020年7月开拓了录音业务，可以为县域用户提供专业的录音棚及录音师服务。云阳县融媒体中心在音频作品领域的布局进一步增强了自身的服务能力和“造血能力”，也提升了融媒体中心的影响力。

归根结底，融媒体中心的经营最重要的是要获得公众对融媒体中心的认可，只有将融媒体中心塑造成获得公众认可的品牌，拥有足够的影响力，才能更好地实现盈利并将融媒体中心发展壮大，从而形成良性循环、继续获得更多公众的支持。

## 二、发掘内生动力和资源

### （一）争取政府财政支持和资源倾斜

区（县）融媒体中心的建设离不开大量资金的支持，其中各地党委、政府的财政拨款是重庆大部分区（县）融媒体中心建设过程中的主要经费来源。2019年1月25日，习近平总书记在中共中央政治局就全媒体时代和媒体融合发展举行第十二次集体学习时强调：“各级党委和政府要从政策、资金、人才等方面加大对媒体融合发展的支持力度。各级宣传管理部门要改革创新管理机制，配套落实政策措施，推动媒体融合朝着正确方向发展。”①这为区（县）融媒体中心建设获得财政支持提供了政策依据，但各个区（县）的经济发展状况并不相同，许多区（县）事实上没有多余的资金支持融媒体中心建设，这部分区（县）融媒体中心在努力提高自身经营能力的同时，可以向政府适当争取一些除资金以外的资源支持，如宣传渠道、政策倾斜、税收优惠等。

以綦江区为例，綦江区融媒体中心为公益二类的事业单位属性，可以自主开展经营活动。政府将当地的各类户外广告资源全部划归融媒体中心，户外广告收入交由融媒体中心运营。当地各职能部门也陆续将部门经营的新媒体平台交由融媒体中心代运营。融媒体中心已经与14家单位达成合作。綦江区融媒体中心能获得这些经营资源固然是自身努力开拓业务的成

① 习近平：推动媒体融合向纵深发展　巩固全党全国人民共同思想基础[N]. 人民日报，2019-12-06（1）.

果，但也离不开当地政府的支持，政府的支持是融媒体中心开展各项经营活动的基础。

### （二）利用好自身优势开展经营

融媒体中心作为公办专业媒体，在内容制作的专业性以及公信力等方面具有先天优势，融媒体中心在开展经营活动时可以围绕自身在这些方面的优势与商业媒体展开竞争，最大限度获得当地用户的支持。公信力一定程度上有助于融媒体中心的经营活动提升信任度和好感度，原创内容的制作优势是传统媒体多年从业积累的宝贵财富，可以提升融媒体中心产品质量与品牌美誉度。融媒体中心要牢牢把握好自身优势，根据各区（县）具体情况，将优势资源转化为市场价值，提升经营活动的效果。

### （三）建立传媒企业，主动进入市场

重庆大部分区（县）的融媒体中心都是公益一类的性质，在开展经营业务方面的局限性较大，许多业务都不便开展。云阳县融媒体中心 2020 年开拓了教育培训业务，但是由于没有自己的公司，获得的收益难以反哺主体业务，仍一直积压在播音部的账户内无法使用。这些困难在传媒公司建立后可以得到较为妥善的解决。

此外，綦江、潼南、万州等融媒体中心经营管理发展较好的区（县）都是采取建立传媒公司的方式开展经营活动的。建立公司，主动进入市场获取资金，是一条已经被探索出来较为可行的道路，也是许多区（县）融媒体中心计划实施的下一步方案。但是建立公司也不能完全照搬其他区（县）融媒体中心的成功经验，各个地区现状并不完全相同，单独一家传媒公司也很难将所有经营方式包含在内。不同区（县）融媒体中心在建立公司的过程中应该根据本地市场现状，选择最适合自身的经营方向作为公司的主营范围，与其他区（县）融媒体中心形成差异化，这样才能在较短的时间内成功在本地市场站稳脚跟，打造受到公众认可的融媒体中心品牌。

### （四）以满足民众所需为根本

“事业属性，企业管理”是中国媒体的双重属性，区（县）融媒体中心作为公办媒体开展经营活动是必要的，在经营活动中获得营收是将融媒体中心做“活”、增加员工积极性的重点，但并不是融媒体中心经营的根本，提供民众所需的服务才是根本。“媒体+政务+服务”的综合信息服务平台是融媒体中心发展的目标，提供媒体、党建、政务、公共等服务是公众对融媒体中心的要求。融媒体中心应该在不断完善主流舆论阵地建设的同时，拓展综合服务功能，通过开展各项经营活动，切实打通服务群众“最后一公里”，真正成为具有强大影响力、竞争力的新型主流媒体，让党的声音传得更开、更广、更深入。

# 第五章

# 区（县）融媒体中心发展的评估指标体系

截至 2021 年，区（县）融媒体中心的建设被视为我国媒体融合转型的关键，随着发展的深入，媒体融合也迎来了许多新的难题。其中既有传统体制机制和新型传播模式的限制，又无可避免地关系到传统媒体从业人员固化已久的新闻生产模式以及网络新兴技术的挑战。为了更全面、科学地衡量区（县）融媒体中心的建设进程，又逢区（县）媒体深度融合的阶段，故急需一套能够有效量化、评估“四力”的指标体系，作为“指示牌”来引导区（县）融媒体中心持续性融合发展。本章试建构区（县）融媒体中心建设评估指标体系模型，从总体上考察区（县）融媒体中心传播的量级。一方面，本章从区（县）融媒体中心作为“传播者”的身份出发，从其经营管理动作窥其运营的能动性；另一方面，从用户作为“接受者”的身份出发，通过其互动反馈更为客观全面地评价区（县）融媒体中心的发展进程，两方面结合，进而实现对区（县）融媒体中心建设的综合评估目标，指导区（县）融媒体中心科学发展。

## 第一节　评估的总体原则

### 一、科学性原则

科学性原则对明确区（县）融媒体中心发展方向、探索提高其建设科学化水平的有效路径、保证区（县）融媒体中心的转型和良性发展具有重要意义。在研究方法中的指标体系的构建、结构的拟定等环节都依托于理论依据和科学依据，需要明确方向并兼有一定的预测性和前瞻性。

### 二、全面性原则

在遵循全面性和代表性的决策原则基础上，构建能够真实全面反映区（县）融媒体特征的评价指标体系。全面考量二级、三级的各项指标，并考察最具有典型性的影响因素的主要对象。其中，在获取的数据及信息方面，要求全面、迅速、准确。

### 三、客观性原则

客观性原则包括两个方面意义：①真实性：在客观真实数据基础上构建指标体系，即信息来源反映的现象是真实客观存在的，在此基础上进行计算、验证和分析所得出的指标体系能够准确反映区（县）融媒体发展现状。②公允性：对于获取的信息和分析报告不偏不倚，既满足评估区（县）融媒体中心发展效果的需要，又避免由主观因素带来的干扰影响评估结果。

### 四、可操作性原则

任何的研究方法都应遵循可操作性原则，本书的可操作性原则坚持两点细则：一为内容信息的可获得性，前期的数据信息可以通过专业年鉴查阅获得，可以通过文献整理获得，可以通过调查问卷和实地访谈获得。二为数据资料的可量化性，量化指标数据要保证真实可靠，定性指标和经验指标应选择可以体现区（县）融媒体发展特征的关键指标。

## 第二节 评估框架及指标说明

为了科学观测当前区（县）融媒体中心建设的整体态势，综合评估区

（县）融媒体中心建设效果，进而优化区（县）融媒体中心的融合发展，本书在科学性、全面性、客观性、可操作性等方面建立了一套评价准则，依据现有的评价指标体系，拟将前文所述体制机制、人才队伍、业务内容、经营管理等条目归纳为总体建设状况、社会服务能力、经营能力、综合效果四个维度。具体指标的确立分为两大基本步骤：首先，基于现有研究成果，选取代表性强、可量化分析的指标。在具体的考量中，根据实地调研中半结构访谈的反馈结果与数据的收集与分析对各个指标进行调整，其核心是围绕传播力、影响力、引导力、公信力这“四力”以及资源管理和经营能力等建立指标评价体系，从而实现融合过程中的指示功能。

## 一、总体建设状况

总体建设状况维度主要考察融媒体中心在政策、资金、人员与管理制度、技术等方面的投入情况。

其二级指标包括政策支持、中心管理、技术与安全。政策支持指标考察区（县）党委和政府对融媒体中心建设与发展的重视和支持程度。中心管理指标考察融媒体中心对各部门、人员的管理与考核，以及融媒体中心内部或与外部其他部门、组织的协同机制。技术与安全指标考察融媒体中心的技术设备配备与使用情况，以及融媒体中心安全运营和风险防控情况。

政策支持二级指标的三级指标包括单位属性、办公环境、资源整合、资金政策、人才政策。单位属性指标考察融媒体中心的行政级别、领导职数、上级领导与管理机关。办公环境指标考察融媒体中心的人均办公面积。资源整合指标考察政府有无将区（县）域内相关资源整合交给融媒体中心管理和使用。资金政策指标考察融媒体中心的财政投入资金总额与实际到位资金总额，以及融媒体中心有无绩效政策和营收政策。人才政策指标考察融媒体中心的人员编制情况，以及有无相关人才引进政策、有无职称绿色通道。

中心管理二级指标的三级指标包括部门设置、协同管理、员工管理。部门设置指标考察区（县）的融媒体中心是否成立，以及成立后的融媒体中心对原有部门有无合并重组（有无流程再造）、有无成立经营公司。协同管理指标考察融媒体中心有无内部协同机制，以及中心有无与其他政府部门、企事业单位建立协同机制。员工管理指标考察融媒体中心的绩效和奖惩机制情况、开展培训和学习的情况。

技术与安全二级指标的三级指标包括技术支撑、安全保障。技术支撑指标考察融媒体中心的“中央厨房”建设与使用情况、高清设备配备与使用情况。安全保障指标考察融媒体中心的安全保障设备配备情况、安全保障与风险防范制度及应对措施。

## 二、社会服务能力

社会服务能力维度主要考察融媒体中心服务用户的社会效益，包括媒体内容的传播效果以及占据主流舆论阵地的程度。

其二级指标包括传播力、引导力、影响力、公信力。传播力就是传播主体充分利用各种手段，实现有效传播的能力。而所谓“有效传播”则是指针对目标受众精确、快速地实现主题的意图①。传播力指标侧重测量融媒体中心覆盖的广度与深度。引导力是在对公众舆论进行引领的过程中体现出来的。新闻舆论的引导力在很大程度上就是新闻媒体的引导力。引导力指标侧重测量融媒体中心在设置议程方面所起的作用。新闻影响力基于新闻舆论传播力而发挥效用，影响力主要体现传播行为的覆盖度及达到的影响效果，用以观测区（县）融媒体影响所达到的广度、热度等②。影响力指标侧重测量用户对于媒体的认可程度。新闻媒体的公信力、政府机构部门及有关单位的公信力，是需要在传播对象那里得到验证和确认的一种特殊之力。公信力指标侧重测量融媒体中心的公信力程度③。

传播力二级指标的三级指标包括用户活跃数、转发量与评论量等基本效果指标。用户活跃数指标测量融媒体中心的网站日均独立访客量、微博活跃粉丝量、微信公众号估算活跃粉丝量、聚合新闻客户端活跃订阅者量、短视频活跃粉丝量等。转发量指标测量融媒体中心的网站新闻报道被转载

① 新京报传媒研究院. 新号外·壹：写在新闻纸背面[M]. 北京：新星出版社，2012：36.
② 丁柏铨. 论新闻舆论传播力、引导力、影响力、公信力[J]. 新闻爱好者，2018（1）：5.
③ 丁柏铨. 论新闻舆论传播力、引导力、影响力、公信力[J]. 新闻爱好者，2018（1）：5.

总次数，以及微博、微信公众号文章、聚合新闻客户端文章、短视频的总转发量与平均转发量等。评论量指标测量融媒体中心的微博、微信公众号文章、新闻客户端和聚合新闻客户端文章、短视频的总评论量与平均评论量等。

引导力二级指标的三级指标包括原创新闻影响、重大新闻影响。原创新闻影响指标测量融媒体中心的原创新闻报道量，转载原创新闻平均媒体数量，微信公众号原创文章平均阅读量、平均转载量、平均评论量、平均点赞量等。重大新闻影响指标测量融媒体中心的重大新闻报道阅读量、评论量、转载量。

影响力二级指标的三级指标包括点赞量、外宣发稿量、获奖作品量。点赞量指标测量融媒体中心的微博、微信公众号文章、聚合新闻客户端文章、短视频的总点赞量与平均点赞量。外宣发稿量指标测量融媒体中心在中央级、省（直辖市）级媒体平台的发稿量。获奖作品量指标测量融媒体中心获得国家级、省（直辖市）级奖项数量。

公信力二级指标的三级指标即公信度。公信度指标测量融媒体中心的重大新闻报道覆盖比例、重大新闻点赞量、发布虚假/不实消息次数等。

## 三、经营能力

经营能力维度主要考察融媒体中心的经营水平。作为经济实体，融媒体中心在媒体市场中以企业化运营形式求生存。其经营能力包括融媒体中心对其内部条件及其在同类市场中的发展潜力等的判断、评估能力，以此为基础制定经营战略与发展规划的决策能力，以及对各种生产经营活动的管理能力等。

其二级指标包括媒体业务能力、媒体+电商业务能力、媒体+教育业务能力、媒体+节会业务能力、其他业务能力。这些指标的三级指标都是融媒体中心的收入状况，包括近年总收入、近年总成本、近年总收益等。

## 四、综合效果

综合效果维度主要考察从业人员、受众及主管部门的满意度。其中，从业人员满意度侧重测量其对融媒体中心的满意度，具体指标包括融媒体中心员工对工作环境，组织文化，工作氛围，福利政策、收入与薪酬，员工活动，工作中获得的认可度和成就感，组织提供培训机会，个人工作权责，部门内工作协调，部门与其他部门协作，考评机制，融媒体中心管理的满意度。

受众满意度侧重测量受众对融媒体中心及提供服务的满意度，具体指标包括受众对融媒体中心提供的新闻资讯的满意度，融媒体中心提供的政务、便民等服务的满意度，融媒体中心提供的本土特色栏目、作品及塑造本土形象的满意度，融媒体中心提供的其他业务的满意度，融媒体中心在公共应急事件中的表现的满意度，融媒体中心的整体满意度。

主管部门满意度侧重测量主管部门对融媒体中心完成工作的满意度，具体指标包括主管部门对融媒体中心完成宣传任务的满意度、融媒体中心策划的本土特色栏目和提供的作品及塑造的本土形象的满意度、融媒体中心在公共应急事件中的表现的满意度。

## 第三节　评估指标权重计算及模型建构

### 一、样本选择、数据来源与指标计算方法

本次研究总体为全国区（县）融媒体中心，调查总体为重庆市 32 个区（县）融媒体中心，选择其中代表性较强的三家作为调查对象。调查对象的具体确认步骤为，首先采集三家融媒体中心运营的前 3 名微信公众号与微博账号数据，之后将微信公众号名称、微博账号名称与融媒体中心名称进行匹配，从而确认本次研究抽取的融媒体中心列表，收集相应运营的新兴媒体平台账号数据①。

数据收集方面，本次研究选取少量大型新兴媒体平台作为媒介效果数据的收集来源。其原因在于，在媒体的各细分领域中均存在着突出的垄断平台，如社交媒体领域的微信与微博、短视频领域的抖音等，它们占据着

① 张华麟，田丽. 传统媒体融合发展效果评估的实证研究[J]. 出版科学，2020，28（4）：13.

细分领域的大部分用户与流量，因而收集传统媒体在各细分领域的大型平台上运营的账号数据进行研究，便可较为客观地反映融媒体中心在新兴媒体领域的整体发展情况。

具体而言，本次研究选取的新兴媒体平台分别为社交媒体领域的微信与微博，短视频领域的抖音。更为重要的是，本次研究所有数据均为由新媒体平台提供的一手数据，并非由网络平台搜集而来的二手数据或估算数据，因而在数据维度上，较以往研究更具权威性和准确性。

指标体系权重则通过业界学界共同讨论确定。本次研究邀请多位学界与业内专家对具体指标的相对重要性进行评分，按照评分的等级结果对具体指标进行相应赋权。值得注意的是，由于新兴媒体平台间的相对重要性难以通过现有客观数据和主观评价确定，本次研究默认各新兴媒体平台重要程度相等。具体指标体系赋权情况如表 5-1 所示。传统媒体融合发展的整体评价指数的计算步骤为，在完成各项具体指标的数据收集后，对数据进行相应的清理与同一化处理，折算成各项指标的对应分数，最后采用加权累加法得出最终的区（县）融媒体中心建设发展指数。

## 二、模型建构

首先划分层级，分层建立层次结构模型。需要在对所建立的指标体系有清楚认知的基础上，自上而下地建立起目标层所需的层级。将区（县）融媒体中心发展建设评估指标体系划分为四个层级。第一层级为目标层，是指决策的目的和需要解决的问题，在本次研究中分别为总体建设状况、社会服务能力、经营能力、综合效果。第二层级为因素层，是决定目标层的因素，分别为政策支持、中心管理、技术与安全、传播力、引导力、影响力、公信力、媒体业务能力、媒体+电商业务能力、媒体+教育业务能力、媒体+节会业务能力、其他业务能力、从业人员满意度、受众满意度、主管部门满意度。第三层级为内容层，是不同因素的组成内容。第四层级为因子层，是考察不同因素组成内容相对应的具体组成因子。

**表 5-1　区（县）融媒体中心发展建设评价指标体系权重与数据来源**

| 一级指标 | 二级指标 | 三级指标 | 具体指标 | 具体指标权重/% | 数据来源与计算方法 |
|---|---|---|---|---|---|
| 总体建设状况（15%） | 政策支持（8%） | 单位属性（1%） | 行政级别、领导职数、上级领导与管理机关 | 1.00 | 区（县）融媒体中心提供数据 |
| | | 办公环境（1%） | 人均办公面积 | 1.00 | 区（县）融媒体中心提供数据 |
| | | 资源整合（2%） | 政府有无将区（县）域内相关资源整合交给融媒体中心，包括政务账号融合情况、户外媒体整合情况和媒体资源整合情况 | 2.00 | 区（县）融媒体中心提供数据 |
| | | 资金政策（2%） | 财政投入资金总额与实际到位资金总额 | 1.00 | 区（县）融媒体中心提供数据 |
| | | | 融媒体中心有无绩效政策 | 0.50 | 区（县）融媒体中心提供数据 |
| | | | 融媒体中心有无营收政策 | 0.50 | 区（县）融媒体中心提供数据 |
| | | 人才政策（2%） | 人员编制情况 | 1.00 | 区（县）融媒体中心提供数据 |
| | | | 融媒体中心有无相关人才引进政策 | 0.50 | 区（县）融媒体中心提供数据 |
| | | | 融媒体中心有无职称绿色通道 | 0.50 | 区（县）融媒体中心提供数据 |
| | 中心管理（5%） | 部门设置（1%） | 融媒体中心有无成立 | 0.50 | 区（县）融媒体中心提供数据 |
| | | | 融媒体中心对原有部门有无合并重组（有无流程再造） | 0.25 | 区（县）融媒体中心提供数据 |
| | | | 融媒体中心有无成立经营公司 | 0.25 | 区（县）融媒体中心提供数据 |
| | | 协同管理（2%） | 融媒体中心有无内部协同机制 | 1.00 | 区（县）融媒体中心提供数据 |
| | | | 融媒体中心有无与其他政府部门、企事业单位的协同 | 1.00 | 区（县）融媒体中心提供数据 |
| | | 员工管理（2%） | 融媒体中心有无详细的绩效和奖惩机制 | 1.00 | 区（县）融媒体中心提供数据 |
| | | | 融媒体中心有无定期开展培训和学习 | 1.00 | 区（县）融媒体中心提供数据 |
| | 技术与安全（2%） | 技术支撑（1%） | 融媒体中心有无“中央厨房” | 0.50 | 区（县）融媒体中心提供数据 |
| | | | 融媒体中心有无 4K 高清设备 | 0.50 | 区（县）融媒体中心提供数据 |

续表

| 一级指标 | 二级指标 | 三级指标 | 具体指标 | 具体指标权重/% | 数据来源与计算方法 |
| --- | --- | --- | --- | --- | --- |
| 总体建设状况（15%） | 技术与安全（2%） | 安全保障（1%） | 融媒体中心有无安全保障设备 | 0.50 | 区（县）融媒体中心提供数据 |
| | | | 融媒体中心有无安全保障与风险防范制度、措施 | 0.50 | 区（县）融媒体中心提供数据 |
| 社会服务能力（50%） | 传播力（15%） | 用户活跃数（5%） | 网站日均独立访客量 | 1.00 | Alexa 网站数据及爬虫采集 |
| | | | 微博活跃粉丝量 | 1.00 | 微博平台提供数据 |
| | | | 微信公众号估算活跃粉丝量 | 1.00 | 微信平台提供数据 |
| | | | 聚合新闻客户端活跃订阅者量 | 1.00 | 区（县）融媒体中心提供数据 |
| | | | 短视频活跃粉丝量 | 1.00 | 抖音提供数据 |
| | | 转发量（5%） | 网站新闻报道被转载总次数 | 1.00 | Alexa 网站数据及爬虫采集 |
| | | | 微博总转发量 | 0.50 | 微博平台公开数据 |
| | | | 微博平均转发量 | 0.50 | 微博平台公开数据 |
| | | | 微信公众号文章总转发量 | 0.50 | 微信平台提供数据 |
| | | | 微信公众号文章平均转发量 | 0.50 | 微信平台提供数据 |
| | | | 聚合新闻客户端文章总转发量 | 0.50 | 腾讯企鹅号提供数据 |
| | | | 聚合新闻客户端文章平均转发量 | 0.50 | 腾讯企鹅号提供数据 |
| | | | 短视频总转发量 | 0.50 | 腾讯企鹅号提供数据 |
| | | | 短视频平均转发量 | 0.50 | 腾讯企鹅号提供数据 |
| | | 评论量（5%） | 微博总评论量 | 0.50 | 微博平台公开数据 |
| | | | 微博平均评论量 | 0.50 | 微博平台公开数据 |
| | | | 微信公众号文章总评论量 | 0.50 | 微信平台提供数据 |
| | | | 微信公众号文章平均评论量 | 0.50 | 微信平台提供数据 |
| | | | 新闻客户端文章总评论量 | 0.50 | 腾讯企鹅号提供数据 |
| | | | 新闻客户端文章平均评论量 | 0.50 | 腾讯企鹅号提供数据 |
| | | | 聚合新闻客户端文章总评论量 | 0.50 | 腾讯企鹅号提供数据 |
| | | | 聚合新闻客户端文章平均评论量 | 0.50 | 腾讯企鹅号提供数据 |
| | | | 短视频总评论量 | 0.50 | 抖音平台公开数据 |
| | | | 短视频平均评论量 | 0.50 | 抖音平台公开数据 |

续表

| 一级指标 | 二级指标 | 三级指标 | 具体指标 | 具体指标权重/% | 数据来源与计算方法 |
|---|---|---|---|---|---|
| 社会服务能力（50%） | 引导力（15%） | 原创新闻影响（8%） | 原创新闻报道量 | 2.00 | 爬虫数据以及多平台提供数据 |
| | | | 转载原创新闻平均媒体数量 | 2.00 | 爬虫数据以及多平台提供数据 |
| | | | 微信公众号原创文章平均阅读量 | 1.00 | 微信平台提供数据 |
| | | | 微信公众号原创文章平均转载量 | 1.00 | 微信平台提供数据 |
| | | | 微信公众号原创文章平均评论量 | 1.00 | 微信平台提供数据 |
| | | | 微信公众号原创文章平均点赞量 | 1.00 | 微信平台提供数据 |
| | | 重大新闻影响（7%） | 重大新闻报道阅读量 | 3.00 | 多平台提供数据 |
| | | | 重大新闻报道评论量 | 2.00 | 多平台提供数据 |
| | | | 重大新闻报道转载量 | 2.00 | 多平台提供数据 |
| | 影响力（10%） | 点赞量（4%） | 微博总点赞量 | 0.50 | 微博平台公开数据 |
| | | | 微博平均点赞量 | 0.50 | 微博平台公开数据 |
| | | | 微信公众号文章总点赞量 | 0.50 | 微信平台提供数据 |
| | | | 微信公众号文章平均点赞量 | 0.50 | 微信平台提供数据 |
| | | | 聚合新闻客户端文章总点赞量 | 0.50 | 自有客户端提供数据 |
| | | | 聚合新闻客户端文章平均点赞量 | 0.50 | 自有客户端提供数据 |
| | | | 短视频总点赞量 | 0.50 | 抖音公开数据 |
| | | | 短视频平均点赞量 | 0.50 | 抖音公开数据 |
| | | 外宣发稿量（3%） | 中央级媒体发稿量 | 1.50 | 区（县）融媒体中心提供数据 |
| | | | 省（直辖市）级媒体发稿量 | 1.50 | 区（县）融媒体中心提供数据 |
| | | 获奖作品量（3%） | 国家级获奖量 | 1.50 | 区（县）融媒体中心提供数据 |
| | | | 省（直辖市）级获奖量 | 1.50 | 区（县）融媒体中心提供数据 |
| | 公信力（10%） | 公信度（10%） | 重大新闻报道覆盖比例 | 3.50 | 多平台提供数据 |
| | | | 重大新闻点赞量 | 3.50 | 多平台提供数据 |
| | | | 发布虚假/不实消息次数 | 3.00 | 微信辟谣中心提供数据 |

续表

| 一级指标 | 二级指标 | 三级指标 | 具体指标 | 具体指标权重/% | 数据来源与计算方法 |
|---|---|---|---|---|---|
| 经营能力（20%） | 媒体业务能力（4%） | 收入状况（4%） | 近年总收入 | 2.00 | 区（县）融媒体中心提供数据 |
| | | | 近年总成本 | 1.00 | 区（县）融媒体中心提供数据 |
| | | | 近年总收益 | 1.00 | 区（县）融媒体中心提供数据 |
| | 媒体+电商业务能力（4%） | 收入状况（4%） | 近年总收入 | 2.00 | 区（县）融媒体中心提供数据 |
| | | | 近年总成本 | 1.00 | 区（县）融媒体中心提供数据 |
| | | | 近年总收益 | 1.00 | 区（县）融媒体中心提供数据 |
| | 媒体+教育业务能力（4%） | 收入状况（4%） | 近年总收入 | 2.00 | 区（县）融媒体中心提供数据 |
| | | | 近年总成本 | 1.00 | 区（县）融媒体中心提供数据 |
| | | | 近年总收益 | 1.00 | 区（县）融媒体中心提供数据 |
| | 媒体+节会业务能力（4%） | 收入状况（4%） | 近年总收入 | 2.00 | 区（县）融媒体中心提供数据 |
| | | | 近年总成本 | 1.00 | 区（县）融媒体中心提供数据 |
| | | | 近年总收益 | 1.00 | 区（县）融媒体中心提供数据 |
| | 其他业务能力（4%） | 收入状况（4%） | 近年总收入 | 2.00 | 区（县）融媒体中心提供数据 |
| | | | 近年总成本 | 1.00 | 区（县）融媒体中心提供数据 |
| | | | 近年总收益 | 1.00 | 区（县）融媒体中心提供数据 |
| 综合效果（15%） | 从业人员满意度（4%） | 对融媒体中心满意度（4%） | 工作环境的满意度 | 0.25 | 问卷调查 |
| | | | 组织文化的满意度 | 0.25 | 问卷调查 |
| | | | 工作氛围的满意度 | 0.25 | 问卷调查 |
| | | | 福利政策、收入与薪酬满意度 | 0.50 | 问卷调查 |
| | | | 员工活动满意度 | 0.25 | 问卷调查 |
| | | | 工作中获得的认可度和成就感的满意度 | 0.25 | 问卷调查 |

续表

| 一级指标 | 二级指标 | 三级指标 | 具体指标 | 具体指标权重/% | 数据来源与计算方法 |
|---|---|---|---|---|---|
| 综合效果（15%） | 从业人员满意度（4%） | 对融媒体中心满意度（4%） | 组织提供培训机会的满意度 | 0.50 | 问卷调查 |
| | | | 个人工作权责的满意度 | 0.25 | 问卷调查 |
| | | | 部门内工作协调满意度 | 0.25 | 问卷调查 |
| | | | 部门与其他部门协作的满意度 | 0.25 | 问卷调查 |
| | | | 考评机制满意度 | 0.50 | 问卷调查 |
| | | | 融媒体中心管理的满意度 | 0.50 | 问卷调查 |
| | 受众满意度（5%） | 对融媒体中心及提供服务的满意度（5%） | 融媒体中心提供的新闻资讯的满意度 | 1.00 | 问卷调查 |
| | | | 融媒体中心提供的政务、便民等服务的满意度 | 0.50 | 问卷调查 |
| | | | 融媒体中心提供的本土特色栏目、作品及塑造本土形象的满意度 | 0.50 | 问卷调查 |
| | | | 融媒体中心提供的其他业务的满意度 | 0.50 | 问卷调查 |
| | | | 融媒体中心在公共应急事件中的表现的满意度 | 0.50 | 问卷调查 |
| | | | 融媒体中心的整体满意度 | 2.00 | 问卷调查 |
| | 主管部门满意度（6%） | 对融媒体中心完成工作的满意度（6%） | 融媒体中心完成宣传任务的满意度 | 2.00 | 问卷调查 |
| | | | 融媒体中心策划的本土特色栏目和提供的作品及塑造的本土形象的满意度 | 2.00 | 问卷调查 |
| | | | 融媒体中心在公共应急事件中的表现的满意度 | 2.00 | 问卷调查 |

上述具体指标包括数字型、有无型、填空型三类。数字型指标用其数值乘以权重即为其分值；有无型指标中，有则用 100 乘以权重即为其分值，无则该项分值为 0；填空型指标（“单位属性”）中，处级单位则用 100 乘以权重即为其分值，处级以下单位用 50 乘以权重即为其分值。

由于区（县）经济和人口存在差异，一些数字型指标在其分值的基础上须再乘以相关比重：

财政投入资金总额的分值=财政投入资金总额×权重×（财政投入资金

总额÷当地年度财政预算总支出）。

实际到位资金总额的分值=实际到位资金总额×权重×（实际到位资金总额÷财政投入资金总额）。

收入状况的分值=收入状况的金额×权重×（收入状况的金额÷当地年度地区生产总值）。

二级指标“传播力”“引导力”中的全部三级指标和二级指标“影响力”中的“点赞量”三级指标，均再乘以（对应的数值÷当地人口总量），如网站日均独立访客量的分值=网站日均独立访客量×权重×（网站日均独立访客量÷当地人口总量）。

# 第六章

# 区（县）融媒体中心的版权保护

当前，区（县）融媒体中心建设肩负着打造主流舆论阵地、综合服务平台、社区信息枢纽的重要任务，为此，融媒体中心突破了原有媒体的界限，将传统广播、报纸、电视台、网站资源整合再造。整合之后，融媒体中心作为创新内容生产的实践者，其首要的新闻内容生产任务将面临更大成本投入和更多创意内容产出的需求。若不进一步唤醒新闻从业人员的新闻作品版权保护意识，对作品采取有效保护措施，创造性的新闻生产劳动积极性将会受到挫伤，新闻从业人员的创造性劳动价值也将无法得到合理的体现。

虽然，融媒体中心建设的体制机制改革、人才队伍构建、业务流程再造等问题更突显也更急需解决，但是作为身处互联网时代的内容生产机构，个人和组织生产创造力的保护和激发，实际上和解决机构身份、吸引有活力的人才、创新生产流程有共同的目标指向。因此，从实际来看，对区（县）融媒体中心新闻作品版权保护现状进行调研，对于推动融媒体中心建设，引导其良性发展具有重要现实意义。

## 第一节　区（县）融媒体中心版权保护现状

### 一、区（县）融媒体中心版权保护整体状况

调研组对长寿、黔江、彭水、石柱、南川、江津、綦江、铜梁、合川、

永川、大足、璧山、南岸、北碚、渝北、九龙坡、巴南、武隆、秀山、酉阳、垫江、丰都、梁平、忠县、万州、云阳、奉节、巫山、巫溪、城口、荣昌等地进行了实地调研。在调查问卷中设置了以下关于版权的问题：

1. 您了解的版权保护渠道是？
2. 您对版权保护的了解程度是？
3. 您是否同意媒体作品的版权应得到保护？
4. 您完成的融合新闻作品非原创素材的使用情况是怎样的？
5. 您工作中，个人生产的作品有没有申请版权保护？（个人）
6. 您工作中，生产的作品有没有申请版权保护？（单位）
7. 您工作中，单位有无需要和其他媒体平台进行版权合作？
8. 您以及您单位的作品是否出现过被侵权的情况？
9. 如果发现作品被侵权，您是否会采取维权措施？
10. 如果放弃维权，是哪些因素对你决定是否维权产生影响？
11. 您采取过哪些维权措施？

与此同时，我们还结合深度访谈，就从业人员的版权保护意识、单位的版权保护现状以及版权交易方面进行深入交流。

通过调研，我们发现，区（县）融媒体中心的从业人员对版权保护方面的知识了解较少，一些单位虽然开展过培训，但整体上对从业人员的版权意识的专门培训较少。绝大部分的区（县）融媒体中心的从业人员都认为媒体作品版权应该得到保护，他们认为这是对他们的劳动成果的尊重。对于非原创素材，绝大部分的融媒体中心是通过网上付费使用的，基本不会随便下载使用。在实际情况中，从业人员较少对自己生产的作品申请版权保护，而单位也较少对作品申请版权保护。

各区（县）融媒体中心基本上都与华龙网签署了转载方面的协议，除此之外很少有融媒体中心与其他媒体或平台签署版权合作方面的协议。在调研中，我们还了解到梁平区融媒体中心与大渝网梁平站以及当地的自媒体签订了相关合同用于划定转载范围和相关规定，綦江与新华社存在合作关系。

另外，大部分区（县）融媒体中心都存在被侵权的情况，主要是当地自媒体的随意转载和使用。当被发现侵权时，记者一般会联系侵权方相关负责人，要求对方删除或注明来源，还有一些情况则通过上报单位相关管理部门或网信办、宣传部，促使事情得到解决，一般很少使用法律手段。有些记者会放弃维权，主要受到维权过程复杂、专业知识缺乏和版权意识不足以及所在单位影响等方面因素的制约。

## 二、区（县）融媒体中心版权保护调查情况

### （一）版权保护意识明确

总体来看，绝大部分区（县）融媒体中心从业人员认为作品版权应该得到保护，版权保护意识较强。问卷调查结果显示（表 6-1），在调查的 970 名区（县）融媒体中心从业人员中，同意媒体作品版权应该得到保护的占 43.3%；非常同意作品版权应该得到保护的占 40.2%；没意见的占比 11.7%；稍微同意、不同意、稍微不同意、非常不同意的占比都较少，分别为 1.8%、1.6%、1.1%和 0.3%。在实地调研中，不少融媒体工作人员也表示，面对互联网技术的发展和媒介融合的推进，本单位对版权的重视程度以及版权保护意识相较以往有较大的提升。

**表 6-1　是否同意媒体作品的版权应得到保护**（单位：%）

| 态度 | 百分比 |
|---|---|
| 非常同意 | 40.2 |
| 同意 | 43.3 |
| 稍微同意 | 1.8 |
| 没意见 | 11.7 |
| 稍微不同意 | 1.1 |
| 不同意 | 1.6 |
| 非常不同意 | 0.3 |

### （二）版权保护知识了解待提升

问卷数据显示，绝大部分区（县）融媒体中心从业人员对作品版权保

护的了解较少，从业人员对于版权保护相关方面的知识了解需要加强。对版权保护了解的程度，参与调查的区（县）融媒体工作人员中，有 433 名从业人员稍微了解，占比 44.6%；173 名从业人员没意见，占比 17.8%；129 名从业人员了解，占比 13.3%；114 名从业人员稍微不了解，占比 11.8%；77 名从业人员不了解，占比 7.9%；28 名从业人员非常不了解，占比 2.9%；16 名从业人员非常了解，占比 1.7%（表 6-2）。对版权保护的了解途径，新闻报道是从业人员了解版权保护的主要渠道，占比 43.7%，网上获取占比 26.0%，工作上接触占比 17.0%，其他途径占比 6.1%，学校课程占比 4.7%，询问他人占比 2.5%（表 6-3）。

在实地调研中，同样发现，融媒体中心从业人员尤其是一线采编人员，对版权保护相关政策、方法、途径等了解较少。

**表 6-2　对版权保护了解程度**（单位：%）

| 了解程度 | 百分比 |
|---|---|
| 非常不了解 | 2.9 |
| 不了解 | 7.9 |
| 稍微不了解 | 11.8 |
| 没意见 | 17.8 |
| 稍微了解 | 44.6 |
| 了解 | 13.3 |
| 非常了解 | 1.7 |

**表 6-3　对版权保护的了解渠道**（单位：%）

| 了解渠道 | 百分比 |
|---|---|
| 新闻报道 | 43.7 |
| 学校课程 | 4.7 |
| 询问他人 | 2.5 |
| 工作上接触 | 17.0 |
| 网上获取 | 26.0 |
| 其他 | 6.1 |

### （三）非原创素材使用有待规范

绝大部分融媒体中心从业人员都通过合理途径合法使用非原创素材，

但也存在网上随意下载使用的情况。针对这一问题，问卷调查显示（表 6-4），596 名从业人员通过版权协议合法使用，占比 61.4%；203 名从业人员通过其他渠道使用非原创素材，占比 20.9%；171 名从业人员从网络随意下载使用，占比 17.7%。在实地调研中得知，长寿、江津、綦江、大足、璧山、北碚、渝北、九龙坡、巴南、秀山、酉阳、垫江、丰都、梁平、忠县、云阳、巫山、城口、荣昌等地的融媒体中心日常工作中都会使用非原创素材，实际工作中，区（县）融媒体中心在新闻内容生产上，由于专业采编人员人手不足，大量依靠新闻发生部门、学校、乡镇通讯员供稿，导致对他人非原创素材的使用也主要集中在这一群体，虽然融媒体中心会对他们支付一定稿费，也会另行购买网上图库资源的使用权限，但都难以保证刊发的新闻作品不发生侵犯他人版权的现象。

**表 6-4 非原创素材的使用情况**（单位：%）

| 使用情况 | 百分比 |
|---|---|
| 网络随意下载使用 | 17.7 |
| 通过版权协议合法使用 | 61.4 |
| 其他 | 20.9 |

而在使用的过程中，垫江县融媒体中心因使用了别人的镜头而被告知侵权，梁平区融媒体中心也发生过类似的情况，云阳县融媒体中心因为使用了别人的图片造成侵权，巫山县融媒体中心也发生过侵权他人的事件（表 6-5）。

**表 6-5 部分区（县）融媒体中心非原创素材使用情况**

| 区（县） | 是否使用非原创素材 | 获取渠道 | 有无被告知侵权 |
|---|---|---|---|
| 长寿 | 是 | 购买、直接使用（注明来源） | 无 |
| 黔江 | — | — | — |
| 彭水 | — | — | — |
| 石柱 | — | — | — |
| 南川 | — | — | — |
| 江津 | 是 | 购买、通讯员 | 无 |
| 綦江 | 是 | 通讯员、直接使用（注明来源） | 无 |
| 铜梁 | — | — | — |
| 合川 | — | — | — |

续表

| 区（县） | 是否使用非原创素材 | 获取渠道 | 有无被告知侵权 |
|---|---|---|---|
| 永川 | 无 | — | — |
| 大足 | 是 | 购买、直接使用（注明来源） | 无 |
| 璧山 | 是 | 直接使用（注明来源） | 无 |
| 南岸 | — | — | — |
| 北碚 | 是 | 购买 | 无 |
| 渝北 | 是 | 购买、直接使用（注明来源） | 无 |
| 九龙坡 | 是 | 购买 | 无 |
| 巴南 | 是 | 购买、直接使用（注明来源） | 无 |
| 武隆 | 否 | — | — |
| 秀山 | 是 | 购买、直接使用（注明来源） | 无 |
| 酉阳 | 是 | 购买、通讯员、直接使用（注明来源） | — |
| 垫江 | 是 | 购买 | 有（使用了别人的镜头） |
| 丰都 | 是 | 购买 | 否 |
| 梁平 | 是 | 购买 | 有（专题片使用别人镜头） |
| 忠县 | 是 | 购买 | 有 |
| 万州 | 否 | — | — |
| 云阳 | 是 | 购买 | 有（图片侵权） |
| 奉节 | 否 | — | — |
| 巫山 | 是 | 购买 | 有 |
| 巫溪 | 否 | — | — |
| 城口 | 是 | 购买 | — |
| 荣昌 | 是 | 直接使用（注明来源） | 无 |

### （四）维权措施以协商或行政渠道为主

部分区（县）融媒体对于自身新闻作品是否被侵权的情况不清楚，部分区（县）融媒体中心新闻作品出现过被侵权情况，被侵权频率不一。少数区（县）未发觉被侵权情况。针对融媒体中心的作品是否出现过被侵权的情况这一问题，选择不知道的有 345 名从业人员，占 35.6%；选择“有，情况较少”的有 195 名从业人员，占比 20.1%；选择“有，情况很多”的有 167 名从业人员，占比 17.2%；选择“有，情况较多”的有 140 名从业人员，占比 14.4%；选择没有的有 123 名从业人员，占比 12.7%（表 6-6）。

**表 6-6　新闻作品被侵权的情况**（单位：%）

| 侵权情况 | 百分比 |
|---|---|
| 有，情况很多 | 17.2 |
| 有，情况较多 | 14.4 |
| 不知道 | 35.6 |
| 有，情况较少 | 20.1 |
| 没有 | 12.7 |

在实地调研中发现，永川、南岸、北碚、渝北、巴南、秀山、酉阳、垫江、丰都、梁平、云阳、奉节、巫山、城口、荣昌等区（县）融媒体中心都有被侵权的情况，主要是融媒体中心的工作人员发现，永川区融媒体中心是通过专人追踪作品去向发现。部分区（县）融媒体中心采取了维权措施，包括协商解决、报告网信办、通过文化市场行政执法大队起诉。多数发生过被侵权情况的区（县）融媒体中心表示侵权者主要集中在本区域内没有新闻采编资质的互联网商业平台，因为本地新闻作品的区域性较强，本地的自媒体为了吸引本地人气获取经济效益，就会大批量地随意转载该区域融媒体中心原创作品，有时还会在融媒体中心原创作品上进行二次加工后再发出，这不仅是严重的版权侵权行为，还可能会对区域意识形态安全造成威胁（表 6-7）。

**表 6-7　部分区（县）融媒体中心被侵权情况**

| 区（县） | 是否存在被侵权情况 | 如何发现的 | 是否采取维权措施 | 哪种维权措施 |
|---|---|---|---|---|
| 长寿 | 否 | — | — | — |
| 黔江 | — | — | — | — |
| 彭水 | — | — | — | — |
| 石柱 | — | — | — | — |
| 南川 | — | — | — | — |
| 江津 | 否 | — | — | — |
| 綦江 | 否 | — | — | — |
| 铜梁 | — | — | — | — |

续表

| 区（县） | 是否存在被侵权情况 | 如何发现的 | 是否采取维权措施 | 哪种维权措施 |
|---|---|---|---|---|
| 合川 | — | — | — | — |
| 永川 | 是 | 专人追踪作品去向 | 是 | 报告网信办 |
| 大足 | 否 | — | — | — |
| 璧山 | 否 | — | — | — |
| 南岸 | 是 | 工作人员发现 | 否 | — |
| 北碚 | 是 | 工作人员发现 | 否 | — |
| 渝北 | 是 | 工作人员发现 | 是 | 协商解决 |
| 九龙坡 | 否 | — | — | — |
| 巴南 | 是 | 融媒体中心发现 | 是 | 协商解决 |
| 武隆 | 否 | — | — | — |
| 秀山 | 是 | 工作人员发现 | 是 | 报告网信办、协商解决、发布反侵权公告 |
| 酉阳 | 是 | 工作人员发现 | 否 | — |
| 垫江 | 是 | 工作人员发现 | 是 | 协商解决 |
| 丰都 | 是 | 工作人员发现 | 是 | 协商解决 |
| 梁平 | 是 | 工作人员发现 | 是 | 报告网信办 |
| 忠县 | 否 | — | — | — |
| 万州 | 否 | — | — | — |
| 云阳 | 是 | 工作人员发现 | 否 | — |
| 奉节 | 是 | 工作人员发现 | 否 | — |
| 巫山 | 是 | 工作人员发现 | 是 | 协商解决 |
| 巫溪 | 否 | — | — | — |
| 城口 | 是 | 工作人员发现 | 否 | — |
| 荣昌 | 是 | 工作人员发现 | 是 | 协商解决 |

被侵权后，尽管区（县）融媒体中心有多种维权途径，但最偏好的途径还是协商解决，其次是采取其他手段如向单位申请发侵权通知函给对方。较少采取起诉以及发布反侵权公告形式。调查显示，参与调查的区（县）融媒体工作人员中，选择采取协商解决的占比 31.3%，选择其他措施的占比 24.8%，选择向单位申请发侵权通知函的占比 19.9%，选择起诉的占比

12.8%，选择发布反侵权公告的占比 11.2%（表 6-8）。

**表 6-8　采取过的维权措施**（单位：%）

| 采取过的维权措施 | 百分比 |
|---|---|
| 起诉 | 12.8 |
| 发布反侵权公告 | 11.2 |
| 协商解决 | 31.3 |
| 向单位申请发侵权通知函 | 19.9 |
| 其他 | 24.8 |

当然，区（县）融媒体中心也存在侵权他人的情况，包括使用了他人的图片，即使表明来源，也被告知侵权；在专题片中，使用了他人所有的有版权备案的镜头，导致被告知侵权，这些都给融媒体中心造成一定的损失（表 6-9）。

**表 6-9　部分区（县）融媒体中心侵权他人的情况**

| 区（县） | 侵权形式 |
|---|---|
| 黔江 | 转载稿件被告知当中有图片侵权 |
| 南岸 | 使用他人图片标明来源被告知侵权 |
| 北碚 | 转载新华社文章被告知侵权 |
| 秀山 | 使用视觉中国图片注明来源被告知侵权 |
| 垫江 | 专题片中使用了他人的镜头 |
| 梁平 | 专题片中使用了重庆一家公司的一些镜头 |
| 忠县 | 转载稿件被告 |
| 万州 | 电视台诉讼 |
| 云阳 | 云阳微发布公众号使用了他人的图片 |
| 巫山 | 报纸使用了他人的图片 |

## （五）维权意识与放弃维权均突出

调查得知，大部分从业人员维权意识较强烈，若发现新闻作品被侵权会采取相应的维权措施。参与调查的区（县）融媒体中心从业人员中，如果发现新闻作品被侵权，646 名员工选择会采取维权措施，占比 66.6%；324 名员工选择不会采取维权措施，占比 33.4%（表 6-10）。

**表 6-10　是否采取维权措施**（单位：%）

| 是否采取维权措施 | 百分比 |
|---|---|
| 是 | 66.6 |
| 否 | 33.4 |

在选择不会采取维权措施的从业人员中，究其原因：选择维权过程复杂的占比 20.4%；选择缺乏专业知识的占比 15.6%；选择所在单位不支持的占比 14.5%；选择维权周期较长的占比 11.3%；选择维权收益较低、无维权意愿和其他的占比接近，分别为 9.6%、10.1%和 9.6%；选择律师费等维权成本高的占比 8.9%（表 6-11）。由此可知，面对新闻作品被侵权但不采取维权措施的三个主要原因分别为维权过程复杂、缺乏专业知识以及所在单位不支持。

**表 6-11　放弃维权的原因**（单位：%）

| 原因 | 百分比 |
|---|---|
| 所在单位不支持 | 14.5 |
| 律师费等维权成本高 | 8.9 |
| 维权过程复杂 | 20.4 |
| 维权周期较长 | 11.3 |
| 缺乏专业知识 | 15.6 |
| 维权收益较低 | 9.6 |
| 无维权意愿 | 10.1 |
| 其他 | 9.6 |

### （六）访谈的从业人员中，超 60%的从业人员所在单位未对作品申请版权保护

多数区（县）融媒体中心没有对工作人员生产的作品进行版权保护申请，部分区（县）融媒体中心对工作人员生产的部分作品进行了版权保护的申请，全部申请版权保护的融媒体中心占比很小。同时，多数区（县）融媒体中心从业人员对自身的作品较少通过个人形式进行版权保护申请。

对于版权保护申请，调查显示，从以单位形式申请版权保护情况来看，

641 名从业人员其单位没有对工作人员生产的作品进行版权保护申请，占比 66.1%；260 名从业人员其单位对工作人员生产的部分作品进行了版权保护的申请，占比 26.8%；69 名从业人员其单位对工作人员生产的作品全部进行了版权保护的申请，占比 7.1%（表 6-12）。

**表 6-12 单位申请版权保护情况**（单位：%）

| 申请版权保护情况（单位） | 百分比 |
| --- | --- |
| 没有申请 | 66.1 |
| 部分申请 | 26.8 |
| 全部申请 | 7.1 |

从以个人形式申请版权保护情况来看，763 名从业人员没有对自己生产的作品进行个人形式的版权保护申请，占比 78.7%；170 名从业人员对自己生产的部分作品进行了个人形式的版权保护的申请，占比 17.5%；37 名从业人员对自己生产的作品全部进行了个人形式的版权保护的申请，占比 3.8%（表 6-13）。

**表 6-13 个人申请版权保护情况**（单位：%）

| 申请版权保护情况（个人） | 百分比 |
| --- | --- |
| 没有申请 | 78.7 |
| 部分申请 | 17.5 |
| 全部申请 | 3.8 |

### （七）版权合作意愿不强烈

调查显示，被调查区（县）融媒体工作人员中，对单位有无需要和其他媒体平台进行版权合作，没有意见的占比 37.4%；认为单位需要与其他媒体平台进行版权合作的，占比 31.4%；认为单位稍微需要与其他媒体平台进行版权合作的，占比 10.1%；认为不太需要以及非常需要的占比相同，皆为 6.9%；认为完全不需要及稍微不需要的占比都较少，分别为 4.1%和 3.2%（表 6-14）。

**表 6-14 单位是否需要和其他媒体平台进行版权合作**（单位：%）

| 是否需要版权合作 | 百分比 |
|---|---|
| 完全不需要 | 4.1 |
| 不太需要 | 6.9 |
| 稍微不需要 | 3.2 |
| 没意见 | 37.4 |
| 稍微需要 | 10.1 |
| 需要 | 31.4 |
| 非常需要 | 6.9 |

在实地调研中得知，长寿、綦江、大足、璧山、渝北、秀山、丰都、梁平、云阳等地区的融媒体中心与其他媒体或平台有版权合作，合作对象包括华龙网、新华社、上游新闻、今日头条以及当地的一些商业平台，合作形式包括签订协议、互相提供一些素材等（表 6-15）。

**表 6-15 部分区（县）融媒体中心版权合作情况**

| 区（县） | 有无版权合作 | 合作对象 | 合作形式 |
|---|---|---|---|
| 长寿 | 有 | 华龙网 | 签订协议 |
| 黔江 | — | — | — |
| 彭水 | — | — | — |
| 石柱 | — | — | — |
| 南川 | — | — | — |
| 江津 | 无 | — | — |
| 綦江 | 有 | 新华社 | 签订协议 |
| 铜梁 | — | — | — |
| 合川 | — | — | — |
| 永川 | 无 | — | — |
| 大足 | 有 | 上级媒体（上游新闻、华龙网）等 | 签订协议 |
| 璧山 | 有 | 华龙网 | 网上 APP，共享照片 |
| 南岸 | — | — | — |
| 北碚 | — | — | — |
| 渝北 | 有 | 上级媒体、学习强国、第一眼等 | — |
| 九龙坡 | 无 | — | — |
| 巴南 | — | — | — |

续表

| 区（县） | 有无版权合作 | 合作对象 | 合作形式 |
|---|---|---|---|
| 武隆 | 无 | — | — |
| 秀山 | 有 | 今日头条、企鹅号等 | 签订协议（对方付费） |
| 酉阳 | 无 | — | — |
| 垫江 | — | — | — |
| 丰都 | 有 | 正规媒体平台 | 相互共有素材，但不是交易 |
| 梁平 | 有 | 大渝网梁平站、梁平万事通 | 以合同或协议方式获得转载许可 |
| 忠县 | 无 | — | — |
| 万州 | 无 | — | — |
| 云阳 | 有 | 华龙网 | 签署转载协议 |
| 奉节 | 无 | — | — |
| 巫山 | 无 | — | — |
| 巫溪 | 无 | — | — |
| 城口 | 无 | — | — |
| 荣昌 | — | — | — |

### （八）版权保护需求增强

在此次调研中，各区（县）融媒体中心也表达了其对版权相关需求的期许，主要集中在以下几个方面：推动版权资源数字化管理、开发、运营；实现非原创素材溯源以规避侵权；实现新闻作品去向和版权资源追踪；探索版权合作，细化交易规则；构建维权机制，突破维权障碍。

伴随媒体融合发展的推进，传统媒体与网络新媒体的冲突与竞争愈发凸显，融媒体中心生产的作品被新媒体常态性、大批量地无偿转载用以大肆吸流和盈利，有时还会进行二次加工甚至断章取义等，不仅严重侵犯了融媒体中心的媒体权益，同时还给意识形态安全带来隐患。在此背景下，主流媒体版权意识逐渐崛起，层出不穷的版权保护问题也引发了媒体业对推进版权保护与发展之路的思考。

## 第二节 区（县）融媒体中心版权保护存在的问题

自党的十八届三中全会提出社会治理的改革理念之后，社会治理理念取代了社会管理概念，一字之别中蕴含着全新改革理念的转换与升华。党的十八届五中全会在关于加强和创新社会治理的论述中，又提出了“推进社会治理精细化，构建全民共建共享的社会治理格局”[①]的战略部署。“全民”“共建”“共享”等一系列突破性新理念的提出，不仅蕴含着当前和未来社会治理改革的诸多理论与实践命题，而且引导着由“党委领导、政府负责、社会协同和公众参与”的社会管理格局向“党委领导、政府主导、社会协同、公众参与、法治保障”的全民共建共享的社会治理格局的转变。[②]县级融媒体中心建设既是推动媒体深度融合的关键，也是衔接基层社会治理创新，承载基层社会治理现代化的一项基础性、战略性工作。

在国家治理体系和治理能力现代化建设的总体背景下 2021 年国家版权局在《版权工作“十四五”规划》中明确提出：“到 2025 年，版权强国建设取得明显成效。版权重要领域和关键环节改革取得重要进展，版权法律制度体系更加完善，版权工作法治化水平大幅提高；版权执法监管不断加强，版权保护水平显著提升；版权社会服务能力明显提高，版权产业高质量发展成效显著；版权涉外工作深入推进，在国际版权体系中的话语权、传播力和影响力不断提升；版权宣传教育持续深入开展，尊重版权的社会风尚更加浓厚，版权营商环境明显优化，版权保护社会满意度保持较高水平。”[③]加强版权治理、实现版权治理现代化是响应党中央推进国家治理体系和治理能力现代化的要求。县级融媒体作为基层社会治理的重要一环，加强自身版权治理是实现社会治理现代化的现实抓手，具有重大的现实意义。

---

① 中共十八届五中全会在京举行[EB/OL]. (2015-10-30). http://cpc.people.com.cn/n/2015/1030/c64094-27756155.html.

② 周红云. 全民共建共享的社会治理格局：理论基础与概念框架[J]. 经济社会体制比较，2016（2）：123.

③ 国家版权局关于印发《版权工作“十四五”规划》的通知[EB/OL]. (2021-12-29). https://www.ncac.gov.cn/chinacopyright/contents/12228/355734.shtml.

在本次调研中，我们发现各区（县）融媒体中心版权保护存在一些问题。

## 一、有一定的版权保护意识，但差异较大

融媒体中心每天会生产大量的原创作品，整体来说，区（县）融媒体中心从业人员有一定的版权保护意识，但意识不强，差异较大。处于不同职位、层次的从业人员在版权保护意识方面存在较大差异。有一定职位的中层领导往往认为单位从业人员有一定的版权意识，人们的版权意识也在不断增强。有的区（县）融媒体中心还会开展一些培训和会议来提高从业人员的版权意识。例如垫江县融媒体中心开展了一些线上的培训，日常工作中也强调版权意识。綦江区融媒体中心也开展了线上培训。单位最基层的记者，他们往往对版权方面的问题关注较少，版权意识较为薄弱。对于版权保护意识方面，区（县）融媒体中心的从业人员认为，大家普遍对版权保护这块很少关注，虽然稿子会被一些官方媒体或者上级媒体转载使用，但都注明了出处。除此之外，他们认为在版权保护方面，大家的想法都差不多，没有特别关注版权保护，而且由于维权时间成本太高，他们往往也会放弃维权。往往越基层的记者，版权意识越弱。他们普遍认为自己的作品是需要被保护的，但在实际过程中却很难付诸行动，成本、意识等方面是主要因素。大多数融媒体中心的本地新闻、所创作品都为原创，使用其他素材时会标注来源，如使用他人图片、转载其他媒体作品时会注明来源，但是在了解有关版权的知识方面，还是有欠缺。相比单位的版权维护，个人的版权维护难度较大，比如调研组在铜梁区融媒体中心调研时，发现员工对作品版权保护的重视程度相对较低。

区（县）融媒体作为官方媒体，要保持权威性和公信力。通过版权管理，能够有效控制商业平台对其作品的随意使用，特别是保证对新闻作品的合理使用，划定使用的范围，保证融媒体中心对新闻作品的控制权和所有权，来维护主流媒体的权威性和公信力。部分成立较早的融媒体中心针对版权保护方面有相对清晰的思路，而一些较晚成立的融媒体中心针对版权保护方面的措施相对较少。几乎所有的融媒体中心都有版权保护意识，但是维权与扩大影响力之间存在一定的冲突，一些区（县）融媒体中心为

了扩大影响力，对转载新闻内容方面的版权管理较少。

## 二、对作品后续有一定关注，但未形成版权管理的规范程序

从调研中我们发现，区（县）融媒体中心对发布后的作品后续追踪主要在其影响力方面，包括转载量、点赞量和浏览量等，但很少专门去关注作品是否被随意转载和抄袭，对发布后的新闻作品的版权没有进行进一步的规范管理。其作品常常被当地商业平台转载，而发现作品被随意转载时，往往是记者无意发现或是被告知的。实践中，一些平台整合融媒体中心作品“二次加工”导致侵权，这种情况往往不易发现。在云阳，访谈对象告诉我们其真实经历：出于提高报道水平的需要，记者参考、学习了某家媒体的稿件，结果发现稿件是那家记者把其他区（县）融媒体中心的相关报道进行整合后发布出来的。如果不是刻意探究，很难发现其侵权的情况。从整体上看，融媒体中心还缺乏对版权管理的规范的保护程序，从素材的来源到新闻作品的发布以及后续，都应将版权保护贯穿始终。

有些区（县）融媒体中心发生侵权事件和官司，是因为对素材的来源管控不严或难以追溯。很多融媒体中心使用的素材会从购买的图库中获得，而一些图库的图片来源往往也不明确。据垫江县融媒体中心的相关负责人介绍，当地一家广告公司为东部新区开发建设管委会拍摄了一部垫江宣传片，宣传片的版权属于县委县政府，融媒体中心将其中的一些镜头用在了专题片中，结果收到原创公司发来的律师函。做视频的广告公司存在侵权行为，融媒体中心的使用也造成了侵权。

在调研过程中我们还发现，不止一个融媒体中心曾经收到视觉中国的侵权通知，尽管已经标明了使用出处，但仍被告知侵权。此类案例中，需要统一、细化的标准来衡量其行为是否涉及侵权。又譬如，当需要进行党政类新闻宣传时，特别是像全国人大会议等重大事件，区（县）融媒体中心由于人、财、物能力有限，无法去现场进行报道，在进行新闻撰写时，可能会使用到中央媒体的部分图片素材，这就可能会被告知侵权，而关于此类重大事件报道的侵权界限也有待进一步商榷。

## 三、主流舆论阵地与媒体权利保护的现实矛盾凸显

区（县）融媒体中心的作品传播区域有限，影响力辐射范围也随之受限。为充分发挥主流舆论阵地功能、打通信息传播“最后一公里”、扩大新闻宣传影响力，融媒体中心把追求作品的传播力放在首位，一旦和版权保护发生冲突，让渡权利成为无奈之选。调研中，不少负责人认为，作品被转载会提高融媒体中心知名度，在一定程度上能够扩大其影响力。出于这方面的考虑，他们基本不会过多计较有无被随意转载的问题。“现实来说，你的作品被上一级媒体转载，更广泛地被上级领导和部门看到，这是很好的事情，也是我们所期待的。所以说，有时候现实和版权保护会有一些冲突。”“我们作为对方主流媒体不应该那么小气，其他人把我们的东西传播出去也是好事。”他们认为自己的作品被上级领导看到对他们来说有利无害，而且也有助于将自己的新闻作品传播出去，扩大作品影响力，这是他们在现实与版权保护之间所必须做的选择。区（县）融媒体中心虽拥有着最丰富的媒体资源，但往往在现实中会受到商业平台的冲击和区域因素的影响，从而导致其自身影响力受限，无法真正占领舆论阵地，这也是其维权积极性不高的一个影响因素。当然，还有部分区（县）融媒体中心负责人认为，融媒体中心应有作为官方媒体的自信。“虽然商业平台的转发会削弱我们媒体的影响力，作为媒体我们还是不喜欢他们这种行为，但作为官方媒体，我们在吸引用户方面是有先天优势的。”他们认为虽然商业平台的转发会在一定程度上影响融媒体中心的影响力，但作为官方媒体，他们在吸引用户方面有着先天优势。如何在扩大影响力的同时进行维权，是一个值得探究的问题。

## 四、多方因素加大维权难度

### （一）法律意识较弱，维权途径单一

整体来看，区（县）融媒体中心从业人员的版权意识较弱，对版权相关的法律了解较少，所以在遇到侵权事件时，他们一般会通过单位的渠道

来解决，或者对此无能为力。在问卷中，只有 14.95%的人了解版权保护方面的知识。单位对作品维权也缺乏足够的重视，对从业人员版权意识的培训较少，这也导致了单位对自身作品的保护意识较弱。

区（县）融媒体中心基本没有设立专门的版权保护部门，一旦发现侵权，记者会选择拨打侵权方的客服电话，或留言投诉，同时也会请求网信办、宣传部或咨询律师来协助解决。

### （二）司法流程繁杂，维权成本高

在实际维权过程中，相关负责人认为维权的成本会比作品本身的价值高，而且耗费人力物力，所以基本不会通过法律渠道维权。有的区（县）因为使用了别人的几秒镜头，被官司缠了几年，既费时又费力。随着网络的发展，与其他案件相比，作品版权保护案件呈现批量化特点，审核的内容也细致繁杂，法院往往要在规定时间内审理更多的案件，审理难度较大。在处理网络侵权案件过程中，每天要对公证文章进行刷新，避免对方利用“避风港原则”进行抗辩。

在当今互联网技术飞速发展的时代，信息的载体由报纸、广播、电视扩大到 APP、移动终端等。随着移动互联网的发展及创新技术的变革，网络内容产品呈现出移动化、社交化、碎片化的特点，知识产权侵权新形态也相伴而生，给知识产权保护带来新挑战。随着新的侵权形式不断出现，媒体在取证时也有一定的难度，耗时、耗力、耗资。而对侵权者来说，侵权方式多样，侵权成本低。双方成本的不对等，导致媒体维权较难。

## 五、对版权转化与管理的认识不足

“我们对版权有一定的认识，但是还未真正当成大事来做。”“版权的问题，不是我们这一个地方的问题，很多地方也有，现在正在进行改进。”在访谈中，部分工作人员表示，他们虽然对版权有一定的认识，但还未将其当成重要的事情来做，这个问题并不仅仅存在于一家融媒体中心，而这也是各地目前正在改进的地方。部分区（县）融媒体中心在版权方面的建设还处于刚刚起步阶段，对版权的运营管理在逐步开展。调研中发现，有计划无规划、对版权管理的社会意义认识不全面等情况普遍存在。

随着数字经济的发展，版权必然将成为融媒体中心未来发展的助推力和增长极，对版权经济的发展也是不能忽视的一个方面。未来区（县）融媒体中心要不断加强版权方面的建设，搞好版权运营，坚持内容为王，用优质内容打开版权市场和版权交易渠道。媒体要引进和培养懂版权、会管理、懂经营的人才，让专业的人来做专业的事。未来将把作品版权转化为经济增长点，同时各个区（县）融媒体中心也应该加强合作，形成一个完善的版权生态圈，实现版权合作的良性循环，推动重庆版权经济的发展。只要紧紧握住版权，深刻理解市场，版权的无限复制性所形成的长尾效应将会给媒体带来丰厚的回报。当然，在这些机遇面前，如何对版权内容进行符合市场良性循环的合理定价，则是需要业界共同探索的问题。

## 第三节　区（县）融媒体中心版权保护的对策与建议

党的十八届三中全会通过的《中共中央关于全面深化改革若干重大问题的决定》指出："坚持系统治理，加强党委领导，发挥政府主导作用，鼓励和支持社会各方面参与，实现政府治理和社会自我调节、居民自治良性互动。"[①]在社会治理实践中，社会自身力量在社会治理中的作用愈发重要，多元参与的社会治理模式得到了高度重视。版权治理作为社会治理一部分，其治理实践同样需要立法、司法、行政、媒体行业以及所有社会组织、公众的共同参与与协同配合。

### 一、立法：调整并逐步完善版权法律

传统意义上的新闻作品主要是对新闻事实的报道，多以图文为主，当下各类媒体制作的新闻作品以融合新闻为主，集图片、视频、文字、动画

---

① 中共中央关于全面深化改革若干重大问题的决定（2013 年 11 月 12 日中国共产党第十八届中央委员会第三次全体会议通过）[J]. 求是，2013（22）：16.

等于一体，其原创性已大大增强，由此也给新闻作品版权界定和保护带来新的挑战。从我国现行版权保护法律法规来看（表 6-16），相关法律、法规和司法解释对于新闻作品的网络转载采用明示许可制，转载作品必须经权利人同意。总体上看，对新闻作品的版权保护，还需要形成更加完善的法律体系。

**表 6-16　新闻作品版权保护有关法律法规**

| 施行时间 | 名称 | 发布主体 | 相关规定 |
|---|---|---|---|
| 2002 年 10 月 | 《最高人民法院关于审理著作权民事纠纷案件适用法律若干问题的解释》 | 最高人民法院 | 通过大众传播媒介传播的单纯事实消息属于著作权法第五条第（二）项规定的时事新闻。<br>传播报道他人采编的时事新闻，应当注明出处。<br>著作权法第三十二条第二款规定的转载，是指报纸、期刊登载其他报刊已发表作品的行为。转载未注明被转载作品的作者和最初登载的报刊出处的，应当承担消除影响、赔礼道歉等民事责任 |
| 2006 年 7 月（2013 年修订） | 《信息网络传播权保护条例》 | 国务院 | 权利人享有的信息网络传播权受著作权法和本条例保护。除法律、行政法规另有规定的外，任何组织或者个人将他人的作品、表演、录音录像制品通过信息网络向公众提供，应当取得权利人许可，并支付报酬 |
| 2014 年 8 月 | 《即时通信工具公众信息服务发展管理暂行规定》 | 国家互联网信息办公室 | 新闻单位、新闻网站开设的公众账号可以发布、转载时政类新闻，取得互联网新闻信息服务资质的非新闻单位开设的公众账号可以转载时政类新闻。其他公众账号未经批准不得发布、转载时政类新闻 |
| 2015 年 4 月 | 《关于规范网络转载版权秩序的通知》 | 国家版权局办公厅 | 互联网媒体转载他人作品，应当遵守著作权法律法规的相关规定，必须经过著作权人许可并支付报酬，并应当指明作者姓名、作品名称及作品来源。法律、法规另有规定的除外。<br>报刊单位与互联网媒体、互联网媒体之间相互转载已经发表的作品，不适应前款规定，应当经过著作权人许可并支付报酬。<br>《著作权法》第五条所称时事新闻，是指通过报纸、期刊、广播电台、电视台等媒体报道的单纯事实消息，该单纯事实消息不受著作权法保护。凡包含了著作权人独创性劳动的消息、通讯、特写、报道等作品均不属于单纯事实消息，互联网媒体进行转载时，必须经过著作权人许可并支付报酬 |
| 2017 年 6 月 | 《中华人民共和国网络安全法》 | 全国人民代表大会常务委员会 | 任何个人和组织使用网络应当遵守宪法法律，遵守公共秩序，尊重社会公德，不得危害网络安全，不得利用网络从事危害国家安全、荣誉和利益，煽动颠覆国家政权、推翻社会主义制度，煽动分裂国家、破坏国家统一，宣扬恐怖主义、极端主义，宣扬民族仇恨、民族歧视，传播暴力、淫秽色情信息，编造、传播虚假信息扰乱经济秩序和社会秩序，以及侵害他人名誉、隐私、知识产权和其他合法权益等活动 |

续表

| 施行时间 | 名称 | 发布主体 | 相关规定 |
| --- | --- | --- | --- |
| 2017年6月 | 《互联网新闻信息服务管理规定》 | 国家互联网信息办公室 | 互联网新闻信息服务提供者转载新闻信息，应当遵守著作权相关法律法规的规定，保护著作权人的合法权益 |

为促进新闻作品的版权得到有效保护，需完善新闻作品版权立法，主动适应版权治理结构的变革，使法律成为新闻作品版权保护与开发生态体系最强有力的保障。需要细化“合理使用”原则和“避风港”原则，从内容和形式上严格界定时事新闻的含义，解决目前传统媒体新闻作品被新媒体不断大量转载和使用的侵权问题，立法应考虑使用法定许可制度，针对如何使用法定许可制度保证权利人相关权利，作出更为详尽的规定；面对传媒发展新业态、新技术、新趋势，要注重立法的时效性，有针对性地制定法规、制度，最大限度消除立法的滞后性。

## 二、司法：简化司法流程，加大处罚力度

网络环境下，新闻作品被侵权的数量往往是成千上万，权利人单独就每一个作品进行诉讼维权极不现实，合并审理的诉求又会因为于法无据不被法院所采纳。[①]这导致传统媒体在进行侵权诉讼时难度加大，因此适时简化司法流程也必不可少。在新闻作品的著作权由所属媒体单位法定享有或者在记者与所属媒体单位之间有明确权属约定的情况下，可通过司法解释予以规范化，法院可就同一新闻出版单位的多篇新闻作品打包合并立案，以防止出现由法官自由裁定造成的问题，同时推动互联网法院的设立和在线司法的设立。据北京互联网法院数据显示，“2020年度，北京互联网法院共受理著作权案件28 946件”[②]。互联网法院和在线司法，大大简化了相关流程，当事人在线即可起诉、立案、举证、开庭，缩短维权周期，减

① 黄旭辰．由《南方周末》起诉新浪网侵权获胜事件谈网络环境下新闻作品的版权保护问题[EB/OL]．(2020-10-07)．http://media-ethic.ccnu.edu.cn/info/1057/2288.htm.

② 高雅．互联网法院通报涉网著作权案件审理情况[EB/OL]．(2021-04-20)．https://bjgy.chinacourt.gov.cn/article/detail/2021/04/id/5983359.shtml.

少维权成本。据统计，网上诉讼模式共为当事人减少出行里程约 4413 万公里，节省纸张相当于 133 层楼，每案节省约 800 元，每案节省在途时间约 16 个小时。[①]同时对电子证据的更为开放性接受将降低取证成本，也让维权过程更加清晰透明。

提高赔偿标准、加大处罚力度和降低维权成本也必不可少。面对侵权事实，多数传统媒体未选择进行维权，部分原因是他们认为维权所需的成本比作品本身价值高，这对他们来说是费力费时的事情。在实际情况中，很多的被侵权者往往也是面临着漫长的诉讼之路，最终的赔偿也无法达到心理预期。通过法律进行版权保护成了大公司和大企业常使用的手段，而对侵权者来说，侵权后所带来的收益往往比赔偿的费用高，这就导致他们的肆无忌惮。为解决以上问题，一方面需加大对侵权的惩处力度，建立惩罚性赔偿机制，让侵权者付出一定的代价，使侵权者有所收敛，保持足够的敬畏和尊重。另一方面，需要降低被侵权者维权成本，降低其时间、金钱、人力等方面的成本，建立更加快捷的维权通道，增强人们的维权信心，从而促进整个社会维权意识的增强。

## 三、行政：开展专项治理行动，推动各行业协同配合

行政机关应不断完善行政治理联动机制，根据每年版权现实情况积极开展专项治理，对新闻作品版权实际情况有的放矢进行筛查和治理。如“剑网 2017”专项行动加大对新闻作品版权的保护力度；“剑网 2018”专项行动开展网络转载版权专项整治，重点打击未经许可转载新闻作品的侵权行为和未经许可摘编整合、歪曲篡改新闻作品的侵权行为，坚决整治自媒体通过“洗稿”方式抄袭剽窃、篡改删减原创作品的侵权行为，同时开展短视频版权专项整治，重点打击以“合理使用”为名对他人作品删减改编、通过网络传播或短视频平台以用户上传为名来滥用“避风港”规则对他人作品进行侵权传播等版权问题；“剑网 2019”专项行动重点进行媒体融合发展版权专题保护，严厉打击未经授权而转载主流媒体新闻作品的侵权行

① 任惠颖. 北京互联网法院：“绿色诉讼”打通涉网知识产权保护“绿色通道”[EB/OL]. (2020-04-23). http://bjgy.chinacourt.gov.cn/article/detail/2020/04/id/5091503.shtml.

为，严肃查处自媒体通过“标题党”“洗稿”方式剽窃、篡改、删减主流媒体新闻作品的行为。以上专项治理行动为我国版权市场秩序的完善和版权生态环境的维护提供了强有力的支持。

通过文件、培训、会议等推动不同行业协同配合，在交流中共同探索建立适应当下现实情况的新闻作品版权保护、合作、维权模式。比如，推动各利益相关方就版权的确权、授权、交易、维权找准利益平衡点，促进各方承担起新闻作品版权保护相应的社会责任，增强新闻作品版权保护意识，自觉维护版权人的合法权益以及抵制侵权盗版行为，为我国维护新闻作品版权、打击违法行为、规范国内新闻作品版权环境，从而促进整个新闻作品搬迁产业的健康、长远发展发挥积极作用。

## 四、媒体：设立版权部门，强化版权人才队伍，成立版权保护联盟

### （一）设立版权媒资运营管理部门，建立健全版权管理制度

媒体融合背景下，新闻作品版权管理要与技术发展相适应，有赖于媒体版权媒资管理工作良好有序地开展。通过设立版权媒资运营管理部门，对融媒体中心存量版权资产和增量版权资产分别进行梳理、归类，厘清现存的各类版权问题，建立健全版权管理制度，如重庆日报报业集团 2017 年制定了《重庆日报报业集团版权维护管理办法》，整合了重庆日报报业集团旗下各大报、网、端、微、博等各种形态自有版权资源，进一步明确了集团版权管理的作品范围、媒体以及作者与单位之间的著作权归属关系和版权管理机构及维护问题等。在遇到侵权事件时能够针对问题迅速做出行动，不仅能节约一定的人力物力，还能增强自身影响力，防范各种侵权风险。

### （二）强化版权保护人才队伍，提高作品版权开发意识

国家对版权保护问题越来越重视，版权保护的利好政策不断推出：2017 年 1 月，国务院印发《“十三五”国家知识产权保护和运用规划》，

版权强国建设提上日程；2019 年 4 月，国家版权局、国家互联网信息办公室、中华人民共和国工业和信息化部、中华人民共和国公安部四部门联合启动打击网络侵权盗版“剑网 2019”专项行动，重点进行媒体融合发展版权专题保护；2020 年 11 月 30 日，中共中央政治局就加强我国知识产权保护工作举行第二十五次集体学习①。2021 年，国家版权局编制的《版权工作“十四五”规划》明确到 2025 年版权强国建设要取得明显成效。在此背景下，区（县）融媒体中心应进一步提高工作人员对新闻作品版权工作重要性、紧迫性的认识，将版权意识贯穿到新闻采、写、发等整个生产过程，自觉维护自身正当合法权益，自觉抵制侵权盗版行为，共同保护媒体原创价值。融媒体中心可就版权相关知识如版权保护、合作、维权等定期开展专项培训和研讨活动。

同时根据自身特色加强作品原创生产能力，变内容产品为版权资源，特别是深度报道、区域题材纪录片、专题片等，树立版权自主运营的意识，推动自主经营版权以获得更多的利益，提升媒体机构在新闻作品版权领域的话语权和议价能力，为后续版权交易奠定一定的基础。

### （三）成立版权保护联盟，构建版权交易平台及机制

中国新闻出版研究院发布报告指出，随着我国深入推进供给侧结构性改革，新闻出版等业态加快数字化转型，推动核心版权产业快速发展。2019 年中国核心版权产业的行业增加值达到 4.59 万亿元人民币，同比增长 10%，占全部版权产业的比重达 63%，对版权产业发展的支撑引领作用更加明显。②应凝聚多方力量，推进更多传统媒体加入，组成新闻版权保护联盟，形成行业共识来打击侵害版权行为，如 2017 年 4 月 26 日，人民日报、新华社、中央电视台发起成立“中国新闻媒体版权保护联盟”，发布《中国新闻媒体版权保护联盟宣言》。宣言指出：“新闻作品是新闻媒体的核心资源和宝贵资产，新闻媒体乐见自己的新闻作品被更广泛传播，但‘先授

① 中央政治局集体学习：加强我国知识产权保护工作[EB/OL]. (2020-12-02). https://baijiahao.baidu.com/s?id=1684933380318283960&wfr=spider&for=pc.

② 任妍. 2019 年中国版权产业增加值占 GDP 的 7.39%[EB/OL]. (2020-12-30). http://finance.people.com.cn/n1/2020/1230/c1004-31984443.html.

权后使用、先授权后传播’是新闻传播行为的基本底线，也是版权使用的基本原则。未经授权擅自转载转引，不署作品来源，甚至从中谋利，严重侵犯了新闻媒体的权益，严重伤害了新闻工作者的劳动和创作热情，极大地阻碍了新闻媒体在融合发展、内容生产和传播方式等方面的探索创新，严重影响了整个新闻媒体和传媒产业的健康持续发展。”①

同时，还应积极推进版权合作，共同探索合理授权体系、完善授权交易机制。当前主流媒体机构与大型网站、中小网络媒体以及新闻类客户端APP、运营公司等社会媒体机构就新闻作品版权交易存在一定困境，如缺乏交易平台和相关机制。新闻版权保护联盟可联合政府部门及相关管理部门、新闻行业协会、技术平台公司共同构建媒体资源版权交易平台和版权授权、维权机制。从版权授权规则入手来实现版权保护和媒体权益的维护，实现各种版权的自由交易，实现在信息分发链条上的价值再分配。具体而言，平台需具备针对新闻作品登记或备案加强版权原创存证功能，在此基础上明确版权交易机制，如作品转载稿酬转付机制、资源素材使用机制，实现作品及资源转载监控、侵权检测、维权公告发布、司法取证等，从而推动整个版权市场的健康发展。如由中国行业报协会召集，经济参考报、国际金融报、金融时报、中国经营报、北京商报、每日经济新闻、中国新闻周刊、中华工商时报、法制日报、中国新闻出版广电报等30多家主流财经媒体和行业媒体共同发起“中国财经媒体版权保护联盟”。该版权保护联盟的成立，旨在通过各财经媒体的合作，保护财经媒体新闻作品版权，共同抵制未经授权擅自转载新闻作品的行为、提高新闻作品转载的议价能力等。

## 五、社会：赋能版权社会组织，提高公众版权保护意识

### （一）赋能版权社会组织

版权社会组织对于科学的版权制度实施和形成至关重要。在现代治理

① 吴娜．中国新闻媒体版权保护联盟成立 呼吁抵制新闻侵权[EB/OL]．(2017-04-27). https://epaper.gmw.cn/gmrb/html/2017-04/27/nw.D110000gmrb_20170427_1-06.htm.

理念的指引下，社会组织所应承担的责任越来越大，版权领域也如此。在媒体融合背景下，出现了诸多新的媒体作品版权问题，需要现有的版权社会组织进一步发挥更大的作用，协助国家立法、司法和行政管理部门推动版权法的实施，协助权利人维权，为权利人提供法律咨询和相关服务，包括：协助与版权相关的产业建立起版权保护机制；在版权所涉及的政府部门、权利人组织和作品使用者之间起协调作用；依照章程协力做好各项工作。

### （二）加强版权宣传教育，提高公众版权保护意识

随着付费经济的发展以及数字经济的推进，人们对版权的保护和尊重有一定的提升，但网络仍存在抄袭和传播盗版的空间。版权产业是传媒文化产业的重要部分，加强和提高公众的版权意识，是大力发展版权产业、建设版权强国的重要之举。同时创新是推动整个社会发展的重要动力，也是文化繁荣的有效推动力，只有保护版权，尊重创作者的劳动成果，创新才能持续，文化才能发展。因而加强对整个社会版权保护意识的宣传和教育，营造良好的版权保护社会氛围，有利于保护新闻作品的版权，推进对原创内容的尊重，实现有效激励媒体内容创新，进而推动版权强国建设进程。

要营造作品使用的良好版权环境，离不开社会整体版权意识的提高和正确的版权观念的形成。因而对作品版权保护的宣传和教育，不仅仅只是针对内部从业人员来说，还应面向全社会，提高整个社会的版权保护意识。通过不断向公众普及版权相关知识，引导全民尊重知识产权、提升知识产权保护意识，以期公众在使用时能够辨认出受版权保护的作品，并进行合理使用，必要时，懂得版权许可的获取渠道和方式。面对盗版盗用时，能够适时抵制并积极进行举报。

在调研中，我们了解到很多区（县）当地的商业平台较活跃，通过转载融媒体中心的作品，在一定程度上影响了中心的影响力。不仅如此，也在一定程度上打击了融媒体中心从业人员的积极性，导致整个融媒体中心创作积极性不高。很多融媒体中心的基层人员都表示，对当地商业平台的随意转载行为感到厌烦。通过版权保护，能在一定程度上控制随意转载的

情况，在尊重从业人员的劳动成果的同时，也能使区（县）融媒体中心的影响力集中持续地发挥，有利于区（县）融媒体中心占据当地的舆论阵地，充分发挥主流舆论阵地的功能。版权保护的最终目的不是“如何防止使用”，而是“如何合理使用”，进行版权保护并不是禁止任何人转载和使用，而是在规定的情况下合理使用。

版权是文化产业发展的核心动力，加强版权资产的管理和运营，有利于提升版权资产的市场价值。版权产业在社会经济发展中发挥着重要的作用。我们在调研中了解到，很多区（县）的融媒体中心所在地区较偏僻，财政较紧张，融媒体中心设施较简陋，人才留不住，这在很大程度上影响了融媒体中心的融合进程，也在一定程度上影响了融媒体中心的内容生产。如果能通过版权的管理和运营变现，就等于用了一笔经营收入来缓解财政紧张的问题，同时还能够激励从业人员，吸引更多的人才聚集，推动融媒体中心的建设。迪士尼公司就是通过重视版权，对版权资产进行深度开发，形成版权产业链而发展起来的。区（县）融媒体中心虽不能形成版权产业链，但也能通过对自身作品的管理，实现变现和创收。

版权涉及的是内容生产的问题，而内容融合是融媒体的一个非常重要的方面，内容生产的安全得不到保证，不利于内容的进一步融合和扩展，从而影响整个区（县）融媒体中心的融合进程。版权保护能够对区（县）融媒体中心的内容进行保护和管理，进一步提升内容的质量，从而使融合的各个方面能够稳步推进。区（县）融媒体中心作为基层媒体，担负着基层宣传的重任，全国的县级融媒体中心代表着基层的声音，通过版权保护，才能让基层政府的声音得以更准确地传达，从而使老百姓信任县级融媒体中心，支持县级融媒体中心的发展。而且国家提出了知识产权强国的战略，只有注重版权保护，才有利于融媒体中心进一步的发展与交流，促进传媒产业和社会的长远发展。

# 第七章

# 区（县）融媒体中心建设中的智慧广电发展

新时代和新技术环境下，广播电视的转型升级成为大势所趋。继 2016 年 7 月国家新闻出版广电总局印发《关于进一步加快广播电视媒体与新兴媒体融合发展的意见》以来，2018 年 11 月，国家广播电视总局印发《关于促进智慧广电发展的指导意见》，明确提出加快智慧广电建设，“以推进广播电视高质量发展为主线，以深化广播电视与新一代信息技术融合创新为重点，推动广播电视从数字化网络化向智慧化发展，推动广播电视又一轮重大技术革新与转型升级，从功能业务型向创新服务型转变，开发新业态、提供新服务、激发新动能、引导新供给、拉动新消费，为数字中国、智慧城市、乡村振兴和数字经济发展提供有力支撑，让广电业务在新时代获得新拓展，提供新动能”。①2021 年 6 月，《国家广播电视总局关于开展智慧广电服务乡村振兴专项行动的通知》（广电发〔2021〕40 号）印发，决定在广播电视和网络视听全行业开展智慧广电服务乡村振兴专项行动，充分利用广播电视、网络视听媒体资源和网络资源，拓展乡村文化服务渠道，提供便利可及的数字化、智能化公共服务。促进智慧广电深度参与数字政府、数字社会、数字乡村建设，广泛参与雪亮工程、平安乡村、党员教育、民生服务、应急服务、信息公开、远程医疗、新时代文明实践中心建设，实现由受众向用户、由“看电视”向“用电视”、由消费性服务向

---

① 关于促进智慧广电发展的指导意见[EB/OL]. (2021-08-17). https://www.chinacatv.org.cn/site/content/1639.html.

生产性消费、由功能业务型向创新服务型转变，助力乡村治理，推动基层治理体系和治理能力现代化。[①]

智慧广电建设是以全面提升广播电视业务能力和服务能力为目标，以有线、无线、卫星、互联网等多种手段协同承载为依托，以云计算、大数据、物联网、IPv6、人工智能等综合数字信息技术为支撑，实现广播电视的智慧化生产、智慧化传播、智慧化服务和智慧化监管，着力提供无所不在、无时不在的高质量广播电视服务，从而推动信息技术创新与社会生活深度融合，融入智慧城市、智慧社区、智慧家庭建设，这是广播电视继数字化、网络化发展之后又一轮重大技术革新与转型升级。重庆区（县）融媒体中心的数字化、网络化和智能化建设，与智慧广电建设密切关联。

## 第一节　智慧广电建设现状

在本次调研的 32 个区（县）中，部分（1/4）区（县）融媒体中心在广播电视与新一代信息技术的融合创新上有所作为。具体如表 7-1 所示。

**表 7-1　部分区（县）的智能化实践**

| 区（县） | 智能化实践 |
|---|---|
| 大足 | 致力于进行“媒体+$N$”的智慧城市建设 |
| 綦江 | 运用新华社“现场云”实现在线生产传播全面升级；利用大数据技术对用户做精准数据分析 |
| 潼南 | 与科大讯飞合作，推出虚拟主播“小晴”和智能虚拟主播短视频栏目 |
| 永川 | 运用智能技术对作品中的语音、文字、图像进行识别和处理 |
| 秀山 | 运用智能语音技术，添加人工播报系统 |
| 江津 | AI 主播“小晴”投入使用，运用新华社智能写稿软件，实现应急广播的精准投放 |
| 南岸 | 与科大讯飞合作，推出智能虚拟主播短视频栏目 |
| 奉节 | 将大数据与有线电视结合，搭建智能化信息公开服务平台 |

总体上，少数区（县）融媒体中心已开始积极探索新一代信息技术的应用，在内容生产、网络传播、安全监管和生态建设上有所作为，但智慧

① 国家广播电视总局关于开展智慧广电服务乡村振兴专项行动的通知[EB/OL]. (2021-11-22). http://www.nrta.gov.cn/art/2021/11/22/art_113_58653.html.

化的广度和深度比较有限，智慧广电建设尚处于起步阶段。

## 一、智慧广电内容生产

智慧广电内容生产主要包含利用技术创新节目内容形态、转变内容生产方式、以技术创新推动内容创新三个方面。

### （一）利用技术创新节目内容形态

以技术创新节目内容形态主要是指利用人工智能（AI）、虚拟现实（VR）、混合增强等新技术对广播电视节目形式进行创新，将技术与创意充分结合，深耕内容制作，在提高节目质量和吸引力的同时，也不断满足受众需求、提升受众体验。

江津区融媒体中心打造的AI智能主播“小晴”，是在2020年新冠肺炎疫情期间向科大讯飞购买的，主要是利用语音识别技术和图像识别技术合成虚拟主播形象，并进行主持播报。主要技术由科大讯飞负责，江津区融媒体中心只需对科大讯飞提供的软件进行操作即可，这样可以提升节目制作速度，保证节目质量，提升受众体验。

南岸区融媒体中心运用全新AI虚拟主播技术，演播稿件可以及时播报；同时，虚拟主播不用戴口罩、不用化妆，不仅减少媒体人员工作近距离接触，更能迅速完成栏目制作，缩短节目制作时间。此外，短、平、快的1分钟短视频栏目形态，方便大家在微信群、网页、抖音号等时下热门平台上转发分享，助力南岸抗疫宣传。

另外，万州区、南川区融媒体中心探索可视化广播，把有声化的节目内容转至抖音平台发布，实现了节目资源效益最大化。

### （二）转变内容生产方式

转变内容生产方式主要是指改变传统内容生产模式，基于大数据，全样本、多方位对用户的收视行为进行深度分析，通过软件定义、数据驱动、算法重构等多种手段，实现内容选题、素材集成、需求组合、分析预测、创作生产的全流程智能化。綦江区融媒体中心的“中央厨房”对已经发布的消息做用户数据分析，对观看人群的地点、年龄等进行分析，为精准生产、精准传播和精准服务提供了重要参考。

### （三）以技术创新推动内容创新

以技术创新推动内容创新，主要是指通过大数据、云计算和人工智能等技术对广播电视内容生产进行创新，从而增强广播电视的竞争力。目前江津区融媒体中心向新华社购买的智能写稿软件，不限于对于文字的编辑（例如相关信息的关键字，随后智能生成一篇较为简单的新闻稿），而且应用于视频制作中（比如对“两会”进行直播，可能会议还没有完全结束就可以生成一些小视频发布在平台网站上），极大提高了新闻的时效性。武隆区融媒体中心在 2013 年就招标采购了成都索贝数码科技股份有限公司的高清制作、编辑、媒资储存局域网系统，以及由 120T 媒资储存空间、2 台有卡编辑机和 7 台无卡编辑机等设备组成的编存系统。

## 二、智慧广电应急广播

统筹无线、有线、卫星和网络资源，应用大数据、云计算、5G、人工智能等新一代信息技术，实施广播电视信息的智能化协同分发，能有效扩大广播电视的全方位、立体式传输覆盖，从而提升广播电视公共服务水平。

应急广播是区（县）融媒体中心智能化建设的重要一环，对应对自然灾害、突发事件以及宣传地方政务信息发挥着重要的作用。各区（县）融媒体中心在网络传播体系建设的实践主要是应急广播，大部分地区的应急广播主要是借助“村村通”广播搭建的终端，由融媒体中心负责内容生产和播出。例如在新冠肺炎疫情期间，秀山县就将抗疫宣传与本土特色文化结合起来，先把防疫知识编成通俗易懂的方言顺口溜、花灯小调、花灯歌曲，再通过全县 1303 组终端、共 2606 个大喇叭全天滚动播放。同时，也有一些发展较快的融媒体中心已经基本建成应急广播体系，并且对应急广播进行了智能化的探索。例如，江津区应急广播建设较为成功，是国内应急广播建设的样板之一。其建立的广播站能够覆盖全区所有的乡镇和村社，并且这些站点均与技术平台融合，可以实现对各乡镇举办活动的统一广播视频直播，并且还将逐步把校园广播、小区内部广播等全部纳入应急广播管理体系。在2020年的防疫抗洪和脱贫攻坚工作中，还实现了对不同地域和片区的精准观察和播报指挥，精准的定点传播在公共服务上发挥着重大作用。

## 三、智慧广电安全与监管

智慧广电节目制播建设主要包括加强智慧广电安全规划与体系建设、加快智慧广电监管体系建设两个方面的内容。

### （一）加强智慧广电安全规划与体系建设

加强智慧广电安全规划与体系建设，主要是针对全新的广播电视生产、传播和业务流程而言，要完善广播电视安全管理体制机制、广播电视网络安全系列标准，构建适应新技术发展的立体化、系统化网络安全保障体系，不断提升智慧广电安全保障水平。綦江区融媒体中心为了严格把控安全播出关，切实落实《县级融媒体中心建设规范》，对照中共中央宣传部和国家广播电视总局系列标准，补充基本配置中缺失的内容，在网络安全、监测监管、运行维护方面实现全方位管理，确保平台支撑能力。同时组建专业的技术团队，对采编系统进行“三级等保”测评，验收“中央厨房”，加强全过程监管，确保媒体产品生产过程不出错、宣传效果不走样、安全播出零事故。酉阳县融媒体中心争取各类财政资金和项目资金，来加强信息安全体系建设，启动了广播电视制播信息系统“三级等保”建设工作，全面提高信息安全管理水平和控制能力。

### （二）加快智慧广电监管体系建设

加快智慧广电监管体系建设，主要是指运用大数据、云计算和人工智能等新技术进行风险研判、风险预警等功能，推进监测监管系统的网络化、智能化、协同化，实现跨业务、跨网络、跨平台、跨终端的全方位、全过程、全覆盖、全天候智慧化监管。綦江区融媒体中心的“中央厨房”实现智能舆情监控功能，对融媒体中心发出的信息进行监控。在2020年疫情防控期间，融媒体中心大数据部对綦江街镇微信公众号的传播力指数进行分析，并且将分析指数实时反馈给各街镇。

## 四、智慧广电生态建设

2019年1月，中共中央宣传部、国家广播电视总局发布实施的《县级融媒体中心建设规范》指出，县级融媒体中心应整合县级媒体资源，巩固壮大主流思想舆论，不断提高县级媒体传播力、引导力、影响力、公信力，总体要求如下：①应按照移动优先的原则，利用移动传播技术，形成渠道丰富、覆盖广泛、传播有效、可管可控的移动传播矩阵；②应按照“媒体+”的理念，从单纯的新闻宣传向公共服务领域拓展，增强互动性，从单向传播向多元互动传播延伸，将媒体与政务、服务等业务相结合，提供多样化综合服务，满足用户多样化的需求，开展“媒体+政务”“媒体+服务”等业务；③应开展综合服务业务，面向用户提供政务服务、生活服务、社交传播、教育培训等服务。[①]2021年7月，中共中央网络安全和信息化委员会办公室、农业农村部、国家发展和改革委员会、工业和信息化部、科技部、国家市场监督管理总局、国家乡村振兴局综合司（办公厅、秘书局）联合印发《数字乡村建设指南 1.0》，提出“整合县级广播电视、报刊、新媒体等媒体资源，建设涵盖媒体服务、党建服务、政务服务、公共服务、增值服务等业务的融合媒体平台”[②]。

大足区融媒体中心致力于进行“媒体+*N*”的智慧城市建设，将应急广播体系建设融入融媒体中心的建设中，将生态环境、应急救灾、市政服务、电商、旅游等纳入平台建设之中，运用网格化服务，实现社区全覆盖。

---

① 中共中央宣传部，国家广播电视总局. 县级融媒体中心建设规范[EB/OL]. (2019-01-15). http://media.people.com.cn/NMediaFile/2019/0115/MAIN201901151446000089255491969.pdf.

② 数字乡村建设指南 1.0[EB/OL]. (2021-09-03). http://www.cac.gov.cn/2021-09/03/c_1632256398120331.htm.

## 第二节　智慧广电发展中存在的问题

### 一、对智慧广电的认识和重视不足

智慧广电建设，是贯彻落实中央建设网络强国、数字中国、智慧社会战略部署，更好地服务党和国家工作大局的自觉行动，是顺应现代信息技术变革趋势、加强广播电视意识形态阵地建设管理的必然选择，是满足人民日益增长的美好生活需要的重要举措，是广播电视行业优化升级、实现高质量发展的根本途径。

然而，有的区（县）对智慧广电建设的认识和重视不足，对“主流舆论阵地、综合服务平台和社区信息枢纽”这三大定位和功能的认识不足，对“引导”和“服务”的辩证关系认识不深。有的地方在政府性公共资源、可公开的政府数据资源以及政府性户外广告业务资源上，并未优先考虑融媒体中心。如璧山区建立了城市政务网、城市治理网、城市生活网“三张网”，但融媒体中心均未参与这些建设工作，同时户外广告等多项媒体业务也交给了区文旅公司。资源缺失导致中心失去“融媒+政务”“融媒+服务”等各类增值服务的基础，后续发展不足，智慧广电建设受到制约。很多地方未将智慧广电建设列入发展规划。某融媒体中心主任表示：“我们是做媒体平台的，其他的生活服务、问政和电商这些可以入驻我们的媒体平台，但我们不能负责去运营，因为本身我们的资源有限。在美团的生活服务、华龙网问政服务、淘宝电商强大的现实情况下，我们没必要还要消耗有限的资源去做那些投入大却没有效果的事情。”

### 二、台网分离格局下智慧广电建设的主体责任和分工协作

智慧广电建设是一项系统工程，需要厘清和明确相关建设主体的责任和分工。基于历史原因，重庆各区（县）的“台”和“网”已全部实行了分离。现阶段，重庆区（县）智慧广电的建设主体主要是所在区（县）融

媒体中心和中国广电重庆网络股份有限公司分公司两家单位。中国广电重庆网络股份有限公司正大力推动广电网络的智能化、互动化，加快广播电视从“互联网+”向“智能+”转型，明确把智慧广电建设作为本单位的工作重心。而按照国家广播电视总局的要求，县级融媒体中心也应把智慧广电建设作为本单位的工作重心，应把建设县级融媒体中心视为推进智慧广电的重要内容之一。①之前的网络公司属于广播电视台，智慧广电的建设主体单一明确；即便后来“台”和“网”分离，由于都属于广电系统，建设和管理主体相对明确，因而相互间的分工协作问题也不突出。而区（县）融媒体中心作为主要由报社和广播电视台两家单位合并而成的公益性事业单位，不再是纯粹的广电背景，一般由各地宣传部领导或管理。作为事业单位的融媒体中心和企业的网络公司这两大建设主体，在智慧广电建设中应分别承担什么责任？如何有效协作？还需明确界定并在实践中磨合。

## 三、市级媒体技术平台与区（县）融媒体中心的协作

整合之前，报社和广播电视台分别使用方正技术系统和索贝（或大洋）技术系统，其对应的市级平台建设单位分别是重庆日报报业集团和重庆广播电视集团（总台）。随着融媒体中心的成立和深度融合，以上两大系统已无分开存在的必要，只能二选一。2019 年，由重庆日报报业集团和重庆广播电视集团（总台）共同组建的重庆广大融媒科技有限公司正式成立，负责为区（县）融媒体中心提供大数据、云计算、5G 等技术服务，实现区（县）融媒体中心与市级平台的对接。除了重庆广大融媒科技有限公司，市级媒体技术平台还有华龙网、上游新闻、视界网等。在区（县）融媒体中心的平台矩阵中，区（县）融媒体中心网站一般采取与华龙网合作的方式协同建立，而手机台选用重庆广播电视集团（总台）下属重庆广电数字传媒股份有限公司的技术平台，数据库平台多选用重庆广播电视集团（总台）

① 2018 年 11 月 22 日，国家广播电视总局局长聂辰席在推进全国“智慧广电”建设现场会上的讲话中提出：“在事业产业创新发展方面，深化行业供给侧结构性改革，深入实施智慧广电战略，着力推动传统媒体和新媒体深度融合、一体发展，积极推进县级融媒体中心建设，着力推动事业产业优化升级、高质量发展。”（聂辰席. 在推进全国“智慧广电”建设现场会上的讲话[EB/OL].(2018-11-26). http://www.nrta.gov.cn/art/2018/11/26/art_183_39776.html.）

的“两江-上游云”。其服务器由市级平台统一管理，安全性较高。但是，一个区（县）要分别使用若干个市级媒体技术平台，投入资金巨大（如九龙坡区一年要500多万元），有的平台的有效利用程度并不高，形式大于内容。梁平区融媒体中心手机台的用户流失极其严重，后台使用价值不高，却还要每年向市级技术平台缴纳60万元平台门槛费。某区（县）融媒体中心表示，因为客户端是由华龙网技术支持的，很多想要做的内容版块都没有办法实施，只能按照华龙网设置的版块进行，确实很受限。这对客户端的本土化发展有限制。有的区（县）融媒体中心表示困惑和不满：“两江-上游云”平台门槛费60万元，将全市各区（县）融媒体中心集合在一起，不明白可以给融媒体中心带来什么。

此外，新媒体人才短缺也是一个突出问题。区（县）融媒体中心的人员多是由原报社和广播电视台的人员组成，不仅缺乏熟练掌握下一代信息技术的高精尖人才，连新媒体采编、制作、运营和维护人才也不足，严重制约了信息的智能化生产和传播。

## 第三节　智慧广电建设的发展建议

### 一、优化顶层设计，推动广播电视“云、网、端”融通共享

要加强融媒体中心与网络公司的协作，明确主体责任，构建协作机制，推动广播电视“云、网、端”资源要素有效整合、融通共享、智能协同。同时，要处理好市级媒体及其主导的技术平台与区（县）融媒体中心的协作问题，在确保安全的前提下，市级平台要尽快减少新媒体端数量、提升质量，及时为区（县）融媒体中心提供个性化优质服务。另外，当下媒体的融合转型中，新兴技术是最为重要的力量之一，而对区（县）融媒体中心来说，移动网络技术和云技术的推动作用尤为明显。地方政府应该进一步加强顶层设计，在基带信号IP化、业务软件化、基础设施IT化的推动之下，使区（县）融媒体中心走出传统的传播机制，加快体系重构、流程再造，突出移动优先策略。

## 二、探索智社会治理新路径，提升融媒体中心综合服务能力

在媒体融合纵深发展的新阶段，为地方提供综合服务是保持区（县）融媒体节目公信力和社会影响力的重要保证，也是新媒体时代融媒体传播的核心价值所在。区（县）融媒体中心要充分运用大数据等新媒体技术，创新节目内容和形态，“智慧化”地参与到社会服务和社会治理中。如北碚等地构建“新闻+政务”服务平台、“新闻+服务”信息综合体，将区（县）相关政务信息发布、便民服务等功能整合到APP，实现对市民的衣、食、住、行、游、乐、购的全方位多角度渗透，做到“一个APP在手，民生万事不愁”。

## 三、补足人才“短板”，培育适应智慧广电发展的新型人才

为适应新技术发展和智慧广电建设要求，区（县）融媒体中心急需补足新媒体技术人才“短板”。要健全人才培养机制，强化互联网思维，提升技术素养，培育能适应智慧广电发展的新型人才。

总而言之，重庆区（县）的融媒体建设中，在内容生产、网络传播、安全监管和生态建设方面均有所作为，但智慧化的广度和深度仍然比较有限，智慧广电建设还需努力迈上新台阶。针对体制问题，需进一步优化顶层设计，明确主体责任，构建高效协作机制。同时，观念、经费和人才也是制约智慧广电向纵深推进的重要因素，应避免形式主义，注重内涵和实用，将融媒体中心建设与智慧城市、智慧社区、数字经济和乡村振兴密切结合。

# 第八章

# 区（县）融媒体中心从业人员及受众状况调查

从业人员和受众对融媒体中心的认知状况，一方面会对融媒体中心建设起到重要作用，另一方面，会对融媒体中心建成主流舆论阵地、搞好综合服务等产生重要影响。本次调研对32个区（县）融媒体中心的从业人员、受众分别进行了专项调查。

## 第一节　区（县）融媒体中心受访从业人员基本状况

### 一、受访从业人员区域分布

调研组共收取980份重庆相关区（县）以及四川省隆昌市（县级市）融媒体中心从业人员的调查问卷，其中有效问卷970份。有效问卷涉及32个区（县），其中，巴南102人，占比10.5%；北碚26人，占比2.7%；璧山78人，占比8.0%；城口22人，占比2.3%；大足17人，占比1.8%；丰都6人，占比0.6%；奉节8人，占比0.8%；合川61人，占比6.3%；江津5人，占比0.5%；九龙坡24人，占比2.5%；梁平11人，占比1.1%；潼南16人，占比1.6%；垫江11人，占比1.1%；南岸8人，占比0.8%；南川34人，占比3.5%；彭水36人，占比3.7%；綦江21人，占比2.2%；黔江36人，占比3.7%；荣昌12人，占比1.2%；铜梁20人，占比2.1%；万州43人，占比4.4%；石柱52人，占比5.4%；巫山48人，占比4.9%；

巫溪 17 人，占比 1.8%；武隆 62 人，占比 6.4%；秀山 18 人，占比 1.9%；永川 53 人，占比 5.5%；酉阳 38 人，占比 3.9%；渝北 5 人，占比 0.5%；云阳 35 人，占比 3.6%；长寿 17 人，占比 1.8%；忠县 28 人，占比 2.9%。

## 二、受访从业人员专业职称结构

在被调查的 970 人中，专业职称是正高级的有 5 人，占比 0.5%；副高级职称的有 40 人，占比 4.1%；具有中级专业职称的有 199 人，占比 20.5%；具有初级职称的有 260 人，占比 26.9%；还有 466 人没有职称，占比为 48.0%（图 8-1）。

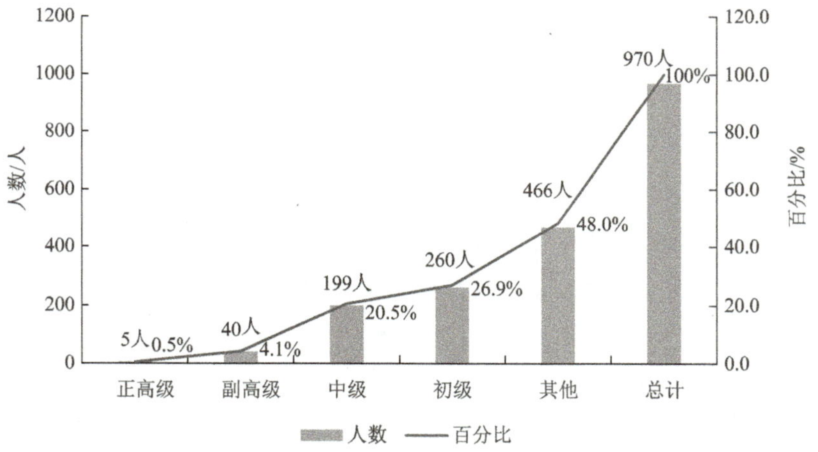


图 8-1　受访从业人员专业职称状况

## 三、受访从业人员工作岗位分布及经历

受访从业人员所处工作岗位中，管理岗位被选中 215 次，占比为 20.2%；采编岗位被选中 491 次，占比为 46.1%；经营岗位被选中 29 次，占比为 2.7%；技术岗位被选中 219 次，占比为 20.6%；其他岗位被选中 111 次，占比为 10.4%。在曾经工作的岗位问题上，共有 1431 个个案。其中，曾经在采编岗位工作过的个案数共有 665 个，占比为 46.5%；曾经在经营岗位工作过的个案数共有 114 个，占比为 8.0%；曾经在技术岗位工作过的个案

数有 275 个，占比为 19.2%；管理岗位的个案数共 246 个，占比为 17.2%；而在其他岗位工作过的个案数有 131 个，占比为 9.1%（图 8-2）。

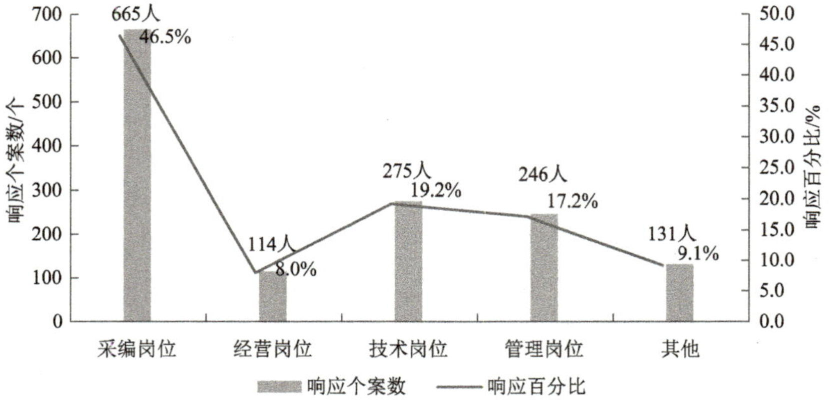


图 8-2 从业人员曾工作过的岗位个案数

## 四、受访从业人员收入水平分布及对比

在单位性质问题上，共回收 970 份有效问卷。其中，801 人所在单位为公益一类，占比为 82.7%；167 人所在单位为公益二类，占比为 17.3%。月工资收入水平相关问题共计 980 份问卷，其中有效问卷 970 份。其中，有 105 人月工资收入在 3000 元以下，占比为 10.8%；月工资收入在 3000—6000 元的共有 678 人，占比为 69.9%；月工资收入在 6000—10 000 元的共有 171 人，占比为 17.6%；共有 16 人月工资收入在 10 000 元以上，占比为 1.7%（图 8-3）。

与之前相比，共有 114 人在融媒体中心的收入水平提高，占比为 11.8%；收入水平降低有 301 人，占比为 31.0%；收入水平基本不变的共有 555 人，占比为 57.2%（图 8-4）。

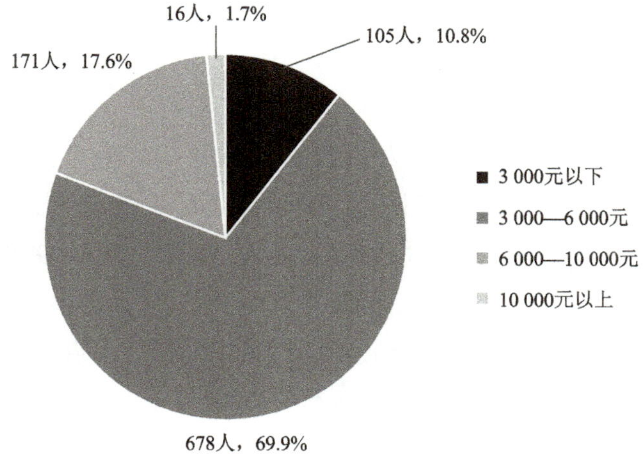


图 8-3　从业人员月工资收入水平

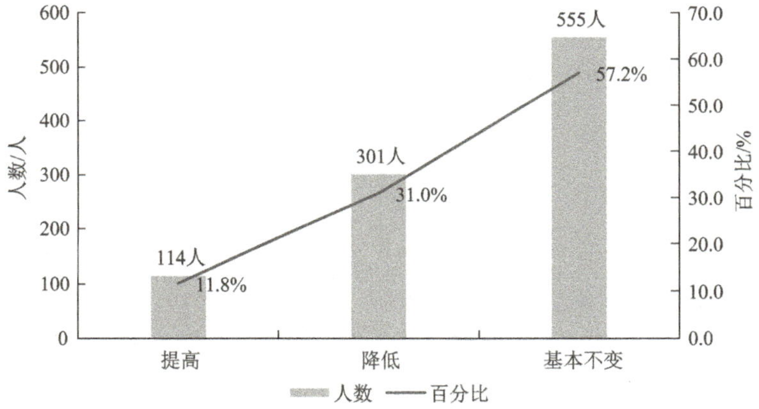


图 8-4　从业人员与之前相比月工资水平变化情况

## 第二节　区（县）融媒体中心受访从业人员转型调查

### 一、从业人员转型难：现行机制是最大阻碍

围绕从业人员转型难的原因，调查组设计了四个问题，分别从工作模式和习惯、业务水平和创新能力、学习新技术难度、激励和奖惩机制四个方面展开调查。

### （一）融媒体中心从业人员转型难是因为固有的工作模式和习惯的制约（单选题）

超半数的融媒体中心从业人员较为同意传统固有的工作模式和习惯短时间内难以改变，会阻碍从业人员的转型之路。非常同意从业人员转型难是因为固有的工作模式和习惯的制约的有 96 人，占比 9.9%；同意这一观点的有 263 人，占比 27.1%；稍微同意的有 197 人，占比 20.3%；没意见的有 185 人，占比 19.1%；稍微不同意的有 57 人，占比 5.9%；不同意的有 145 人，占比 14.9%；非常不同意的有 27 人，占比 2.8%（图 8-5）。

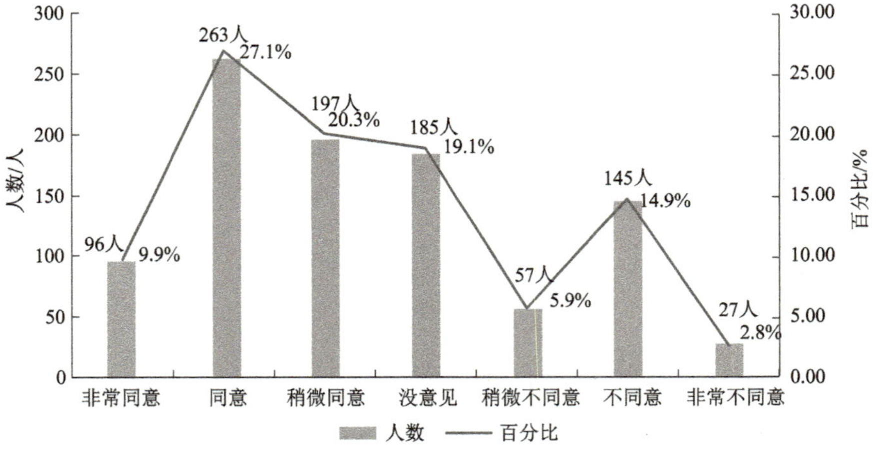


图 8-5　融媒体中心从业人员转型难是因为固有的工作模式和习惯的制约

### （二）融媒体中心从业人员转型难是因为业务水平和创新能力受限（单选题）

从业人员对于转型难是否因为业务水平和创新能力受限这一问题看法不一，有相当一部分的从业人员对于自身的业务能力和创新水平比较有自信，并不认为业务水平和创新能力受限影响了转型，并不觉得这会阻碍自己的转型之路。针对这一问题，非常同意转型难是因为业务水平和创新能力受限的有 39 人，占比 4.0%；同意的有 215 人，占比 22.1%；稍微同意的有 131 人，占比 13.5%；没意见的有 212 人，占比 21.9%；稍微不同意的有 92 人，占比 9.5%；不同意的有 221 人，占比 22.8%；非常不同意有 60 人，占比 6.2%（图 8-6）。

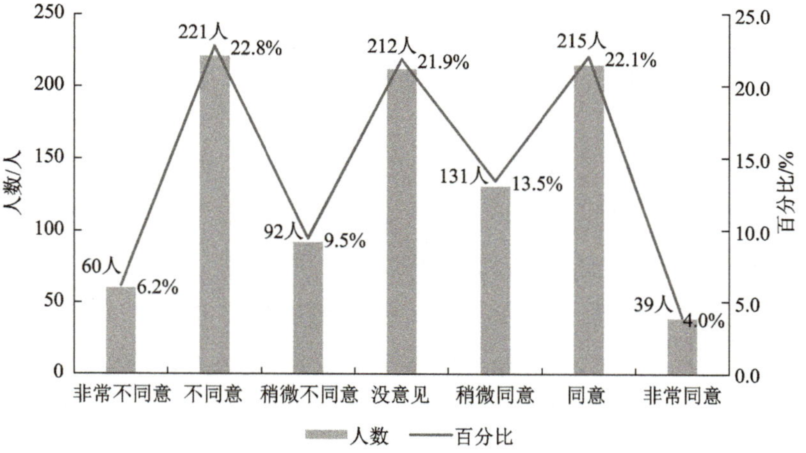


图 8-6　融媒体中心从业人员转型难是因为业务水平和创新能力受限

## （三）融媒体中心从业人员转型难是因为学习新技术困难太大（单选题）

半数的从业人员认为学习新技术的难度太高，由此导致从业人员在转型时比较困难。针对这一问题，非常同意转型难是因为学习新技术困难太大的有 30 人，占比 3.1%；同意的有 118 人，占比 12.2%；稍微同意的有 143 人，占比 14.7%；没意见的有 194 人，占比 20.0%；稍微不同意的有 112 人，占比 11.5%；不同意的有 323 人，占比 33.3%；非常不同意的有 50 人，占比 5.2%（图 8-7）。

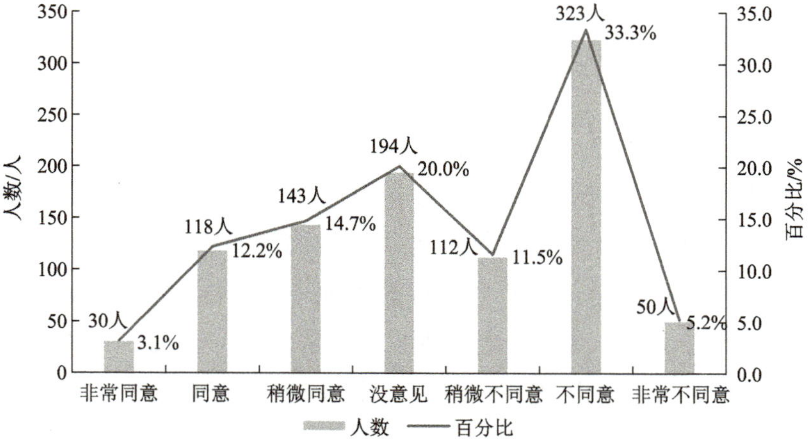


图 8-7　融媒体中心从业人员转型难是因为学习新技术困难太大

（四）融媒体中心从业人员转型难是因为激励因素和奖惩机制不明确（单选题）

68.9%的从业人员认为融媒体中心的激励因素和奖惩制度不明会导致转型动力不足，并且有 23.4%的人员非常认同此观点，这部分人员认为现行的奖惩制度严重影响了他们的工作、学习积极性。针对这一问题，非常同意转型难是因为激励因素和奖惩机制不明确的有 227 人，占比 23.4%；同意的有 318 人，占比 32.8%；稍微同意的有 123 人，占比 12.7%；没意见的有 198 人，占比 20.4%；稍微不同意的有 39 人，占比 4.0%；不同意的有 61 人，占比 6.3%；非常不同意的有 4 人，占比 0.4%（图 8-8）。

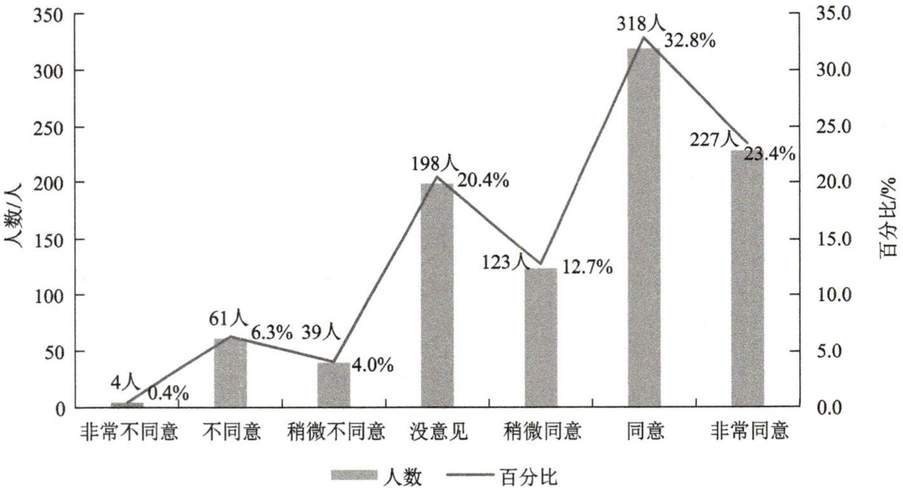


图 8-8　融媒体中心从业人员转型难是因为激励因素和奖惩机制不明

从上述四个方面对从业人员转型难归因项的调查结果不难看出，从业人员对转型难归因为激励因素和奖惩机制不明确达成高度认同，占比接近70%。其次，有超过一半的从业人员认为是因为固有的工作模式和习惯的制约导致转型难，而对其他两个方面转型难归因项的认同度依次为业务水平和创新能力有限、学习新技术困难太大。这也充分说明，一方面，区（县）融媒体中心从业人员不认为自己并非不具备通过学习达到转型的能力和业务水平，面对媒体融合以及新媒体带来的挑战基本还是有自信心的；但另一方面，对积极转型的自我驱动力信心稍显不足，所以一半左右的从业人员担心会受固有的工作模式和习惯的制约。因此，一旦外部驱动力出现，即只要有相匹配的激励因素和奖惩机制，转型并不是问题。

## 二、从业人员转型后：福利、薪酬、考评不满意突出

围绕融媒体中心成立后员工是否满意，调查组设计了七个问题，分别从对工作环境、组织文化、工作氛围、福利政策及收入与薪酬、员工活动、工作中获得的认可度和成就感、考评机制的满意度等方面了解员工对融媒体中心的满意度。

### （一）融媒体中心成立后，您对工作环境的满意度？（单选题）

从业者对于融媒体中心的工作环境大体上比较满意，因为各区（县）融媒体中心设施较合并前有所提升，环境更加舒适。针对这一问题，非常满意融媒体中心工作环境的有 47 人，占比 4.8%；满意的有 229 人，占比 23.6%；稍微满意的有 75 人，占比 7.7%；没意见的有 412 人，占比 42.5%；稍微不满意的有 83 人，占比 8.6%；不满意的有 82 人，占比 8.5%；非常不满意的有 42 人，占比 4.3%（图 8-9）。

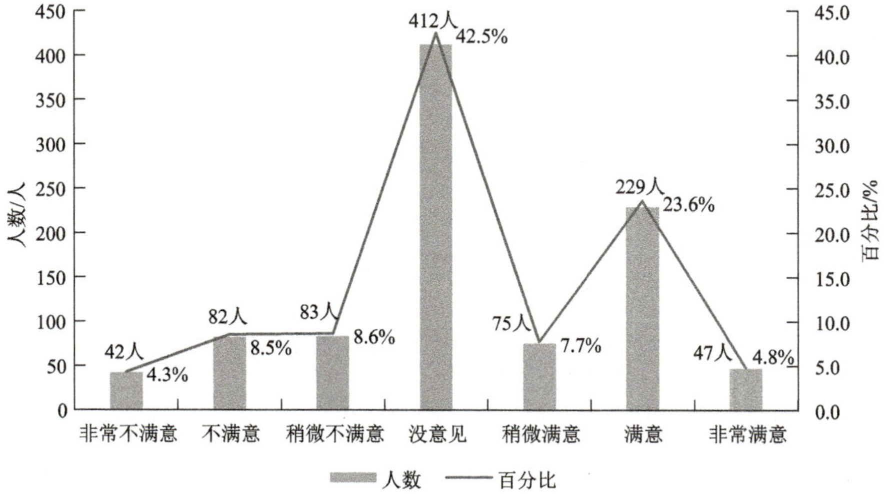


图 8-9　从业人员对工作环境的满意度

（二）融媒体中心成立后，您对组织文化的满意度？（单选题）

较为满意融媒体中心的组织文化的从业人员较多，说明各融媒体中心对于组织文化打造较为成功。针对这一问题，非常满意融媒体中心成立后的组织文化的有 56 人，占比 5.8%；满意的有 275 人，占比 28.4%；稍微满意的有 100 人，占比 10.3%；没意见的有 382 人，占比 39.4%；稍微不满意的有 57 人，占比 5.9%；不满意的有 70 人，占比 7.2%；非常不满意的有 30 人，占比 3.0%（图 8-10）。

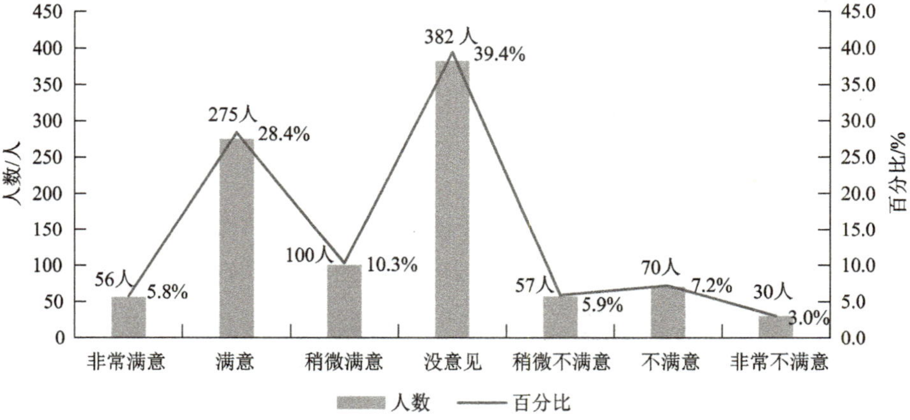


图 8-10　从业人员对组织文化的满意度

（三）融媒体中心成立后，您对工作氛围的满意度？（单选题）

剔除没有意见的从业人员，多数人对融媒体中心的工作氛围较为满意，但不容忽视的是，对工作氛围表示不满意的从业人员占比达 21.0%，这说明尽管融媒体中心的工作氛围，整体上还算乐观，但某些部分仍然存在不容忽视的问题，应当及时与相关人员沟通，找出问题所在，及时解决。

针对这一问题，非常满意融媒体中心工作氛围的有 50 人，占比 5.2%；满意的有 231 人，占比 23.8%；稍微满意的有 75 人，占比 7.7%；没意见的有 410 人，占比 42.3%；稍微不满意的有 76 人，占比 7.8%；不满意的有 89 人，占比 9.2%；非常不满意的有 39 人，占比 4.0%（图 8-11）。

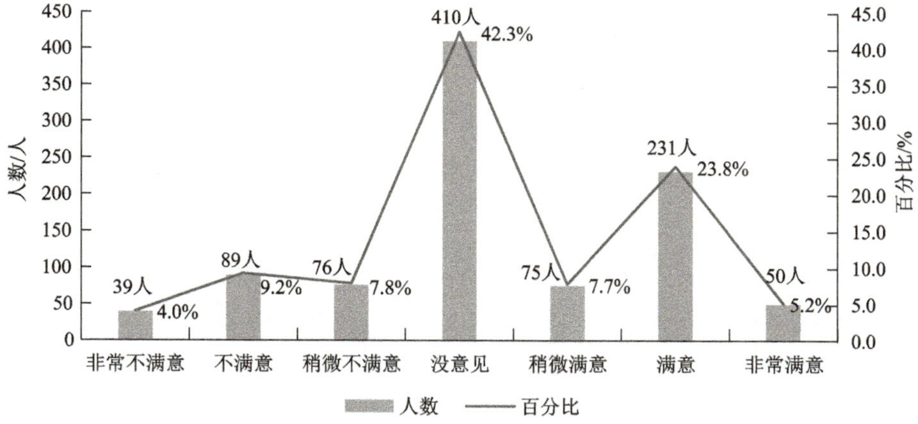


图 8-11　从业人员对工作氛围的满意度

（四）融媒体中心成立后，您对福利政策、收入与薪酬的满意度？（单选题）

多数从业者对现有的福利政策、薪酬等制度不满意，说明各区（县）融媒体中心现有的福利保障、薪酬考核体系尚不完善，不能满足从业人员的期待。

针对这一问题，对融媒体中心成立后的福利政策、收入与薪酬非常满意的有 25 人，占比 2.6%；满意的有 118 人，占比 12.2%；稍微满意的有 74 人，占比 7.6%；没意见的有 299 人，占比 30.9%；稍微不满意的有 175 人，占比 18.0%；不满意的有 200 人，占比 20.6%；非常不满意的有 79 人，占比 8.1%（图 8-12）。

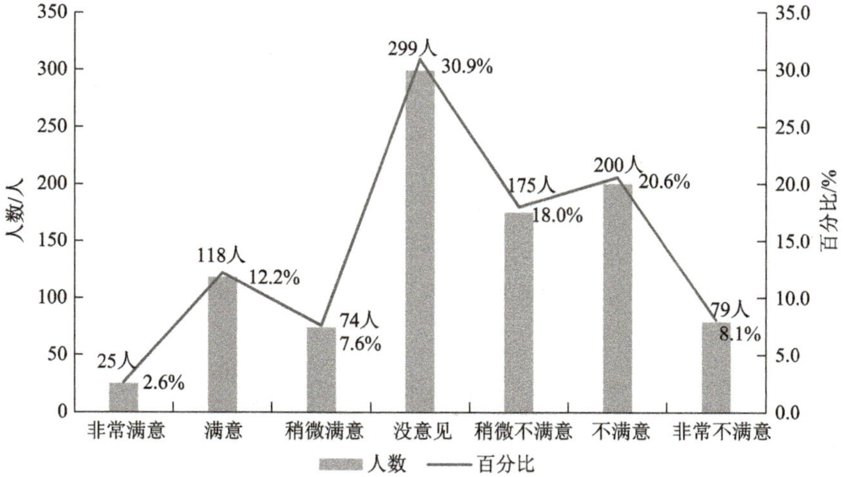


图 8-12　从业人员对福利政策、收入与薪酬的满意度

（五）融媒体中心成立后，您对员工活动的满意度？（单选题）

超过半数的从业人员对于员工活动没有意见，结合访谈结果分析，可能是各融媒体中心对于员工活动的组织较少，导致从业人员对于这一问题的感知度不够。

针对这一问题，非常满意融媒体中立成立后的员工活动的有 29 人，占比 3.0%；满意的有 163 人，占比 16.8%；稍微满意的有 49 人，占比 5.1%；没意见的有 486 人，占比 50.1%；稍微不满意的有 106 人，占比 10.9%；不满意的有 100 人，占比 10.3%；非常不满意的有 37 人，占比 3.8%（图 8-13）。

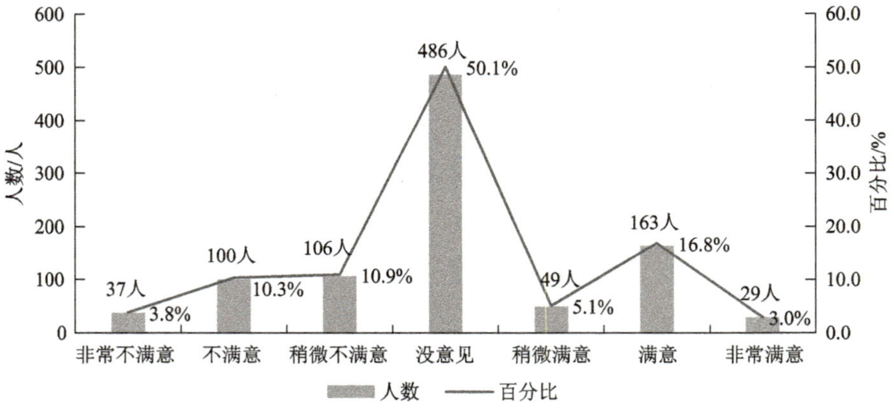

图 8-13　从业人员对员工活动的满意度

（六）融媒体中心成立后，您对工作中获得的认可度和成就感的满意度？（单选题）

满意工作中获得的认可度和成就感的从业人员数量较多，这说明部分人员在日常的工作中比较有动力和成就感，但仍有部分人员认为日常的工作成就感不足，各区（县）融媒体中心应提供更好的展示平台，给予工作人员更多的展示机会。

针对这一问题，非常满意融媒体中心成立后在工作中获得的认可度和成就感的有 39 人，占比 4.0%；满意的有 206 人，占比 21.2%；稍微满意的有 96 人，占比 9.9%；没意见的有 401 人，占比 41.4%；稍微不满意的有 93 人，占比 9.6%；不满意的有 97 人，占比 10.0%；非常不满意的有 38 人，占比 3.9%（图 8-14）。

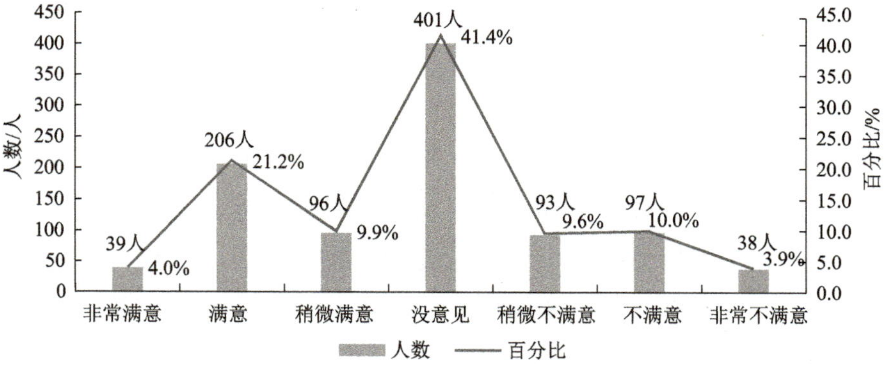


图 8-14　从业人员对工作中获得的认可度和成就感的满意度

（七）融媒体中心成立后，您对考评机制的满意度？（单选题）

剔除没意见的从业人员，更多的人对于现行的考评机制不满意，这说明各区（县）融媒体中心需要突破困境、完善考评体系，这样才能激发从业人员的活力与积极性。

针对这一问题，非常满意考评机制的有 34 人，占比 3.5%；满意的有 149 人，占比 15.4%；稍微满意的有 62 人，占比 6.4%；没意见的有 389 人，占比 40.1%；稍微不满意的有 129 人，占比 13.3%；不满意的有 141 人，占比 14.5%；非常不满意的有 66 人，占比 6.8%（图 8-15）。

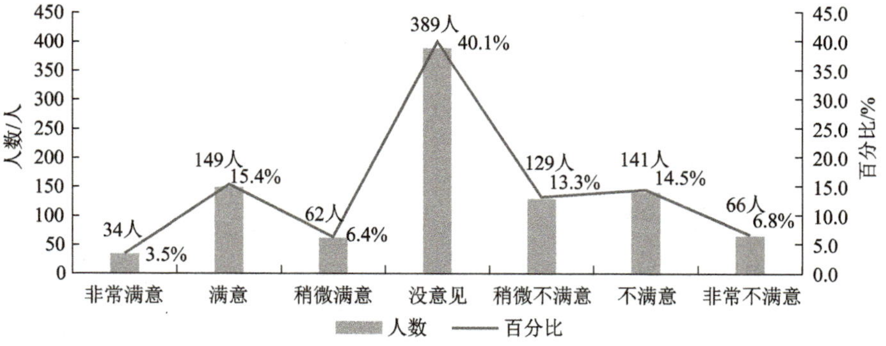


图 8-15　从业人员对于考评机制的满意度

## 三、关于从业人员转型的对策与建议

调查中我们发现，区（县）融媒体中心受访从业人员虽然整体上对中心的工作环境、工作氛围、组织文化等感到满意，但对现行机制，特别是薪资、福利、考评机制感到不满意，对融媒体中心的员工活动等有较高期许，而对改变固有工作模式和习惯、自身业务水平和创新能力、学习新技术难度等认知不一。融媒体环境下，从管理到业务均离不开创新思维和理念，离不开具备新媒体技术及运营技能的全媒体人才。针对调查中发现的问题，我们认为，区（县）融媒体中心可以从转变理念、科学规划、完善机制等三个方面推动从业人员转型。

### （一）转变传统工作理念，争做全媒体人才

融媒体环境对于区（县）融媒体中心人才队伍的专业素养、个人能力提出了更高的要求，因此在转型过程中，从业人员必须要改变固有的工作模式和习惯，了解新媒体的运作方式及人才需求，在不断巩固传统媒体运作技能的同时，还要学习新媒体相关技能。首先就是要建立互联网思维。现有的区（县）融媒体中心从业人员多半是原报社和电视台出身，他们已经适应了传统媒体平台的生产流程和需求，而当前需要多媒体平台合作来进行宣传报道，并且更多地侧重于新媒体平台，传统的记者、编辑需要通过学习适应全媒体时代的新型传播方式，摆脱以往的“以我为主”的思维，了解受众的需求。其次就是要不断学习新技术，为了满足区（县）融媒体中心多平台的运营需求，传统的媒体人必须要学习相关技能，例如海报设计、H5 新闻制作、微信排版、视频剪辑等，总之要成为既要懂新闻规律，又懂新媒体运营的全媒体人才。

### （二）制定科学培养计划，加速人才队伍转型

融媒体中心的建设和发展必须要有一支专业化的人才队伍，人才队伍素质的高低直接影响到工作效率和质量。在针对从业人员转型问题的调查问卷中我们发现，半数的从业人员认为学习新技术的难度太高会导致转型

困难，这说明仅凭从业人员自学工作所需技能难度较大，严重影响从业人员转型速度。区（县）融媒体中心应该积极探索、制定科学的人才培养计划，制定高质量、常态化、实用性强的课程。各区（县）融媒体中心以往的培训多是注重理论性内容，一线采编人员参与此类培训能够在理论、精神上有所收获，但却没有办法解决实际工作中的难点，应该根据不同工作岗位和工作需求设计培训课程，尽量多增加技术性强的内容来帮助从业人员解决转型中遇到的问题，打造一支既有政治和新闻素养，同时又具备互联网思维、实践操作能力强的专业化队伍。

### （三）完善奖惩机制，激发员工活力

根据调研问卷可知，68.9%的从业人员认为区（县）融媒体中心的激励因素和奖惩制度不明导致其转型动力不足，这说明奖惩机制的缺位和激励因素不足会严重阻碍员工不断学习的积极性。同时问卷显示，较多从业人员对于融媒体中心现行的考核机制不满意，而考核机制的不完善会导致员工工作动力不足。例如在编人员的工资浮动不大，如果没有可以实行的奖惩机制，工作质量好与坏都给予同等的工资报酬，很多员工就不愿意继续学习来提高工作效率和质量。必须要营造有竞争、有奖惩的氛围，制定科学有效的考核标准，尽量做到“同工同酬”“优质优酬”，用经济吸引力促进工作人员的转型，激发员工的活力和进取心。

## 第三节　区（县）融媒体中心受访从业人员业务认知调查

### 一、业务整体认知：广告、电商、活动营销呈高期许

针对从业人员对融媒体中心业务的整体认知，调查组设计问题如下：

哪些有可能成为您所在单位媒体融合的盈利项目或经营活动？（多选题）

大部分被访者认为“广告收入”“媒体电商”“活动营销”是较适合融媒体中心且可能出现的盈利项目。针对这一问题，认为“广告收入”可能成为盈利项目或经营活动的占 25.2%，共 772 人；712 人选择“媒体电商”选项，占 23.3%；705 人选择“活动营销”选项，占比 23.0%；选择“内容版权”“咨询服务”的人分别有 418 人和 371 人，分别占比 13.7%和 12.1%；有 84 人选择了“其他”选项，占比 2.7%（图 8-16）。

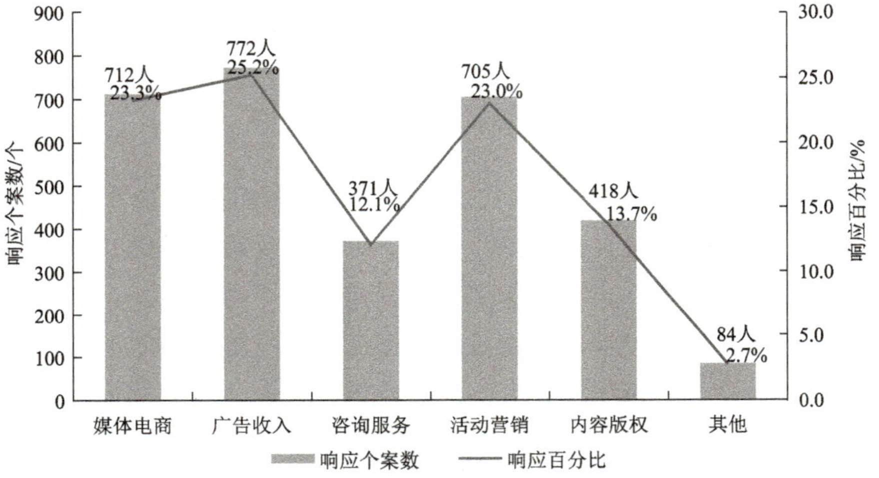


图 8-16　媒体融合可能的盈利项目或经营活动

## 二、媒体融合认知：技术、机制和领导能力是创新关键

围绕从业人员对中心媒体融合的认知，调查组设计了五个问题，分别从媒体融合的主要内容、所在单位媒体融合的主要内容、应加强的方面、本地区应提供的服务、中心创新发展的决定因素等方面展开。

### （一）您认为媒体融合的主要内容包括哪些？（多选题）

大部分人对媒体融合主要内容的认知较为一致，认为“报、网、台媒体间协作机制”“内容聚合平台”“内容分发渠道”“采编流程改造”“经营管理一体化”等都应是媒体融合的主要内容，分歧较少。

该问题的选项分布较为平均，选择“报、网、台媒体间协作机制”选项的共 883 人，占比 20.8%；认为“内容聚合平台”是媒体融合主要内容的占比 19.8%，共 841 人；选择“内容分发渠道”“采编流程改造”“经营管理一体化”选项的占比分别为 18.9%、19.5%、18.8%，分别为 805 人、827 人和 799 人；选择“其他”选项的占比较少，仅占比 2.2%，共 95 人（图 8-17）。

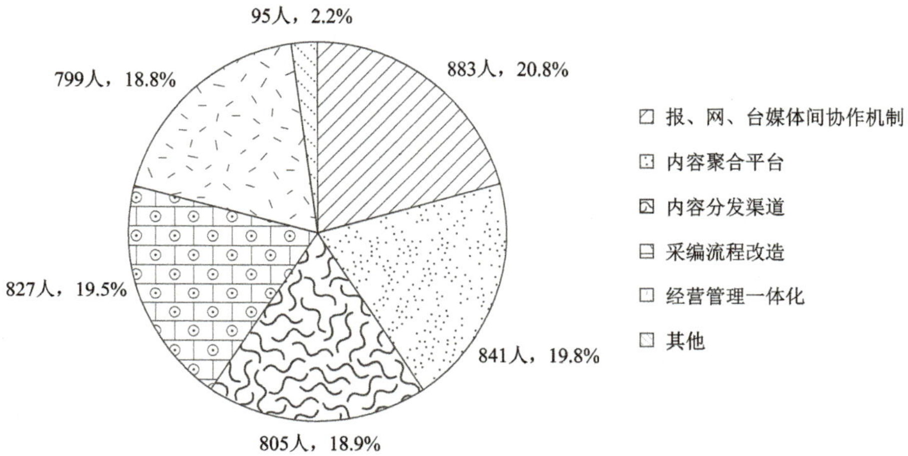


图 8-17　媒体融合的主要内容

## （二）所在单位媒体融合的主要内容包括哪些？（多选题）

从业人员就个人业务对媒体融合的认知与对所在单位进行媒体融合的认知较为一致，均认为“报、网、台媒体间协作机制”较为重要，且应在实践中实现；而对“经营管理一体化”和“内容分发渠道”等问题，无论对个人还是对融媒体单位来说，其重要程度都相对较低。

此问题的选项分布较为平均，711 人选择“报、网、台媒体间协作机制”，占比 22.9%；637 人选择“采编流程改造”，占比 20.5%；“内容聚合平台”占比 19.5%，共 607 人选择；“内容分发渠道”与“经营管理一体化”分别占比 18.1%和 17.0%，共 563 人和 527 人；选择“其他”选项的占比 2.0%，共 63 人（图 8-18）。

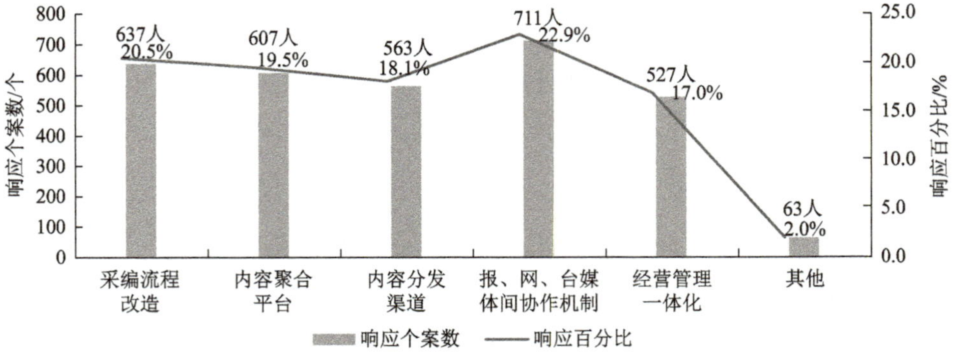


图 8-18　所在单位媒体融合的主要内容

## （三）在您看来，媒体融合应加强以下哪一方面？（单选题）

大部分被访者认为媒体融合首先注重、实现的应是新闻媒体的“喉舌功能”，其次再考虑媒体的经营与盈利问题。对照上一问题答案，现大部分媒体融合单位的“经营管理一体化”还未成为媒体融合的主要内容，但大部分被访者认为仍需在媒体融合中加强媒体经营与盈利。

33.3%的受访者认为媒体融合应加强“新闻媒体喉舌功能（舆论引导和突发事件管控能力）”，共 323 人；26.9%的受访者认为应加强“媒体的经营与盈利”功能，共 261 人；选择“本地用户公共服务功能”的受访者占比 22.8%，共 221 人；124 人选择了“本地资讯信息传播”选项，占比 12.8%；41 人选择了“其他”选项，占比 4.2%（图 8-19）。

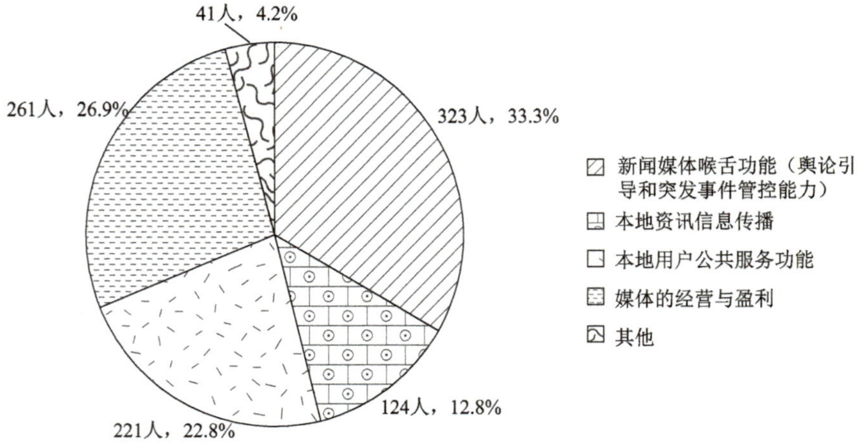


图 8-19　媒体融合应加强的方面

（四）本地区应该提供哪些服务？（多选题）

选择较多的“教育咨询”和“民生缴费”选项是本地居民所需的民生服务，而“旅游服务”则是利用当地文旅资源，提供给外地居民旅游服务的同时促进本地经济发展。

“教育咨询”“旅游服务”“民生缴费”三个选项占比较高，分别占7.9%、7.9%和 7.7%；“医疗卫生”“交通出行”“知识培训”占比均在7.1%至 7.3%之间，选择人数各在 650 人左右；“就业创业”“消费维权”“数据查询”“社会保障”四个选项占比均在 6.1%至 6.8%之间；“行政缴费”“证件办理”两个选项占比分别为 5.7%和 5.2%，共 516 人和 457 人；其余四选项占比均在 5.0%以下，分别为“网络交易”“税收财务”“行政登记”“司法办理”；92 人选择“其他”选项，占比 1.0%（图 8-20）。

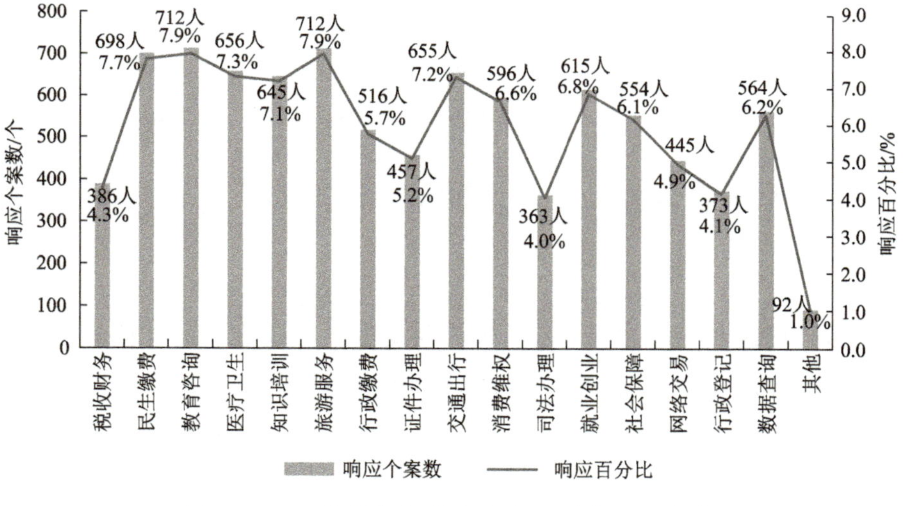


图 8-20　本地区融媒体中心应该提供哪些服务

（五）所在单位融媒体中心的创新发展取决于以下哪些因素？（多选题）

大多数被访者认为技术、机制体制和领导能力是融媒体中心创新发展的关键，这与此前实地调研所了解到的情况大致相同。

667 个被访者认为“技术投入”能够帮助融媒体中心创新发展，占比

12.6%；662 人认为“机制改革”较为重要，占比 12.5%；“领导能力”“国家政策”“受众需求”“多元经营”选项分别占比 11.6%、11.5%、11.2%、11.1%，人数均在 600 人左右；认为融媒体中心的创新发展取决于“本地规划”的被访者有 568 人，占比 10.7%；“市场竞争”和“单位共识”分别占比 9.7%和 8.3%，人数分别为 511 人和 439 人；选择“其他”选项的共 44 人，占比 0.8%（图 8-21）。

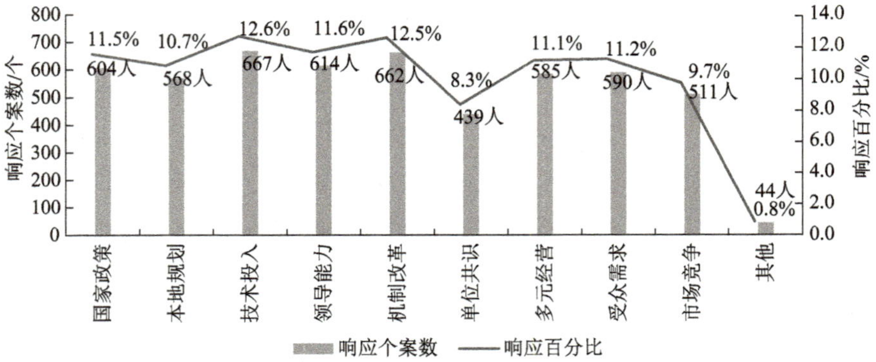


图 8-21　所在单位融媒体中心的创新发展取决的因素

（六）您所在单位当前媒体融合面临的阻力主要有哪些？（多选题）

对这一问题的调查显示，几乎所有融媒体中心从业人员都认为当前融媒体中心发展面临不少阻力，其中制约融媒体中心发展比较明显的因素有缺乏清晰的方向和思路、技术能力和水平有限、体制机制不畅、经营创收能力不足、资金投入不足等，可见融媒体中心发展还面临着种种内外困境。

认为当前面临的阻力是缺乏清晰的方向和思路的有 451 人，占 10.9%；认为是媒体业的内部利益冲突的有 358 人，占 8.7%；认为是技术能力和水平有限的有 541 人，占 13.1%；认为是经营创收能力不足的有 647 人，占 15.6%；认为是工作人员不适应融媒体工作方式的有 285 人，占 6.9%；认为是资金投入不足的有 523 人，占 12.6%；认为是媒体发展水平较低的有 332 人，占 8.0%；认为是体制机制不畅的有 483 人，占 11.7%；认为是不同民族语言沟通障碍的有 33 人，占 0.8%；认为是用户对本地媒体的依赖度不高的有 405 人，占 9.8%；认为还存在其他阻力的有 79 人，占 1.9%（图 8-22）。

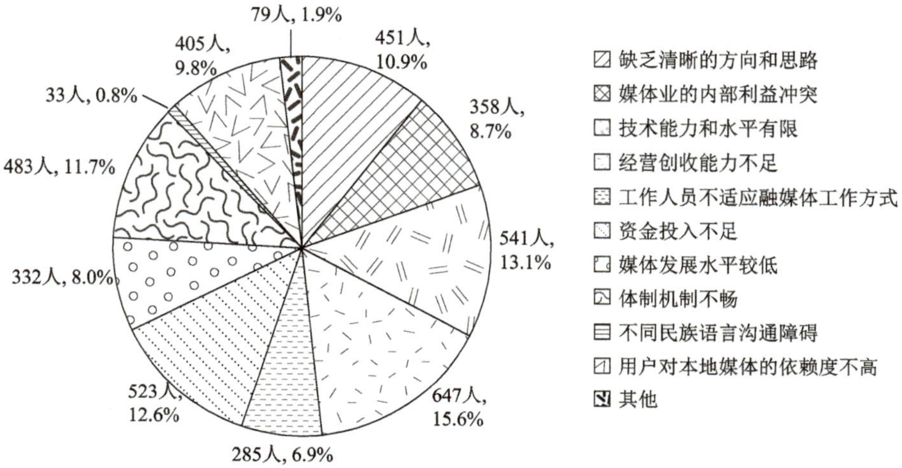


图 8-22 从业人员所在单位当前媒体融合面临的阻力主要有哪些

## 三、新媒体平台认知：整体向好，盈利堪忧

围绕从业人员对融媒体中心建设水平的认知，调查组设计了 10 个问题，分别从对所在单位新媒体平台建设的定位和方向、内容质量、原创内容、本地用户群体覆盖率、满足用户群体喜好、平台之间融通协调、平台在当地舆论引导中发挥的作用、平台的区域品牌效应、与传统媒体之间的互补、盈利模式的认知等方面展开。

### （一）我所在单位的新媒体（微博、微信、客户端、短视频等）平台建设有明确的定位和方向（单选题）

大部分受访人员认为所在单位的新媒体平台建设有明确的定位和方向，小部分认为新媒体平台的建设定位和方向尚不明确。

369 人选择了“没意见”选项，占比 38.0%；285 人选择了“同意”选项，占比 29.4%，这两个选项选择人数相对较多。此外，其他选项的选择人数大致保持一致，选择了“非常不同意”“不同意”“稍微不同意”选项的被访者分别占比 3.3%、8.4%和 7.9%，共 190 人认为所在单位的新媒体平台建设没有明确的定位和方向。选择“稍微同意”“非常同意”选项的被访者分别占比 9.3%和 3.7%，共 126 人（图 8-23）。

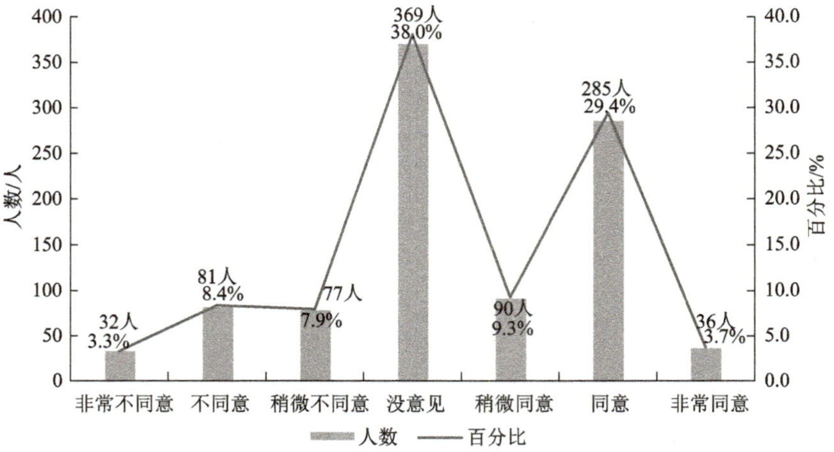


图 8-23　所在单位的新媒体（微博、微信、客户端、短视频等）平台建设有明确的定位和方向

（二）我所在单位的新媒体（微博、微信、客户端、短视频等）平台内容有较好的质量（单选题）

大部分受访者认为所在单位的新媒体平台内容拥有较好的质量。大部分受访者的意见较为正向，选择“没意见”“同意”选项的人数较多，分别为 307 人和 308 人，占比 31.6%和 31.8%；共 181 人选择“稍微同意”“非常同意”选项，分别占比 13.2%和 5.4%。选择“不同意”类选项的人数较少，共 174 人，8.7%的被访者选择“稍微不同意”、7.3%选择“不同意”、仅 2.0%选择“非常不同意”（图 8-24）。

（三）我所在单位的新媒体（微博、微信、客户端、短视频等）平台原创内容丰富（单选题）

大部分从业人员认为所在单位的新媒体平台原创内容比较丰富。选择“没意见”及“同意”类选项的人数较多，选择“没意见”“稍微同意”“同意”“非常同意”选项的分别占比 35.8%、12.0%、24.8%和 5.8%，选择人

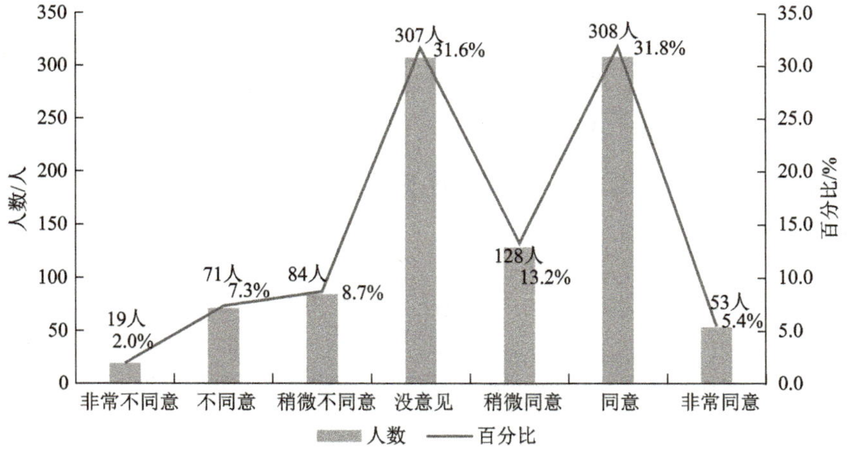


图 8-24　所在单位的新媒体（微博、微信、客户端、短视频等）平台内容有较好的质量

数共 760 人，其中 347 人选择中性选项“没意见”。选择“不同意”类负向选项的人数较少，共 210 人，“稍微不同意”“不同意”“非常不同意”选项分别占比 11.0%、9.0%和 1.6%（图 8-25）。

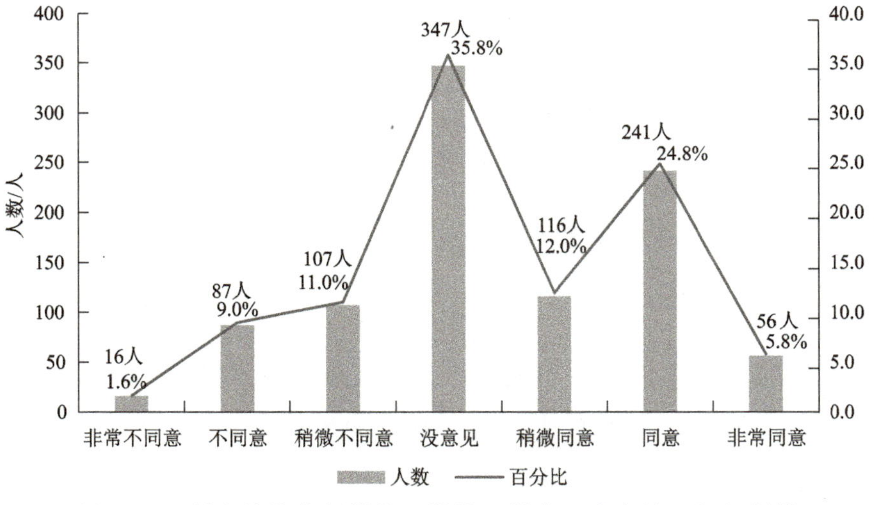


图 8-25　所在单位的新媒体（微博、微信、客户端、短视频等）平台原创内容丰富

（四）我所在单位的新媒体（微博、微信、客户端、短视频等）平台本地用户群体覆盖率高（单选题）

大部分被访者认为其所在单位的新媒体平台用户群体覆盖率较高。选

择“没意见”选项的占比最高，占 32.9%。其次是“同意”选项，共 267 人选择，占比 27.5%。选择“稍微同意”与“稍微不同意”选项的被访者数量相似，分别为 107 人和 104 人，占比 11.0%和 10.7%。“不同意”“非常不同意”“非常同意”三个选项选择人数相对较少，共 173 人，分别占比 9.8%、2.2%和 5.9%（图 8-26）。

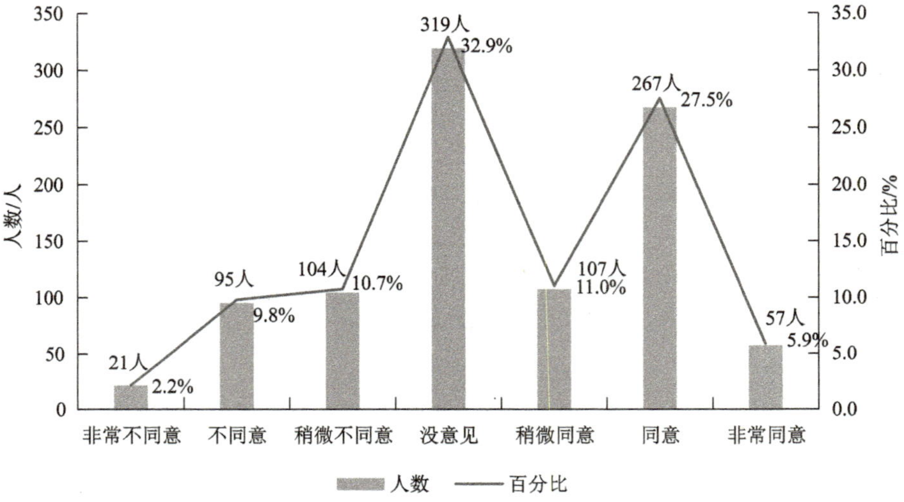


图 8-26　所在单位的新媒体（微博、微信、客户端、短视频等）平台本地用户群体覆盖率高

（五）我所在单位的新媒体（微博、微信、客户端、短视频等）平台建设满足了用户群体的喜好（单选题）

此问题的“同意”与“不同意”区间的选择人数较为接近，反映了用户群体喜好的满足程度有待提升。347 个被访者表示对此问题“没意见”，占比 35.8%。此外，306 个被访者选择了“不同意”类的负向选项，“非常不同意”“不同意”“稍微不同意”人数分别为 37 人、117 人、152 人，占比 3.8%、12.1%、15.7%。317 个被访者选择了“同意”类正向选项，“非常同意”“同意”“稍微同意”分别占比 3.8%、18.0%、10.8%（图 8-27）。

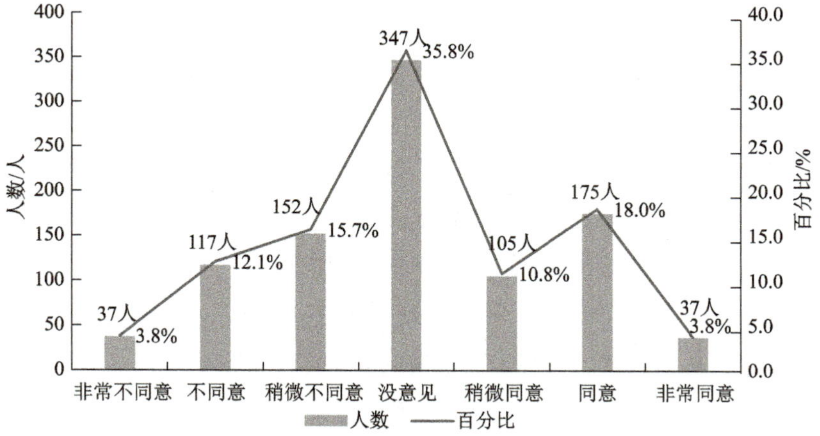


图 8-27　所在单位的新媒体（微博、微信、客户端、短视频等）平台建设满足了用户群体的喜好

## （六）我所在单位的新媒体（微博、微信、客户端、短视频等）平台之间融通协调顺畅（单选题）

大多数受访者认为所在单位的新媒体平台之间融通较为协调顺畅。此问题中，大部分被访者选择了“没意见”选项，共 364 人，占比 37.5%。选择“同意”类选项的人数较多，252 人选择“同意”，占比 26.0%，“稍微同意”和“非常同意”的选择人数共 143 人，分别占比 10.3%和 4.4%。“非常不同意”“不同意”“稍微不同意”的选择人数较少，共 211 人，分别占比 2.5%、10.1%和 9.2%（图 8-28）。

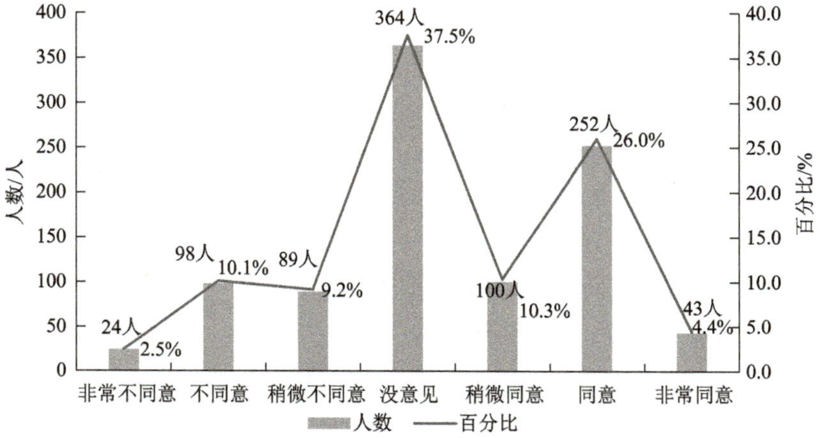


图 8-28　所在单位的新媒体（微博、微信、客户端、短视频等）平台之间融通协调顺畅

（七）我所在单位的新媒体（微博、微信、客户端、短视频等）平台在当地舆论引导中开始发挥重要作用（单选题）

大部分从业人员认为其所在单位的新媒体平台在舆论引导方面开始发挥重要作用。此问题中，绝大部分选择了正向选项。“没意见”及“同意”选项选择人数较为接近，分别为 331 人和 330 人，占比 34.1%和 34.0%。“稍微同意”和“非常同意”选项选择人数共 182 人，分别占比 11.4%和 7.4%。共 127 人选择“不同意”等负向选项，“非常不同意”“不同意”“稍微不同意”分别占比 1.7%、3.8%和 7.6%（图 8-29）。

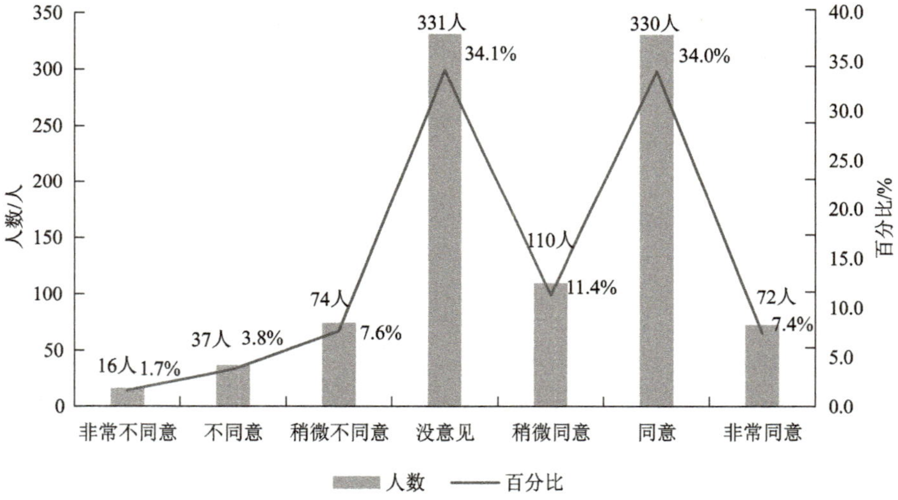


图 8-29　所在单位的新媒体（微博、微信、客户端、短视频等）平台在当地舆论引导中开始发挥重要作用

（八）我所在单位的新媒体（微博、微信、客户端、短视频等）平台与传统媒体之间形成互补（单选题）

大部分被访者认为其所在单位的新媒体平台与传统媒体之间形成了互补。共 150 人选择了“非常不同意”“不同意”“稍微不同意”选项，总占比 15.5%，人数较少。大部分被访者选择了“没意见”和“同意”选项，分别占比 33.6%和 33.9%。共 165 人选择了“非常同意”和“稍微同意”，共占比 17.0%（图 8-30）。

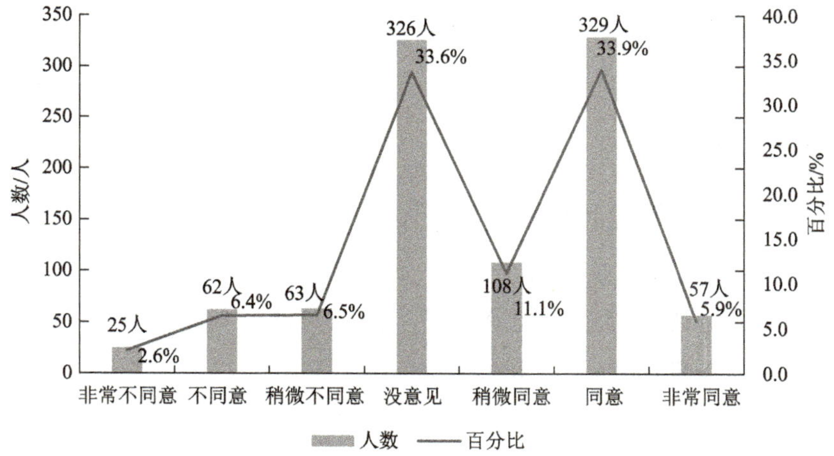


图 8-30　所在单位的新媒体（微博、微信、客户端、短视频等）平台与传统媒体之间形成互补

## （九）我所在单位的新媒体（微博、微信、客户端、短视频等）平台已经有了区域品牌效应（单选题）

大部分受访者认为融媒体中心新媒体平台的区域品牌效应较好。此问题的选项结果依然正向倾斜，“没意见”与“同意”选项分别占比 36.6% 和 24.8%，共 162 人选择“稍微同意”“非常同意”选项，分别占比 12.7% 和 4.0%。212 人选择了“非常不同意”“不同意”“稍微不同意”选项，总占比 21.9%（图 8-31）。

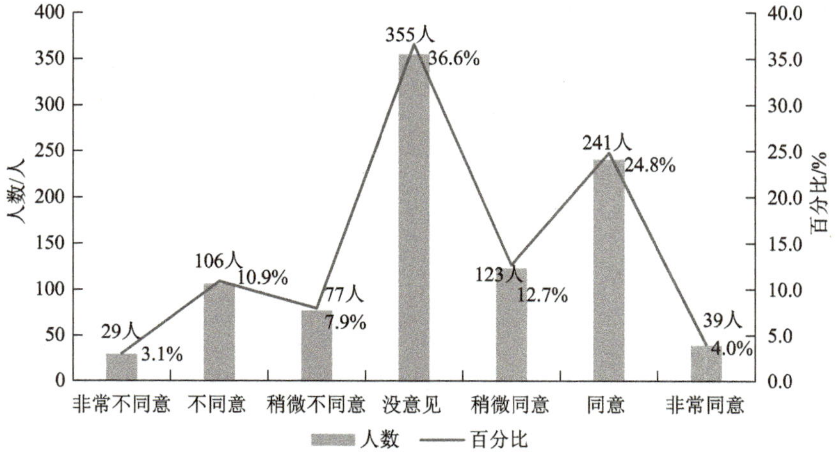


图 8-31　所在单位的新媒体（微博、微信、客户端、短视频等）平台已经有了区域品牌效应

### （十）我所在单位的新媒体（微博、微信、客户端、短视频等）平台盈利模式较好（单选题）

受访者大多认为，当前融媒体中心的新媒体平台盈利模式有待提高。此问题的总体结果朝负向倾斜。共 371 人选择了“非常不同意”“不同意”“稍微不同意”选项，总占比 38.2%；“没意见”选项占比 39.1%，与负向结果比例相近。选择“非常同意”“同意”“稍微同意”选项的人分别占比 2.7%、11.1%和 8.9%（图 8-32）。

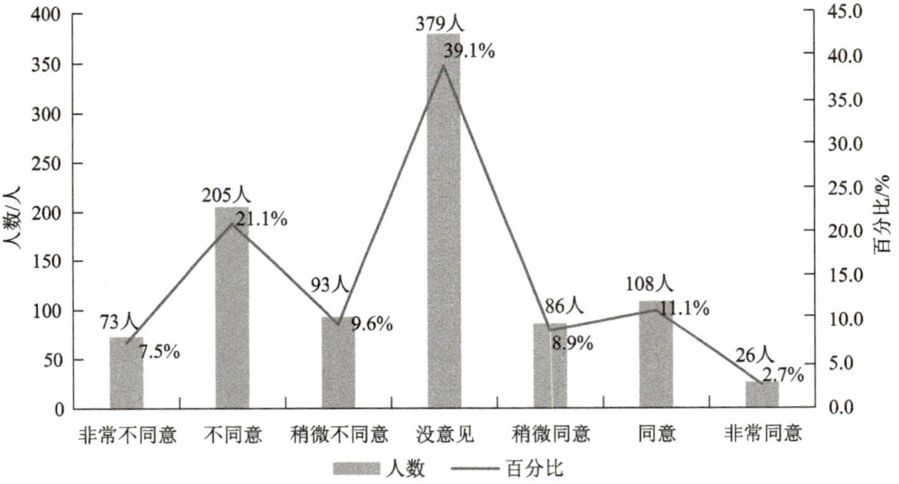


图 8-32　所在单位的新媒体（微博、微信、客户端、短视频等）平台盈利模式较好

## 第四节　区（县）融媒体中心受访从业人员对管理状况的满意度调查

### 一、整体状况：制度合理，部门间协作待提升

围绕从业人员对所在单位管理状况的满意度，调查组设计了六个问题，分别从对组织提供培训机会、是否接受过培训、个人工作权责、部门内的工作协作、本部门与其他部门的协作、中心管理等的满意度方面展开调查。

## （一）融媒体中心成立后，您对中心管理的满意度？（单选题）

各区（县）融媒体中心从业人员中，大部分对融媒体中心现行的管理制度较满意，说明大部分融媒体中心的管理制度还比较合理，人员满意度较高。

针对这一问题，对融媒体中心管理非常不满意的有 44 人，占 4.5%；对融媒体中心管理不满意的有 95 人，占 9.8%；对融媒体中心管理稍微不满意的有 65 人，占 6.7%；对融媒体中心管理没意见的有 478 人，占 49.3%；对融媒体中心管理稍微满意的有 59 人，占 6.1%；对融媒体中心管理满意的有 192 人，占 19.8%；对融媒体中心管理非常满意的有 37 人，占 3.8%（图 8-33）。

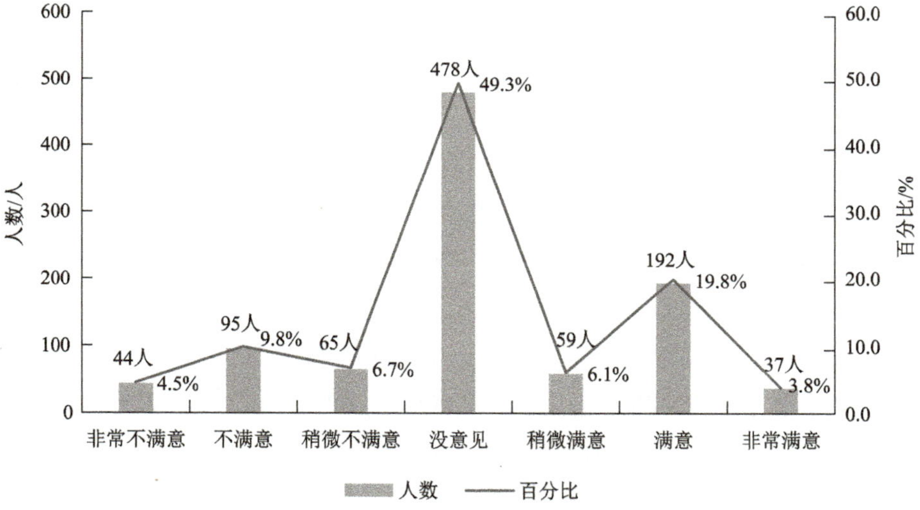


图 8-33　从业人员对中心管理的满意度

## （二）融媒体中心成立后，您对个人工作权责的满意度？（单选题）

大部分的融媒体中心从业人员对个人工作权责表示满意。针对这一问题的调查，对个人工作权责非常不满意的有 27 人，占 2.8%；对个人工作权责不满意的有 62 人，占 6.4%；对个人工作权责稍微不满意的有 72 人，占 7.4%；对个人工作权责没意见的有 495 人，占 51.0%；对个人工作权责稍微满意的有 55 人，占 5.7%；对个人工作权责满意的有 222 人，占 22.9%；对个人工作权责非常满意的有 37 人，占 3.8%（图 8-34）。

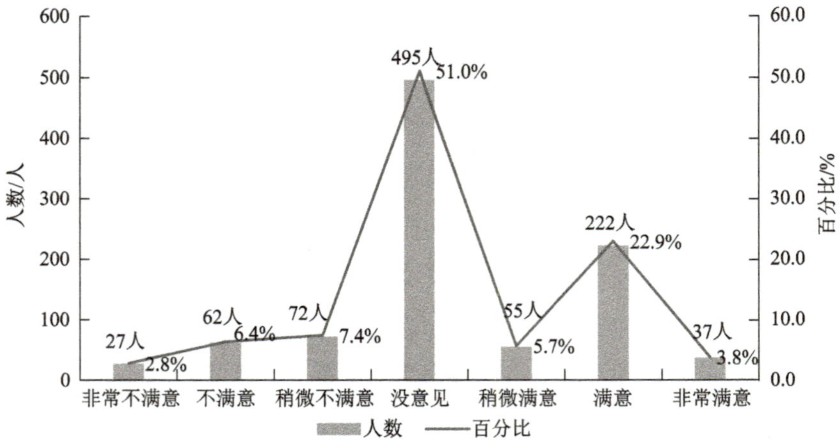


图 8-34　从业人员对个人工作权责的满意度

（三）融媒体中心成立后，您对部门内工作协作的满意度？（单选题）

剔除没有意见的从业人员，多数从业者对于部门内的工作协作较为满意，这说明目前各区（县）融媒体中心各部分人员分配较为合理、工作权责分配也比较清晰。

针对这一问题，非常满意部门内工作协作的有 53 人，占比 5.5%；满意的有 245 人，占比 25.2%；稍微满意的有 80 人，占比 8.2%；没意见的有 405 人，占比 41.8%；稍微不满意的有 83 人，占比 8.6%；不满意的有 76 人，占比 7.8%；非常不满意的有 28 人，占比 2.9%（图 8-35）。

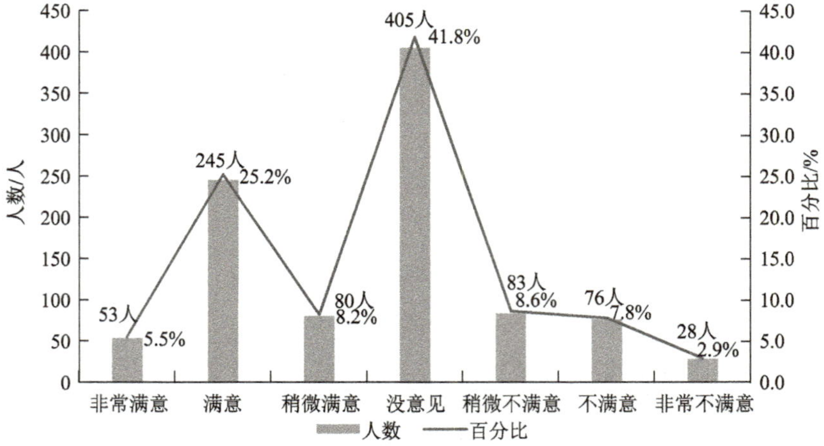


图 8-35　从业人员对部门内工作协作的满意度

（四）融媒体中心成立后，您对本部门与其他部门协作的满意度？（单选题）

各区（县）融媒体中心从业人员中，有近半人员对融媒体中心部门间协作满意度无意见，表明对融媒体中心各部门之间的协作度无明显感知，但仍有近30%的人员对部门间协作程度不满意，这意味着融媒体中心部门间协作在后续建设中还有进一步提升的空间。

针对这一问题，对本部门与其他部门协作非常不满意的有 36 人，占3.7%；对本部门与其他部门协作不满意的有 114 人，占 11.8%；对本部门与其他部门协作稍微不满意的有 85 人，占 8.8%；对本部门与其他部门协作没意见的有 433 人，占 44.5%；对本部门与其他部门协作稍微满意的有91 人，占 9.4%；对本部门与其他部门协作满意的有 181 人，占 18.7%；对本部门与其他部门协作非常满意的有 30 人，占 3.1%（图 8-36）。

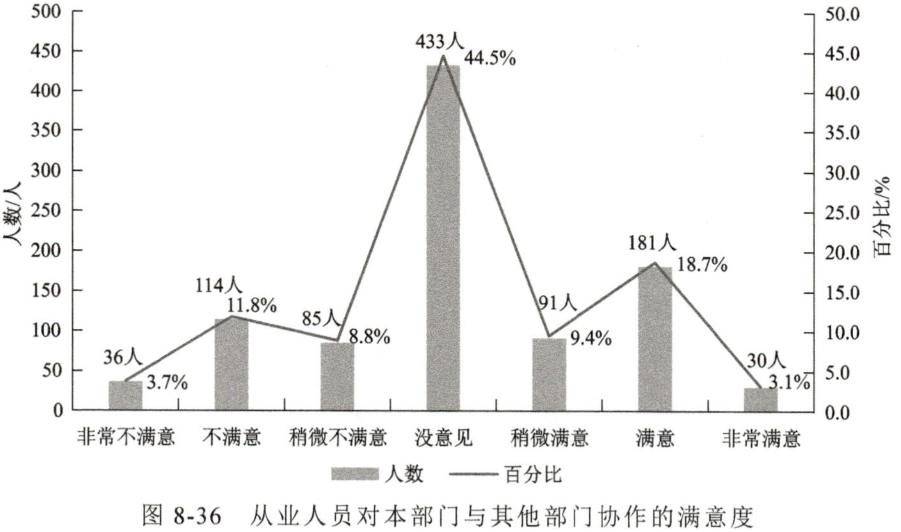


图 8-36　从业人员对本部门与其他部门协作的满意度

## 二、业务培训：整体满意，培训机会待提升

（一）融媒体中心成立后，您对组织提供培训机会的满意度（单选题）

参与调查的各区（县）融媒体中心从业人员对组织提供培训机会的满意度态度不一，整体对培训机会态度较满意，但是仍有 1/3 的人员对培训

机会不满意。

在970份有效问卷中，非常不满意的有63人，占6.4%；不满意的有136人，占14.0%；稍微不满意的有117人，占12.1%；没意见的有442人，占45.6%；稍微满意的有38人，占3.9%；满意的有152人，占15.7%；非常满意的有22人，占2.3%（图8-37）。

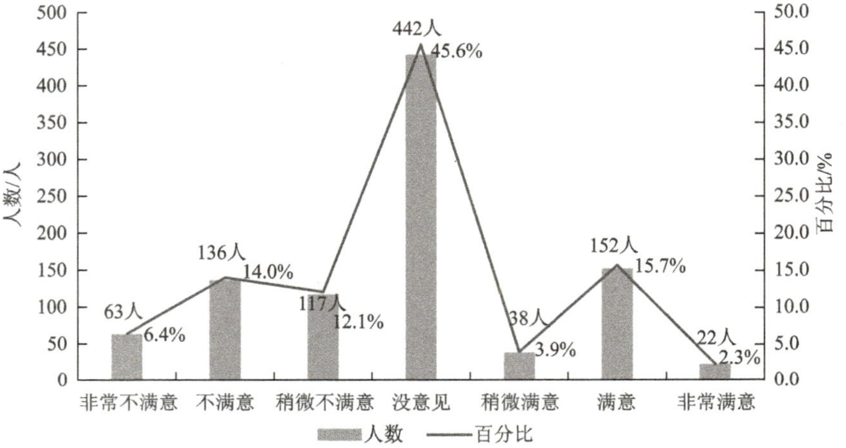


图8-37　从业人员对组织提供培训机会的满意度

## （二）您是否接受过融媒体相关业务培训？（单选题）

参与调查的各区（县）融媒体中心从业人员一半以上接受过融媒体相关业务培训，表明各区（县）融媒体中心整体上较为重视对人才的培训。针对这一问题，有564人接受过融媒体相关业务培训，占58.1%；有406人没有接受过融媒体相关业务培训，占41.9%（图8-38）。

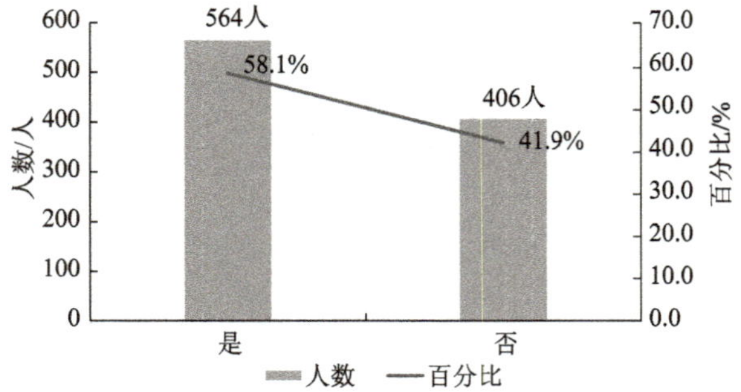


图8-38　从业人员是否接受过融媒体相关业务培训

# 第五节　区（县）融媒体中心本地受众的街访调查

为了更全面地了解重庆区（县）融媒体中心的建设情况，调研组特设计了《融媒体受众情况调研问卷》，调研对象包括重庆30个区（县）的受众。调研时间为2020年7月13日—2020年8月5日。通过街头采访的方式发放问卷，共回收受众问卷2630份，具体情况及分析结果如下。

## 一、受访者基本情况

本次调研各区（县）的样本量分布较为均匀，基本能够反映重庆区（县）融媒体中心受众的情况。受访者基本情况统计数据显示（图8-39—图8-44），受访者性别分布比较均匀，女性稍多一些，占54.9%；所在地以县为主，占67.8%；年龄段方面主要集中在中青年，其中30岁以下的最多，占57.0%，其次为占21.6%的31—40岁年龄段；学历方面以高中和本科为主，分别占39.6%和31.1%；职业方面在校学生占42.6%、自由职业者占28.0%；月收入或月消费情况方面主要集中在6000元以下，占90.5%。

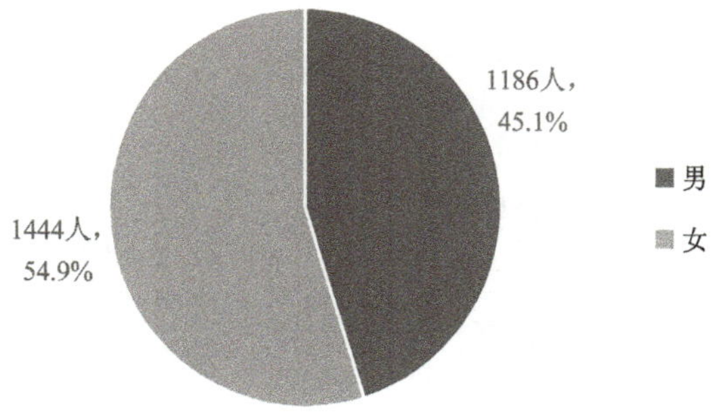


图8-39　性别分布图

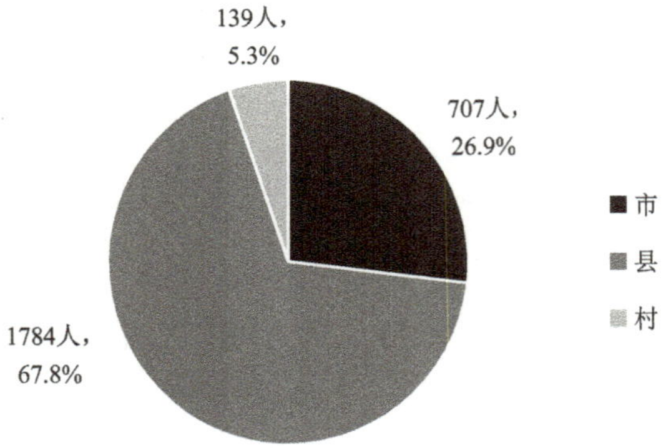


图 8-40　所在地情况

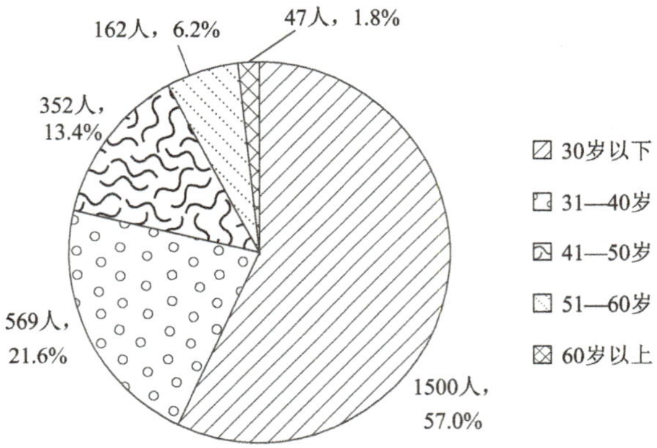


图 8-41　年龄分布

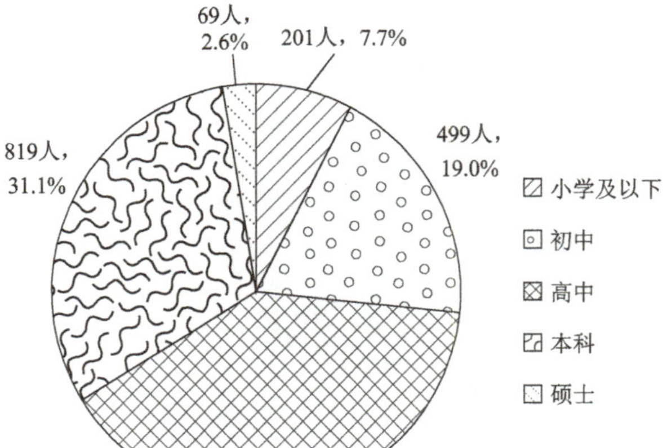


图 8-42 学历情况

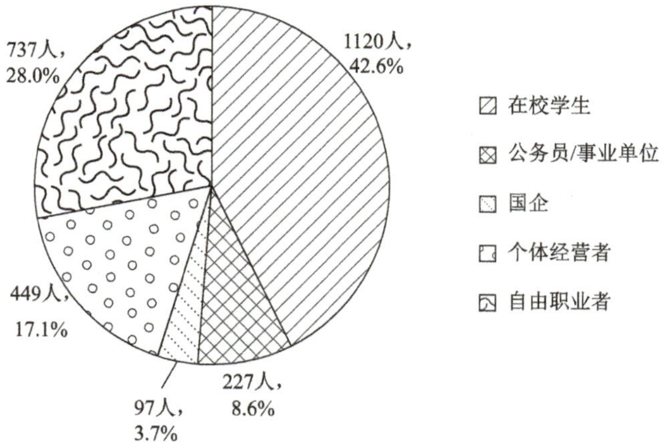


图 8-43　职业分布

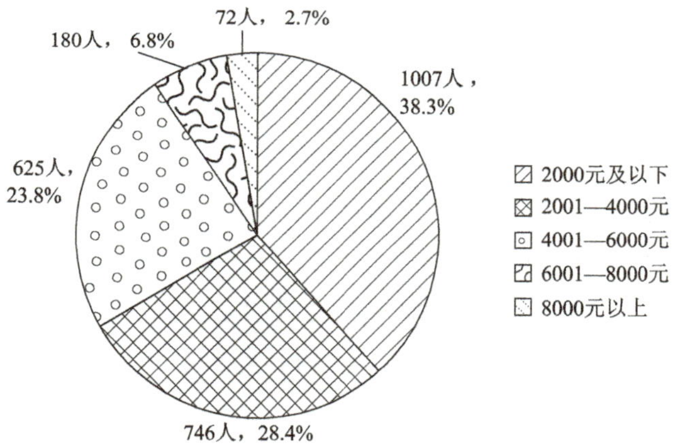


图 8-44　月收入或月消费情况

## 二、受访者获取本地信息资讯的途径：移动端占绝对优势

针对获取本地信息资讯的途径这一问题，参与调查的受众大部分选择了手机，有 2272 人，占比 65.0%；其次是电视，有 585 人，占比 16.7%；再次是计算机，有 372 人，占比 10.6%；除此之外，分别是报纸和广播，分别有 149 人和 118 人，占比 4.3%和 3.4%。（图 8-45）。

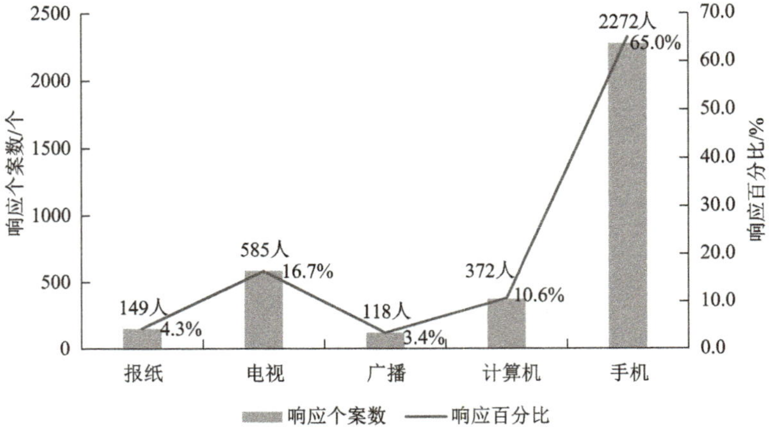


图 8-45　受访者获取本地信息资讯的途径

## 三、受访者获取相关信息资讯的平台：微信、抖音、微博居主导

针对获取相关信息资讯的平台这一问题，参与调查的受众选择较为多样。其中，微信最多，有 1707 人，占比 31.8%；其次是抖音类短视频，有 1372 人，占比 25.5%；再次是微博，有 918 人，占比 17.1%；剩余的手机 APP 和其他类选择的人最少，都不足 800 人（图 8-46）。

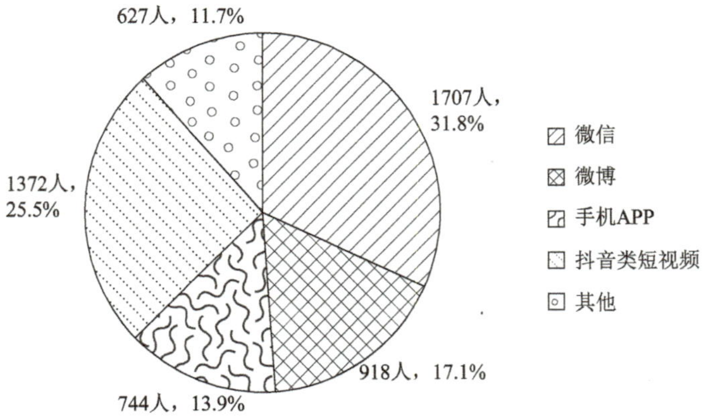


图 8-46　受访者获取相关信息资讯的平台

## 四、对本地“两微一抖”的关注度：仅超半数

针对是否有关注本地的微博、微信、抖音等账号这一问题，参与调查的受众有 1438 名表示有关注，占比达 54.7%，超过总调查人数的一半；有 1192 名表示未关注本地的微博、微信、抖音账号，占比为 45.3%（图 8-47）。

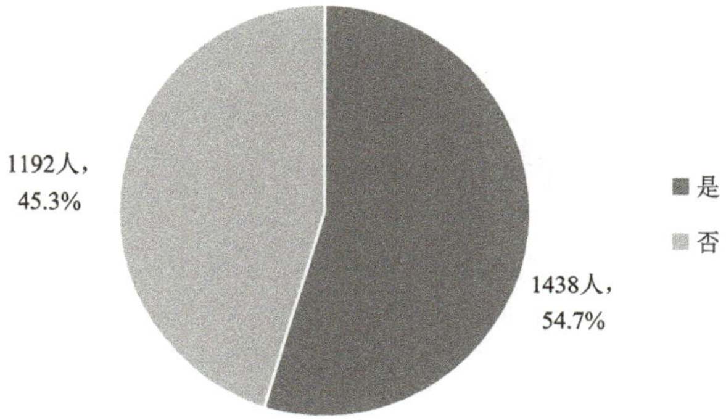


图 8-47　受访者是否有关注本地的微博、微信、抖音等账号

## 五、本地新闻客户端的下载比例：不到三成

针对是否有下载本地的新闻客户端（APP）这一问题，参与调查的受众有 661 名表示有下载，占比仅为 25.1%；有 1969 名表示未下载本地的新闻客户端，占比高达 74.9%。调查中得知，本地新闻客户端的普及率还不高（图 8-48）。

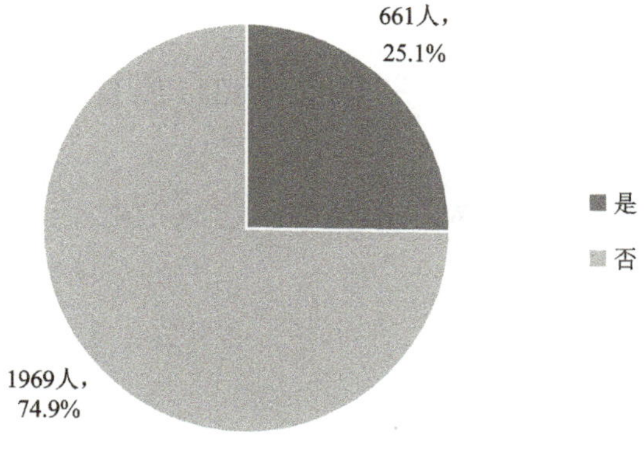


图 8-48　受访者是否有下载本地的新闻客户端

## 六、对本地提供的信息咨询与服务的满意度：近五成满意度"一般"

在对各区（县）受众对于本地提供的信息咨询与服务的满意度调查中，有 160 名受众表示"非常满意"，占比 6.1%；有 460 名受众表示"满意"，占比 17.5%；有 380 名受众表示"稍微满意"，占比 14.4%；有 1335 名受众表示"一般"，占比达 50.8%；有 129 名受众表示"稍微不满意"，占比 4.9%；有 103 名受众表示"不满意"，占比为 3.9%；此外还有 63 名受众表示"非常不满意"，占比为 2.4%。在调查中，选择"一般"选项的受众占比最多（图 8-49）。

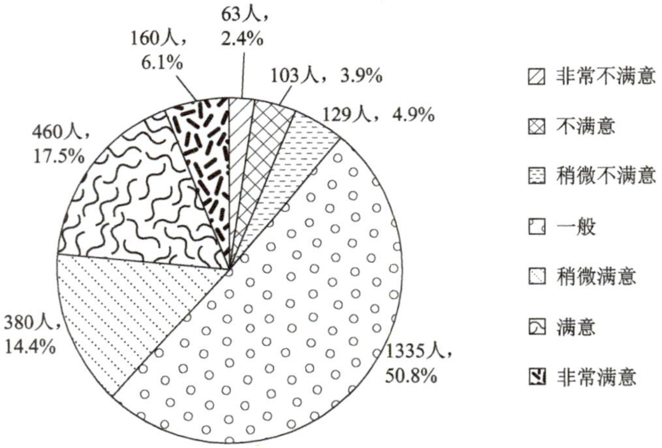


图 8-49　受访者对本地提供的信息咨询和服务满意程度调查

## 七、区（县）融媒体中心在本地的知晓度：仅两成

针对各区（县）受众对于融媒体中心的知晓度调查中，有 549 名受众表示听说过融媒体中心，占比 20.9%；有 2081 名受众表示未听说过融媒体中心，占比高达 79.1%。在调查中，未听说过融媒体中心的受众占多数（图 8-50）。

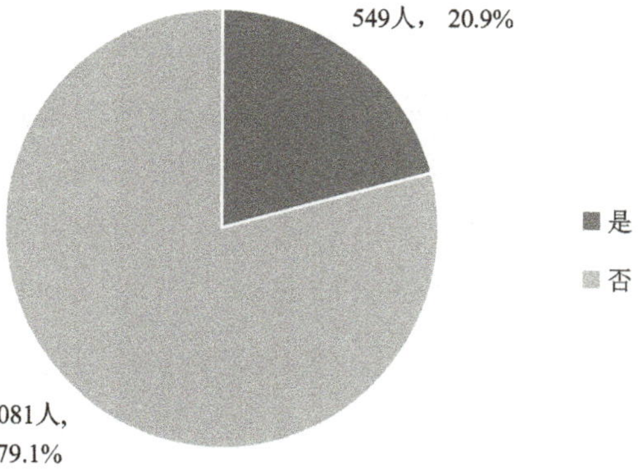


图 8-50　受访者是否听说过融媒体中心这个单位

## 八、受访者对本地融媒体中心的评价：超六成满意度“一般”

在对各区（县）受众对本地融媒体中心的满意度调查中，有 142 名受众表示“非常满意”，占比 5.4%；有 395 名受众表示“满意”，占比 15.0%；有 355 名受众表示“稍微满意”，占比 13.5%；有 1584 名受众表示“一般”，占比达 60.2%；有 88 名受众表示“稍微不满意”，占比 3.4%；有 37 名受众表示“不满意”，占比为 1.4%；此外，还有 29 名受众表示“非常不满意”，占比为 1.1%。在调查中，选择“一般”选项的受众占比最多（图 8-51）。

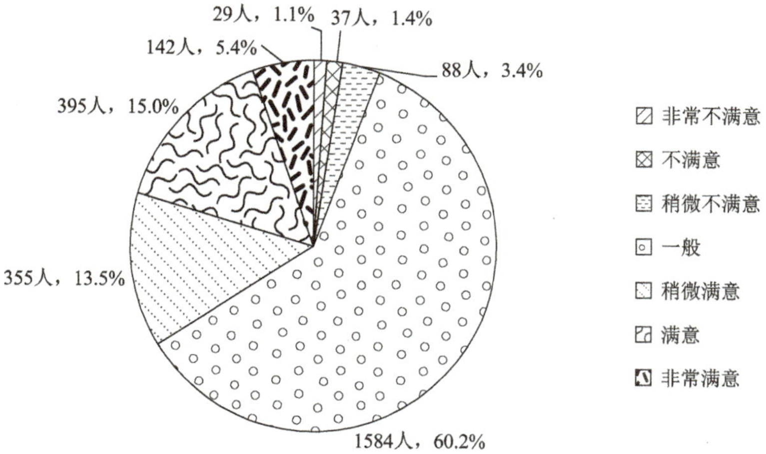


图 8-51　受访者对本地融媒体中心的评价

综合上述街头问卷调查情况可知，各区（县）融媒体中心在当地的受众知晓度急需提升，受众对中心的整体评价、对本地信息与服务的满意度等尚有较大提升空间。受众多从移动终端获取资讯，对微信、抖音、微博等新媒体平台较为关注，但对本地“两微一抖”平台的关注和本地新闻客户端的下载相对不足，尚有较大拓展空间。由此，我们建议，各区（县）融媒体中心在着力将自身打造成新型主流媒体的同时，还应充分重视当地受众的需求，强化用户思维，在对受众需求调研基础上有的放矢，制定科学的内容和渠道规划。